CW00362122

ATLAS HISTÓRICO DE ESPAÑA

CON TEXTOS ORIGINALES
DE TODAS LAS ÉPOCAS

Dirección editorial:
Jordi Induráin Pons

Edición, documentación para contenidos cartográficos y coordinación:
Emili López Tossas

Redacción:
Lluís Cànovas Martí, Antoni Civit Rey, Carlos Dotres Pelaz,
Roger Jiménez Remacha, Emili López Tossas,
Carles Puigferrat Oliva, Antoni Romeu Alemany

Cartografía:
Jaume Farrés i Ubach

Corrección e índice:
Àngels Olivera Cabezón

Maquetación y preimpresión:
José María Díaz de Mendívil Pérez

Diseño de la cubierta:
Freixes-Garriga

Créditos fotográficos:
Páginas 7, 29 y 67: © Archivos Larousse Editorial, S. L.

Página 99: © Archivos Larousse Editorial, S. L. (arriba)
© Album/Oronoz (abajo)

Página 137: © Archivos Larousse Editorial, S. L. (arriba)
© Cordon Press/Reuters (abajo)

Mallorca, 45, 3.ª, 08029 Barcelona (España)
larousse@larousse.es · www.larousse.es

Primera edición: septiembre 2012
ISBN: 978-84-15411-70-3
Depósito legal: B.19769-2012
1E1I

PRÓLOGO

El presente *Atlas histórico de España* tiene como objetivo cubrir las necesidades esenciales que sobre el pasado histórico de España pueden tener los estudiantes, en sus diversas etapas educativas, o cualquier persona interesada por las ciencias sociales, y en especial por la historia. Para lograrlo, repasa de manera sintética el devenir social y político peninsular, desde las primeras manifestaciones humanas hasta los últimos acontecimientos políticos y sociales.

Se trata de una obra referencial y de síntesis, de carácter eminentemente práctico, en la que prima la mirada de conjunto a una época o un momento histórico, del que se describen sus rasgos básicos. En cada capítulo se caracteriza un episodio que dejó huella profunda en la sociedad y cuyas consecuencias, en numerosas ocasiones, todavía se entrelazan con el presente.

La cartografía histórica constituye el centro de atención de la obra, puesto que gracias a sus mapas se visualizan con claridad las dinámicas sociales, sus avances y retrocesos, y los principales puntos de interés. Acompaña a cada mapa un texto, que enmarca y resume los hechos, y una selección de documentos históricos del momento, convenientemente adaptados y presentados para una mayor facilidad en su lectura. La presente obra, pues, es una completa historia de España visual, de carácter funcional y asequible.

Además, el *Atlas histórico de España* complementa, desarrollando con mayor profundidad la historia española, el *Atlas histórico mundial*, dirigido por el prestigioso historiador francés Georges Duby y publicado en esta misma colección. Con ambos volúmenes, Larousse Editorial desea poner la historia, universal y española, al alcance de todo tipo de lectores, con una visión de conjunto amena y rigurosa.

LOS EDITORES

SUMARIO

Prehistoria y antigüedad

DESDE LOS ORÍGENES DE LA HUMANIDAD HASTA 420 d. J.C.

La **Naveta des Tudons**, ejemplo de la cultura talayótica en Menorca (1000 a. J.C.)

El teatro romano de Emerita Augusta, la actual Mérida, construido en 16-15 a. J.C.

CRONOLOGÍA

Península Ibérica

Fecha	Acontecimiento
hace 800 000 años	*Homo antecessor* de Atapuerca
200 000	Neandertales en la península Ibérica
15000 a. J.C.	
16000-12000	Arte rupestre franco-cantábrico
10000-4500	Arte rupestre levantino
7000-5000	Primeras comunidades agrícolas
3500-800	Megalitismo
3000 a. J.C.	
3000	Metalurgia del cobre
2700-1800	Cultura de Los Millares
2600-1300	Cultura de Vila Nova
2200-1500	Culturas de El Argar y Las Motillas. Metalurgia del bronce
1700-1000	Cultura de Las Cogotas
1300-800	Cultura talayótica en Mallorca y Menorca
1200	Llegada de indoeuropeos (celtas)
1100-500	Cultura de Tartessos. Metalurgia del hierro
1000 a. J.C.	
1000	Posible fundación de Gadir (Cádiz), factoría fenicia
800-600	Nueva llegada de indoeuropeos (cultura Hallstatt)
700-100	Cultura de los castros
750	Fundación de Malaka (Málaga), factoría fenicia
652	Fundación de Ebusus (Ibiza) por los fenicios de Cartago
650	Fundación de Rusadir (Melilla), factoría fenicia
600-100	Cultura ibérica
550	Fundación de Emporion (Ampurias), colonia griega
535	Cartago domina el comercio del sur peninsular tras derrotar a los griegos en Alalia (Córcega)

Historia mundial

Fecha	Acontecimiento
hace 2,5 millones de años	Aparición del género *Homo*
500 000	Aparición de pre-neandertales en Europa
40000	*Homo sapiens sapiens*
15000 a.J.C.	
9000-6000	Revolución neolítica: agricultura, ganadería, metalurgia del cobre y primeras ciudades en Oriente próximo
3800	Metalurgia del bronce en Oriente medio
3300	Escritura en Mesopotamia
3000 a. J.C.	
2700-2500	Cultura minoica en Creta
2600-2480	Pirámides de Gizeh (Egipto)
1500-400	Cultura olmeca en la costa del golfo de México
1200	Inicio de la cultura fenicia
1000 a. J.C.	
814	Los fenicios fundan Cartago
700-500	Migraciones del norte de África a las Canarias
776	Juegos Olímpicos
756	Fundación de Roma (fecha tradicional)
539	El Imperio persa domina Fenicia (los púnicos de Cartago recogen su herencia)
462-429	Atenas de Pericles
400	Inicio de la construcción de la Gran Muralla china
334-324	Alejandro Magno conquista el Imperio persa
264-241	Primera guerra púnica (vence Roma)

CRONOLOGÍA

Península Ibérica (Hispania)

250 a. J.C.

237-229 Amílcar Barca desembarca en Gadir. Cartago conquista el sur de la costa mediterránea

226 Cartago conquista el sur y el este de la costa mediterránea y se establece el río Ebro como límite con Roma

227 Fundación de Qart Hadast, en época romana Carthago Nova (Cartagena)

219 Los cartagineses destruyen Sagunto, aliada de Roma

218-206 Roma inicia la conquista de la península durante la segunda guerra púnica

218 Fundación de Tarraco (Tarragona)

215 Roma recupera Sagunto

209 Publio Cornelio Escipión *el Africano* toma Carthago Nova

207-206 Fin de la presencia púnica en la península

154-139 Los lusitanos atacan la Hispania Ulterior

197 División entre Hispania Citerior y Hispania Ulterior

133 Publio Cornelio Escipión *el Africano Menor* vence a los celtíberos en Numancia

123 Quinto Cecilio Metelo conquista las islas Baleares para Roma

29-19 Guerras Cántabras. Roma vence y domina toda la península

27 División de Hispania en tres provincias: Tarraconense, Lusitania y Bética

25 Fundación de Emerita (Mérida)

1 d. J.C.

74 Se extiende el derecho latino a Hispania

258 Invasión de francos y alamanes

275 Hispania pasa a ser una de las diócesis del Imperio

298 La provincia Tarraconense se divide en tres: Tarraconense, Gallaecia y Cartaginense

200-400 Difusión del cristianismo

300

390 Las islas Baleares se segregan de la Tarraconense y forman una nueva provincia (Baleárica)

409 Invasión de vándalos, alanos, suevos

411 Reino suevo en la Gallaecia, federado de Roma

415-418 Asentamiento de los visigodos en Hispania

Historia mundial

250 a. J.C.

218-201 Segunda guerra púnica (vence Roma)

200-600 d. J.C. Cultura nazca (Perú)

149-146 Tercera guerra púnica (Roma destruye Cartago)

148-145 Roma conquista la Grecia continental

58-51 Guerra de las Galias

31 Egipto se convierte en una provincia romana

51-30 Cleopatra VII, reina de Egipto

49-44 Julio César, dictador

1 d. J.C.

64 Incendio de Roma y persecución de los cristianos

70 Destrucción de Jerusalén y diáspora judía

212 Ciudadanía romana para todos los habitantes libres del Imperio

300

300-900 Periodo clásico maya

313 Edicto de Milán: tolerado el cristianismo

391 El cristianismo se convierte en la religión oficial del Imperio romano

418 Reino visigodo de Toulouse

476 Fin del Imperio romano de Occidente

EL PALEOLÍTICO (DE 800 000 A 9 000 AÑOS ATRÁS)

arte rupestre

- cuevas de arte rupestre franco-cantábrico (paleolítico superior, 18 000-12 000 años atrás)
- cuevas de arte rupestre levantino (mesolítico, 10 000-6 500 años atrás)
- otras cuevas de arte rupestre del paleolítico superior

▲ yacimientos del paleolítico inferior (*Homo antecessor, Homo heidelbergensis, Homo neardentalensis*) entre 1 millón de años y 130 000 años atrás

◆ yacimientos del paleolítico medio y superior (*Homo neardentalensis y Homo sapiens)* entre 130 000 y 9 000 años atrás

zonas de glaciación durante el último periodo glacial (25 000-16 000 años atrás)

linea de costa durante el último periodo glacial

El paleolítico. Este extenso periodo prehistórico de la humanidad, que abarca desde la aparición de las primeras herramientas de piedra hechas por homínidos (2,5 millones de años) hasta la producción agrícola de alimentos (inicio del neolítico, 9 000 años atrás), en la península Ibérica se inicia hace 800 000 años. Los primeros grupos de homínidos peninsulares, del género *Homo antecessor* y probablemente procedentes del centro de Europa, se establecen durante el paleolítico inferior (hasta hace 130 000 años) en la mitad norte. Atapuerca, cerca de Burgos, es el yacimiento en el que se han hallado restos más antiguos de homínidos, pertenecientes a la cultura preachelense o de los cantos tallados. Posteriores en el tiempo y habitados por humanos quizás originarios del norte de África, son, entre otros, los yacimientos de Torralba y Ambrona y El Aculadero. Estos son propios de la cultura achelense, más especializada, caracterizada por los bifaces de sílex, unas herramientas líticas de dos caras terminadas en punta. Todos estos grupos viven junto a las orillas de los ríos o en lugares próximos al agua, donde tienen asegurada su subsistencia. Cazadores y recolectores, se alimentan de pescado, pequeños animales y frutos y plantas silvestres. Durante las etapas glaciares del paleolítico (Günz, entre 1 000 000 y 750 000 años; Mindel, entre 650 000 y 350 000; Riss, entre 240 000 y 130 000, y Würm, iniciada hace unos 50 000 años y cuyo apogeo fue hace 20 000 años, para acabar drásticamente hace 10 000 años coincidiendo con el inicio del neolítico), el norte de la península, y las cordilleras más elevadas, se halla sometido a un clima severo, con nieves perpetuas desde los 2 000 metros de altitud, con una fauna y flora correspondiente a un clima subártico (mamut, reno, marmota, etc.). En los periodos interglaciares, como en el paleolítico medio o Musteriense (entre 130 000 y 50 000 años), el clima es subtropical húmedo en la mitad sur y este peninsular, donde se localiza la mayoría de yacimientos de este periodo.

La mayor complejidad en el modo de vida, con la práctica de unos elaborados rituales funerarios, en la península Ibérica se remonta a la aparición del *Homo sapiens*, ya en el paleolítico superior, hace 35 000 años. Hacia el final de este periodo (15000-7000 a. J.C.), a punto de finalizar o ya concluido el último periodo glaciar, se establecen en el norte y este de la península grupos de cazadores mucho más especializados, procedentes de Europa central. Corresponde a esta etapa prehistórica, que recibe el nombre de Magdaleniense (16000-8000 a. J.C.), la aparición del arte rupestre, que se divide en cantábrico (que tiene su más conocido ejemplo en la cueva de Altamira) y levantino (cuevas de Parpalló o El Cogul, entre muchas otras). El primero, más antiguo, se caracteriza por la representación de animales aislados, característicos del último periodo glaciar en el norte de la península (bisontes, ciervos, renos), mientras que el arte levantino representa figuras humanas o escenas *(Danza de Cogul)*, pinturas ya propias de un periodo, el mesolítico, de transición entre el paleolítico y el neolítico.

El achelense (paleolítico inferior)

En el transcurso del achelense se van advirtiendo signos progresivos de organización social. Hay grupos especializados que participan en cuadrillas de cazadores y en las faenas derivadas de la caza, como el transporte, desollado, despiece o troceado y la preparación de lo capturado. Igual que estas actividades, la selección de los sitios a ocupar, la estructura de los campamentos y su acondicionamiento responden a normas sociales de comportamiento y a una organización de las poblaciones en grupos de proporciones estabilizadas. [...] Aquellas gentes necesitaban un utillaje propio para cubrir diferentes necesidades: trocear los animales capturados, cortar y tratar pieles o maderas, hender huesos, cavar en el suelo fosas u hogares, perforar, atar o transportar, etc. Los cantos tallados, propios del paleolítico arcaico, continúan elaborándose durante todo el achelense, siendo lógicamente más abundantes en sus fases antiguas que en las recientes. [...] Es lógico pensar en la existencia de un utillaje específico de caza elaborado en madera: tanto este soporte como otros de origen vegetal debieron ser normalmente empleados en el equipamiento de los grupos paleolíticos, pero no se conservan en los yacimientos. Las variantes del bifaz, el tipo lítico más característico del extenso periodo achelense, no parece que se puedan explicar con la restrictiva definición de «hachas de mano». Es habitual en las excavaciones encontrar los bifaces abandonados en los mismos sitios donde se trocearon y manipularon los grandes animales cazados.

Barandiarán, Ignacio; Del Rincón, María Ángeles; Martí, Bernat; Maya, José Luis. *Prehistoria de la península Ibérica* (2007)

El arte rupestre

A principios de siglo [xx] Salomón Reinach impuso la idea de la magia como explicación del arte parietal paleolítico, tanto la caza, apropiación del animal vivo por mediación de su imagen acosada o herida, como la de fecundidad, para conseguir la perpetuación de las especies y evitar su extinción. Estas ideas, recogidas por H. Breuil, se impusieron sin discusión durante años en los medios científicos y flotan aún, de una u otra forma, en todas las explicaciones actuales. La gran caza preñada de riesgos explica el arte paleolítico, y el método etnográfico comparativo proporciona ejemplos para los ritos y ceremonias que se supone albergan las cuevas pintadas; fuerzas impalpables que gobiernan los mundos son sometidas a la voluntad humana que, desde su debilidad, pugna con animales feroces, corpulentos o veloces. Los ritos de fertilidad enlazan con las llamadas venus escultóricas y con los signos fálicos, y sobre todo, con las vulvas femeninas, mientras que los tectiformes serían las viviendas de los espíritus superiores. [...] En realidad, con lo que sabemos actualmente podemos asegurar que la motivación del arte paleolítico es muy compleja y que resulta imposible saber con seguridad cuál es el significado estricto de las cuevas y sus pinturas mientras no podamos subrogarnos en la mente de cada uno de los autores y conocer la precisa utilización de los recintos.

Saura Ramos, Pedro A. *Altamira* (1998)

EL NEOLÍTICO (7000-800 a. J.C.)

El neolítico. La revolución neolítica, etapa de paso de la prehistoria a la historia surgida en el Mediterráneo oriental y Oriente próximo, supone dejar atrás la depredación, basada en la recolección, la caza y la pesca, e introducirse en la economía productiva, basada en la agricultura y la ganadería. Ello conlleva la sedentarización, con la aparición de los primeros núcleos de población estables, el desarrollo del comercio y la metalurgia (fabricación de armas y objetos de cobre y bronce) y nuevas técnicas artesanales: pulimentación del sílex para la fabricación de utensilios agrícolas (en el paleolítico solamente se tallaba la piedra) y producción de objetos de cerámica, con el surgimiento de distintas técnicas decorativas. La creciente especialización da lugar a una estructura social más compleja y a la aparición de la escritura. El origen del neolítico peninsular se sitúa hacia 7000-6000 a. J.C., probablemente procedente de las regiones mediterráneas orientales a través de los Pirineos. Aparece en áreas próximas al litoral mediterráneo, con influencias orientales, la cultura de las cuevas o cultura de la cerámica cardial (4000-3000 a. J.C.), que se extiende desde el noreste y hacia el interior y el sur peninsular y se caracteriza por el hallazgo en las cuevas de numerosos objetos de cerámica decorada con relieves e incisiones en forma de conchas de un bivalvo conocido como *cardium*. Relacionadas con esta y posteriores en el tiempo son la cultura de Almería o almeriense (3500-2500 a. J.C.) en el sureste, con los primeros poblados de cabañas junto a las riberas de los ríos, y la cultura de los sepulcros de fosa (3000-2500 a. J.C.) en el noreste, en la que hay pequeños núcleos de población de campesinos que realizan enterramientos colectivos en fosas. Ya asociadas al calcolítico (edad del cobre) o bronce inicial, periodo en el que se desarrolla la metalurgia por toda la península Ibérica, son la cultura del vaso campaniforme (2900-2200 a. J.C.), así denominada por la existencia de vasos de cerámica en forma de campana, y especialmente las culturas de Los Millares (2700-1800 a. J.C.) y de Vila Nova (2600-1300 a. J.C.), que se caracterizan ya por la existencia de poblados fortificados, sociedades estratificadas y necrópolis megalíticas de planta circular *(tholoi)*, de origen micénico. Paralelamente, el megalitismo, fenómeno cultural especialmente prolífico en la Europa atlántica y el norte de África, se inicia hacia 3500 a. J.C. y continúa hasta alrededor de 800 a J.C. Un singular desarrollo del megalitismo tiene lugar en las islas Baleares con la cultura talayótica (1500-800 a. J.C.), de carácter ciclópeo, así conocida por la presencia de talayots, conjuntos de piedras en forma de túmulos que parecen atalayas o construcciones defensivas.

En ese mismo periodo de tiempo se desarrolla, quizás a partir del anterior arte rupestre levantino, el arte esquemático ibérico, estilo figurativo que consiste en una serie de representaciones pictóricas realizadas con los trazos básicos de figuras humanas o animales, probablemente relacionado con una forma primitiva de escritura.

La aparición del neolítico peninsular

[...] Dos grupos de gentes muy diferenciadas según su economía y su cultura material se reparten los yacimientos en algunas zonas peninsulares durante los siglos centrales del sexto milenio a. J.C. De una parte, las comunidades cazadoras y recolectoras [...], que gradualmente adoptan elementos como la cerámica y la domesticación de los animales. De otra parte, las comunidades de pastores y agricultores, que son el resultado del crecimiento y la difusión de los grupos neolíticos de origen mediterráneo que paulatinamente habrían ido ocupando algunas de sus islas y zonas costeras. En las tierras peninsulares existieron dos situaciones frente al neolítico o en los inicios del neolítico. De una parte, la que corresponde a los grupos de origen mediterráneo, representado por [...] todos aquellos yacimientos que son exponente de la nueva cultura que va extendiéndose desde oriente a occidente; y, de otra, la progresiva neolitización de los grupos [...] cuyos yacimientos corresponden a los grupos humanos previamente asentados en nuestro territorio, que en adelante podrán evolucionar bajo la influencia o los contactos con las nuevas comunidades neolíticas.

Barandiarán, Ignacio; Del Rincón, María Ángeles;
Martí, Bernat; Maya, José Luis. *Prehistoria de la península Ibérica* (2007)

¿Cuáles son las especies animales y vegetales más antiguamente domesticadas en la península Ibérica? Los primeros animales domesticados fueron los ovicápridos, la vaca, el cerdo y el perro, y las primeras plantas cultivadas, el trigo y la cebada. La coincidencia de todas ellas con las más antiguas cultivadas del resto del Mediterráneo es absoluta, debiendo añadirse las leguminosas en esta área, por lo que respecta a las especies vegetales. [...] Cabría hablar de determinados casos de domesticación temprana desde el punto de vista cronológico [...].

López, Pilar (coord.). *El neolítico en España* (1988)

Megalitismo y tholoi

Mientras que los megalitos debieron ser construidos por agricultores y pastores, los constructores de *tholoi* aparecen estrechamente relacionados con una sociedad que se agrupa en poblados fortificados y conoce el modo de manufacturar el cobre o, cuando menos, recibe las primeras aportaciones metálicas; incluso sus necrópolis tienen una relación establecida con los poblados que, hoy por hoy, nos resulta desconocida en el caso de los megalitos. Es decir, parecen responder a economías diferentes. [...]

AA.VV. *El megalitismo en la península Ibérica.*
Ministerio de Cultura (1987)

EDAD DEL BRONCE. EL ARGAR (2200-1500 a. J.C.)

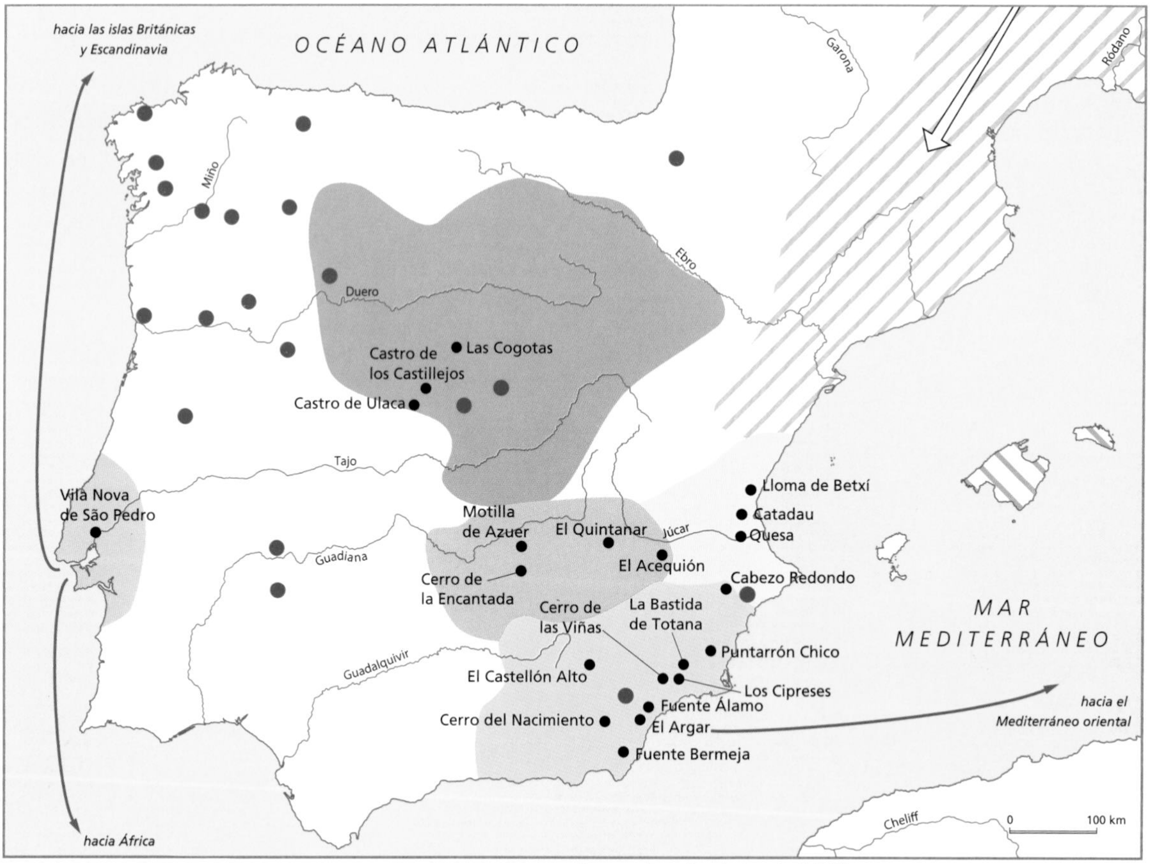

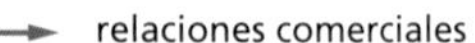

relaciones comerciales
minas de estaño
principales núcleos habitados
cultura talayótica (1500-800 a. J.C.)

áreas culturales de la edad del bronce

Las Cogotas (1700-1000 a. J.C.)
El Argar (1800-1300 a. J.C.)
bronce valenciano (1600-700 a. J.C.)
Las Motillas (2200-1500 a. J.C.)
Vila Nova (2600-1300 a. J.C.)
Campos de Urnas (950-750 a. J.C.)
expansión de los Campos de Urnas desde Europa Central

Edad del bronce. El Argar. En el sureste peninsular se desarrolla la cultura de El Argar, que constituye, de hecho, una continuación de la anterior cultura de Los Millares, situada en la misma zona. Estrechamente relacionada con un notable desarrollo de la práctica de la metalurgia, la nueva cultura supone la entrada en la edad del bronce, metal de mejor calidad que se obtiene a partir de la aleación del cobre y el estaño y que supera al cobre, cuyas armas y objetos son más endebles.
La riqueza mineral peninsular (cobre, estaño, plata) atrae la llegada de pueblos procedentes del Mediterráneo oriental, donde el dominio del bronce propicia la creación de poderosos estados (Egipto, Mesopotamia), y concentra una elevada densidad de población. El Argar y otros yacimientos de esta misma cultura son asentamientos urbanos de trazado regular, semejante al que posteriormente adoptan las *polis* griegas, situados generalmente en posiciones elevadas, próximos al mar o a las minas de estaño. La región argárica, además, se halla en un área fértil, propicia para la práctica de la agricultura y la ganadería, las principales actividades complementarias a la minería. Sus costumbres funerarias, parecidas a las practicadas en la misma época por los pueblos de Oriente próximo (Asiria, Mesopotamia) y diferentes a las realizadas anteriormente en la península (enterramientos colectivos de la edad del cobre), revelan la existencia de una estructura social compleja, jerarquizada y especializada en artesanía (cerámica), metalurgia, comercio y producción textil y agropecuaria. Practican inhumaciones individuales y los restos se depositan en grandes vasos o cistas, cofres o cajas que se entierran en agujeros excavados en la roca, acompañados de objetos funerarios (armas y ornamentos de oro, plata, cobre y bronce). En la edad del bronce peninsular aparecen otras áreas culturales simultáneas, como Las Motillas o Bronce de La Mancha, caracterizada por la construcción de asentamientos fortificados; Las Cogotas; el Bronce valenciano, y se asiste al final de la cultura de Vila Nova. Además, existe, en el último periodo de la edad del bronce, otra cultura, externa a la dinámica peninsular, la de los campos de urnas, en el noroeste, procedente de Europa central y caracterizada por incinerar a los fallecidos y colocar sus cenizas en urnas de cerámica bajo tierra.

EDAD DEL HIERRO. TARTESSOS (1100-500 a. J.C.)

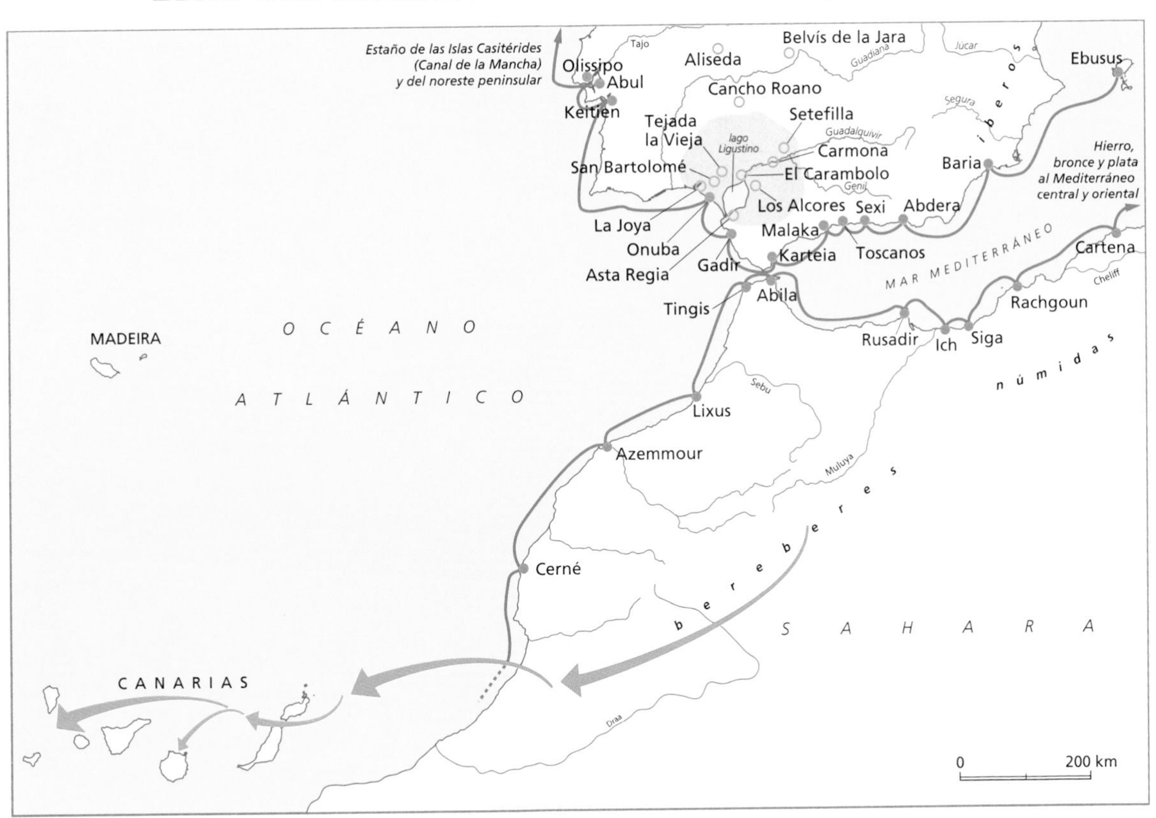

civilización de Tartessos (ss. x-v a. J.C.)
- ○ yacimiento tartesio
- área de influencia tartésica

- rutas comerciales fenicias
- ● factoría fenicia
- migraciones de bereberes a Canarias (x-III a. J. C.)

Edad del hierro. Tartessos. Descrito por los historiadores clásicos griegos y romanos como un reino del occidente lejano, de avanzada civilización, rico en recursos minerales, gobernado en el periodo final por Argantonio («hombre de la montaña de plata» en lengua tartesia) y cuyo origen mitológico es consecuencia del décimo trabajo de Hércules, Tartessos corresponde en realidad a una cultura de los siglos x-v a. J.C., situada en la cuenca baja del Guadalquivir. Aunque no hay una evidencia arqueológica de una ciudad con este nombre, los restos de ricos tesoros funerarios hallados en numerosos yacimientos y necrópolis demuestran la existencia de la cultura tartesia. Sus orígenes se remontan a la fase final de la edad del bronce y su etapa de apogeo se sitúa en la edad del hierro, entre los siglos VIII y V a. J.C. El uso del hierro supone ya una metalurgia avanzada, puesto que se debe trabajar a altas temperaturas; además, tiene la ventaja de ser un metal que posee una gran dureza. En la historia de Tartessos se distingue una etapa anterior al contacto con pueblos mediterráneos y otra posterior, de «orientalización», proceso de asimilación de los rasgos culturales del Mediterráneo oriental, conocidos a través del comercio con las civilizaciones griega y fenicia. A partir de los textos de los historiadores clásicos se deduce que se trata de una sociedad urbana muy desarrollada, dividida en castas y dirigida por reyes. Su economía se basa en la minería: la abundancia de minerales (oro, plata, bronce, cobre) propicia los intercambios con griegos y especialmente con fenicios, establecidos en factorías y colonias en el litoral meridional peninsular y el norte de África, quienes contribuyen a la introducción en la sociedad tartesia de novedades económicas (la moneda), culturales (alfabeto) y religiosas (divinidades fenicias). Simultáneamente a la llegada de los fenicios al norte de África, se produce un movimiento de las poblaciones bereberes hacia el sur y el oeste que incluye la llegada de los primeros habitantes a las islas Canarias. La civilización tartesia acaba de manera abrupta en el siglo V a. J.C., especulándose como causa de su desaparición el agotamiento de sus yacimientos minerales y la consiguiente decadencia económica. La cultura de los turdetanos, tribu ibera ubicada aproximadamente en el mismo territorio, es considerada su heredera, por su lengua y su sistema de escritura alfabético, similar al fenicio y diferente del resto de los pueblos iberos.

CELTAS Y CELTÍBEROS (1200-50 a. J.C.)

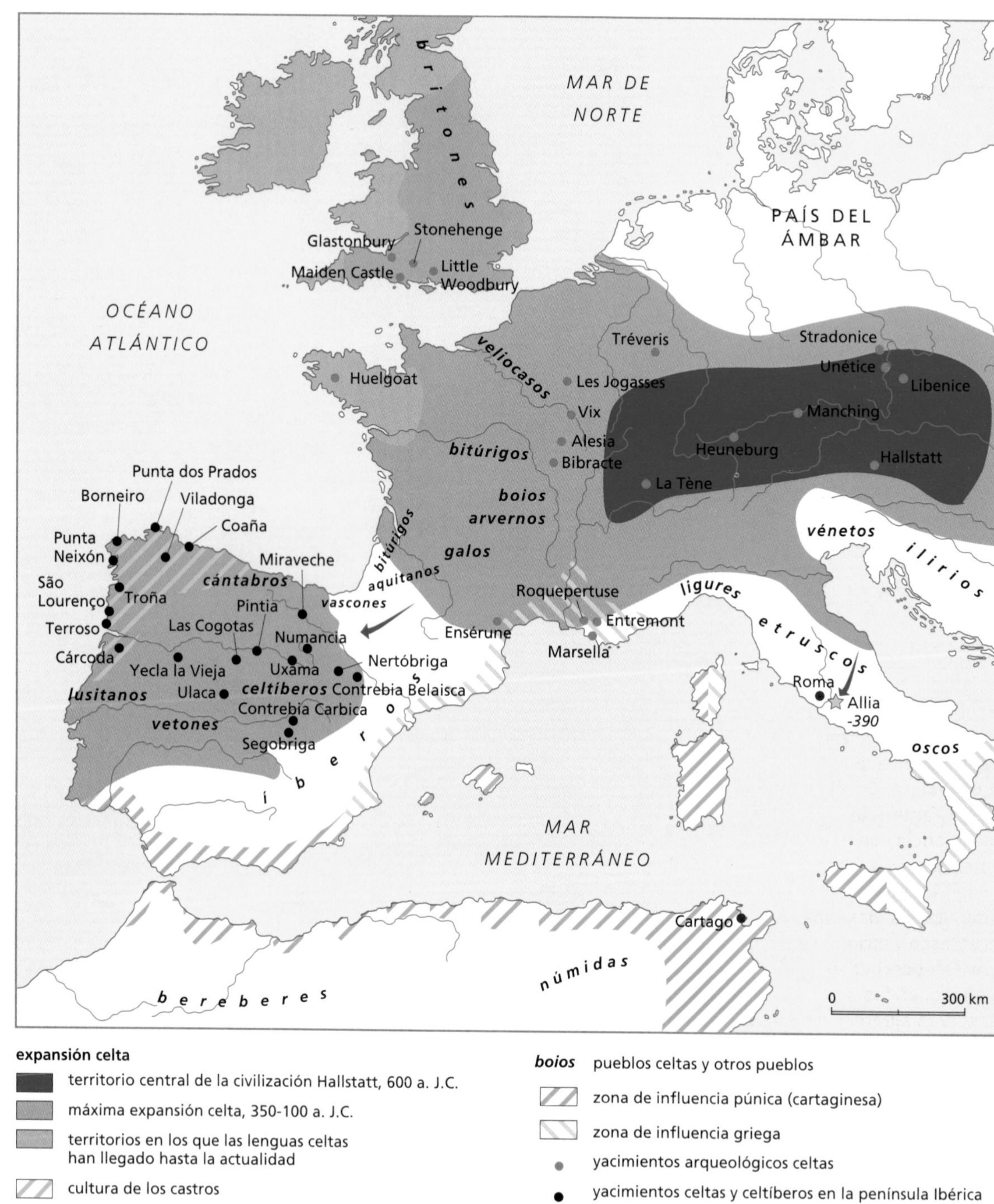

Celtas y celtíberos. Los celtas son un pueblo indoeuropeo, identificado por primera vez en Europa central en la fase final de la edad del Bronce y en la edad del Hierro (civilizaciones de Hallstatt, ss. XII-VI a. J.C., y La Tène, ss. V-I a. J.C.). Entre los siglos XII y V a. J.C. se expanden en sucesivas oleadas migratorias hacia el resto del continente europeo. En la etapa final de la edad del bronce, se establecen en las penínsulas Ibérica e Italiana, donde contribuyen a difundir la cultura de los campos de urnas (véase página 14). Penetran en la península Ibérica a través de los Pirineos y se establecen en el centro y el oeste, donde se mezclan con las poblaciones autóctonas y se desarrollan las tribus celtíberas, y en el noroeste, donde se concentran los galaicos, los astures y los cántabros, pueblos celtas sin relación de parentesco con los iberos. Viven en pequeñas comunidades agrupadas en poblados fortificados, que se denominan

Descripción de los pueblos celtas y celtíberos por cronistas griegos

En cuanto a las armas, algunos celtíberos usan escudos ligeros como los galos y otros circulares [...]. Sus espadas tienen doble filo y están fabricadas con excelente hierro, también tienen puñales de un palmo de longitud. Siguen una práctica especial de fabricación de sus armas pues entierran laminas de hierro y las dejan así, hasta que con el curso del tiempo el óxido se ha comido las partes más débiles quedando solo las más resistentes [...]. El arma fabricada de esta forma descrita corta todo lo que pueda encontrar en su camino, pues no hay escudo, casco o hueso que pueda resistir el golpe dada la extraordinaria calidad del hierro. [...] En tiempo de paz practican una especie de danza [...] que requiere gran agilidad en las extremidades, y en sus combates marchan a la batalla con paso uniforme y entonan cánticos de guerra mientras cargan contra el enemigo.

Diodoro Sículo, *Historia universal* (s. I a. J.C.)
[Trad. M. Serrano Espinosa]

Todos los habitantes de la montaña son sobrios; no beben sino agua, duermen en el suelo, llevan cabellos largos al modo femenino, aunque para combatir se ciñen la frente con una banda. Comen principalmente carne de cabrón; a Ares sacrifican cabrones, cautivos y caballos; suelen hacer hecatombes de cada especie de víctima, al uso griego, y por decirlo al modo de Píndaro inmolan un centenar. Practican luchas gimnásticas, hoplíticas e hípicas, ejercitándose para el pugilato, la carrera, las escaramuzas y las batallas campales. En las tres cuartas partes del año no se nutren sino de bellotas que, secas y trituradas, se muelen para hacer el pan, el cual puede guardarse durante mucho tiempo. Beben «zythos» y el vino, que escasea, cuando lo obtienen se consume enseguida en los grandes festines familiares. En lugar de aceite usan manteca. Comen sentados sobre bancos construidos alrededor de las paredes, alineándose en ellos según las edades y dignidades; los alimentos se hacen circular de mano en mano; mientras beben, danzan los hombres al son de flautas y trompetas, saltando en alto y cayendo en genuflexión.

Estrabón, *Geografía* (s. I a. J.C)
[Trad. M. J. Meana y F. Piñero]

en todo el noroeste peninsular castros, caracterizados por sus construcciones de planta circular. La ganadería, generalmente trashumante, y la agricultura de subsistencia constituyen las principales actividades económicas de estas sociedades comunitarias, basadas en el parentesco y dirigidas por una elite aristocrática de carácter guerrero: en las necrópolis se conservan ajuares con espadas, cascos y otros objetos suntuarios. La metalurgia para la fabricación de armas (espadas de hierro, puñales de bronce) es muy importante entre las tribus celtas y celtíberas, puesto que concentran buena parte de sus recursos en la defensa de sus intereses mediante el uso de la fuerza. Practican una religión politeísta y rinden culto a divinidades relacionadas con la astronomía y la naturaleza: diosas de la fecundidad de la madre Tierra y deidades asociadas a la figura de un caballo, entre otras. El arte celtíbero se halla relacionado con el ámbito militar (destacan las esculturas de guerreros lusitanos) y las creencias religiosas: los verracos son conjuntos escultóricos de grandes dimensiones que representan figuras de animales semejantes a un toro o a un cerdo, consideradas divinidades protectoras (un ejemplo remarcable son los Toros de Guisando, al sur de Ávila, del s. III a. J.C.). Considerados por los romanos como pueblos especialmente guerreros, oponen mayor resistencia que los iberos a la invasión romana, aunque acabaron cediendo tras largos asedios (Numancia, 133 a. J.C.) y luchas (guerras cántabras, 19 a. J.C.). Cabe señalar, por último, que los pueblos celtas o celtíberos hablaban lenguas indoeuropeas o célticas, diferentes de las de los iberos del este y sur peninsular, documentadas en acuerdos escritos entre individuos, familias o ciudades. A diferencia de otros territorios de Europa occidental, la romanización supone el fin de dichas lenguas célticas en la península Ibérica: las actuales lenguas de Galicia y Asturias (gallego, asturiano) son románicas, aunque sus habitantes conservan muy vivas algunas tradiciones de origen celta.

LOS IBEROS Y EL COMERCIO MEDITERRÁNEO (600-100 a. J.C.)

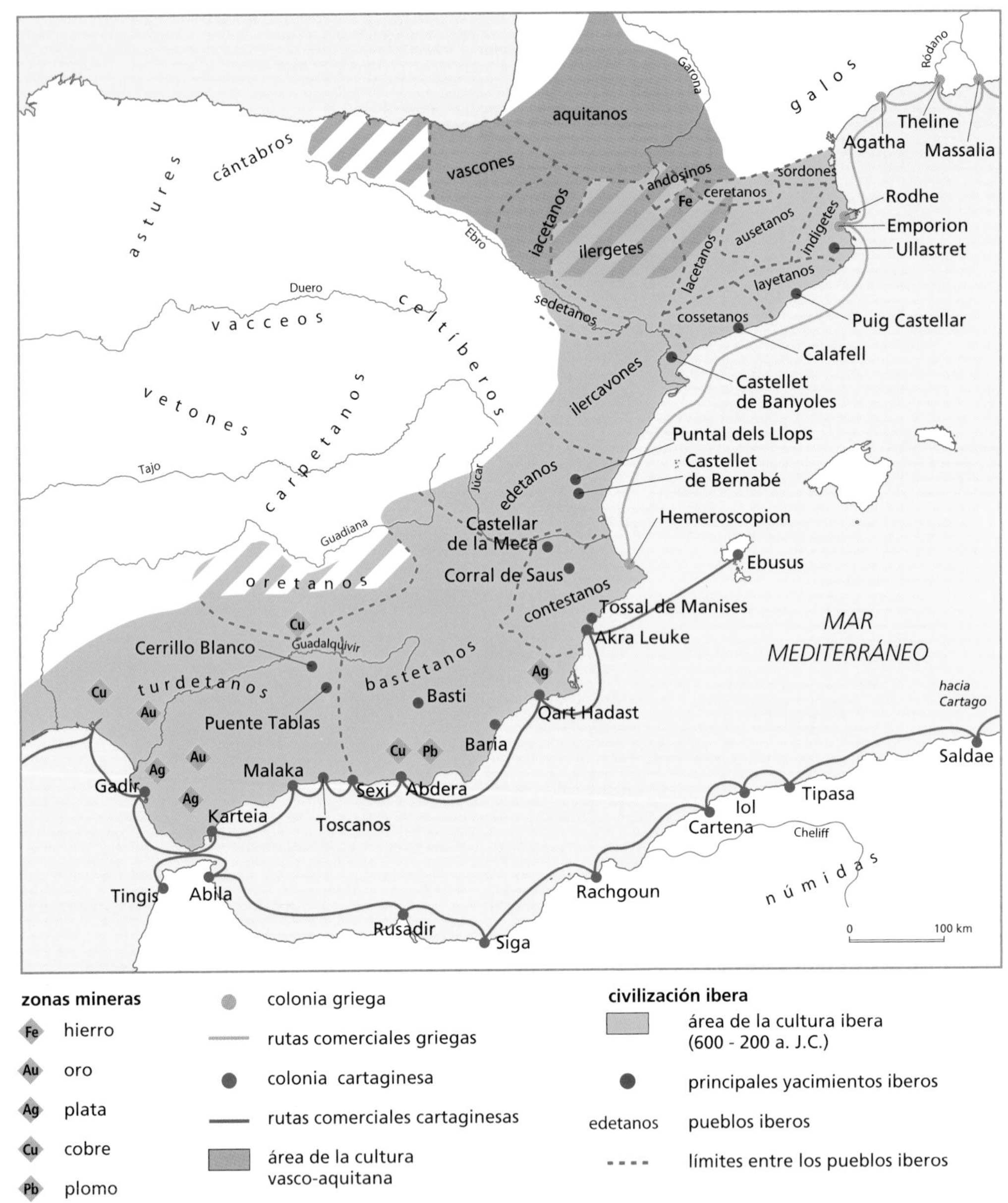

Los iberos y el comercio mediterráneo. Habitualmente relegada con respecto a la griega o la romana, los descubrimientos arqueológicos relativos a la cultura ibera muestran una gran capacidad social y cultural de sus tribus, que habitaban todo el arco mediterráneo, desde los valles pirenaicos hasta el estrecho de Gibraltar. Esta situación geográfica impulsa a los iberos a practicar un activo comercio, relacionándose con otras civilizaciones del Mediterráneo. Se trata de una sociedad dividida en clases, al frente de la cual se sitúan los *reguli*, pequeños monarcas que controlan la fuerza militar y los medios de producción. Los iberos viven en poblados fortificados (*oppidum*), de dimensiones relativamente reducidas y por lo general ubicados en posiciones elevadas, como medida defensiva. Los pueblos o tribus de más densidad demográfica y mayor actividad económica y cultural se concentran en el sur y sureste peninsular, aunque en el noreste también hay una destacada presencia ibera. Junto a los yacimientos iberos, los restos de necrópolis, templos y santuarios muestran la relevancia de las prácticas religiosas en la sociedad ibera. Las esculturas de grandes dimensiones (Dama de Elche, Dama de Baza, Bicha de Balazote), dedicadas a divinidades, son un ejemplo de la importancia de la religión en la sociedad ibera. De manera similiar a los ritos funerarios de los peninsulares de la cultura de los campos de urnas, correspondiente al periodo final de la edad del bronce, los muertos son incinerados y sus restos conservados en urnas de cerámica y enterrados en túmulos.

A la práctica de la agricultura de secano (cereales, olivo y vid), habitual en la península desde el neolítico, se suma la extracción de metales, abundantes en el sur y sureste. Dicha actividad, que se remonta a la edad del cobre, del bronce y del hierro (culturas de Los Millares, El Argar, Tartessos), se intensifica con los iberos, en la segunda mitad del primer milenio a. J.C. La abundancia de oro, plata y cobre en las minas del sur propicia la acuñación de las primeras monedas en la península y el establecimiento de relaciones comerciales basadas en el intercambio monetario con los navegantes cartagineses, herederos de los fenicios, y griegos establecidos en el litoral meridional y oriental: metales, cereales, aceite y vino como principales exportaciones iberas, y cerámica, manufacturas y objetos de lujo como principales importaciones. El contacto con las civilizaciones mediterráneas, especialmente la griega, impulsa el desarrollo de nuevas técnicas artísticas (cerámica y escultura). Las empresas imperialistas de cartagineses en primer lugar y romanos algo más tarde encuentran en el codiciado, por agricultura y minería, y estratégico territorio ibero una salida a sus propósitos expansionistas. La conquista militar romana, iniciada con el desembarco en Emporion en el año 218 a. J.C., durante la segunda guerra púnica, desbarata los propósitos cartagineses y da paso a la colonización romana de la península, en un proceso conocido como *romanización* que supone la asimiliación y posterior aculturación de la civilización ibera.

Descripción de la civilización ibera por cronistas griegos y romanos

Inmediatamente después de Italia, y exceptuando las fabulosas riquezas de la India, debo colocar a Hispania, al menos todo su borde costero [...] Allí donde la tierra es fértil produce en abundancia cereales, aceite, vino y caballos. [...] Los viñedos lacetanos de las Hispanias son famosos a causa de la gran abundancia de vino que producen, pero [...] los baleáricos pueden ser comparados a los mejores de Italia. [...] La primacía en esto (la calidad del aceite) la posee también Italia en todo el orbe de la tierra...; posteriormente, rivalizan entre sí las tierras de Istria y Bética en este punto, yendo ambas a la par. [...] También produce metales de todo género...casi toda Hispania abunda en yacimientos de plomo, hierro, cobre, plata y oro; también hay canteras de mármol. [...] El oro se halla en pepitas en los ríos, como en el Tajo de Hispania, y no existe otro oro más puro, mostrándose pulido por el curso del agua y su frotamiento. Además, los montes hispanos, áridos y estériles, en los que no crece ninguna otra cosa, están obligados a ser fértiles en este bien.

Plinio el Viejo, *Historia Natural* (s. I d. J.C.)
[Trad. A. Fontán y A. M. Moure Casas]

De Turdetania (la Baja Andalucía) se exporta trigo, mucho vino y aceite, este de calidad insuperable. [...] En las costas de Turdetania se encuentran ostras y conchas en gran cantidad [...] Lo mismo pasa con todas las especies de cetáceos, orcas, ballenas y marsopas... y en las costas de afuera se pescan calamares y pulpos de gran longitud, y atunes de gran peso. [...] Turdetania misma ha recibido maravillosas bendiciones de la naturaleza y mientras produce de todo, y también en gran cantidad, estas bendiciones se multiplican por dos en virtud de las exportaciones. [...] Es raro que un país sea afortunado en ambos sentidos [tanto productos agrícolas como artículos de metal] y también es raro que el mismo país tenga dentro de una pequeña extensión abundancia de metales de toda clase. Pero en lo que se refiere a Turdetania y el territorio contiguo, no queda ninguna palabra de digna alabanza para quien desee ensalzar su excelencia en este sentido [...]

Estrabón, *Geografía* (s. I a. J.C.)
[Trad. M. J. Meana y F. Piñero]

Hispania es más fértil que Galia y que África, pues ni la abrasa el sol violento, como a África, ni vientos continuos la azotan, como a Galia; por el contrario, goza de buena temperatura y lluvias oportunas; por ello es rica en toda clase de frutos.

Texto de Justino (s. III d. J.C.)
[Trad. J. Castro]

Incluso en aquel tiempo (195 a. J.C.) Emporion consistía en dos poblaciones separadas por un muro. Una la habitaban los griegos de Focea, de donde procedían también los massilienses; la otra, los iberos; pero la población griega, al estar totalmente abierta al mar, tenía solo una pequeña extensión de muro cuya longitud era de menos de cuatrocientos pasos, mientras que los iberos, que estaban más apartados del mar, tenían a su alrededor una muralla de tres millas [...] Quien los viera en aquella época se preguntaría qué garantizaba la seguridad de los griegos, con el mar abierto a un lado y los iberos, pueblo tan fiero y belicoso, por vecinos al otro.

Tito Livio, *Historia de Roma desde su fundación* (s. I a. J.C.)
[Trad. J. A. Villar Vidal]

LA PRESENCIA CARTAGINESA (237-206 a. J.C.)

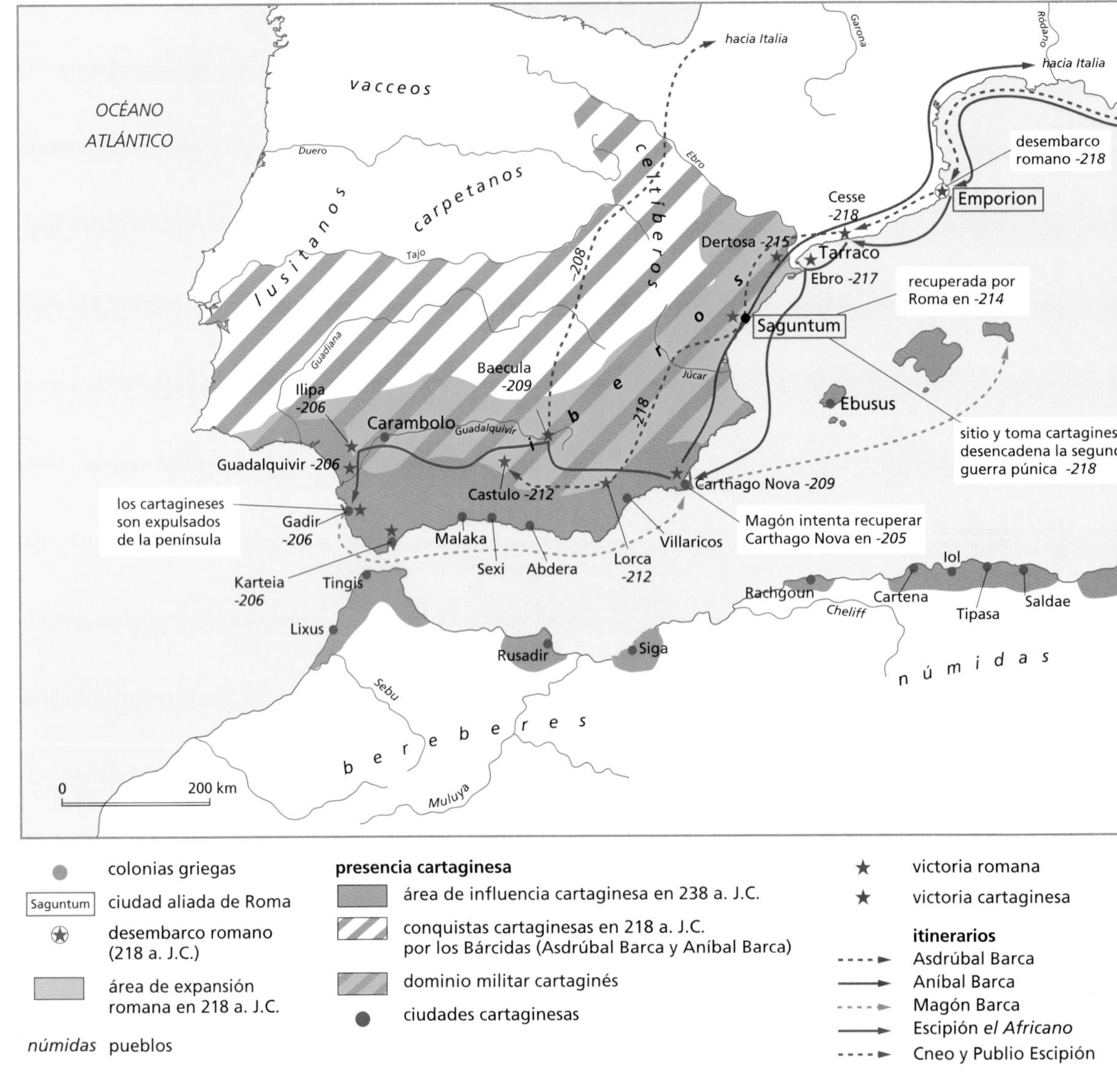

La presencia cartaginesa. Los fenicios, cuyo territorio original se encuentra situado en la costa oriental del Mediterráneo, frente a la isla de Chipre, son un pueblo de comerciantes que se extiende hacia occidente entre los siglos XI y VII a. J.C. y funda colonias comerciales en el norte de África, las islas del Mediterráneo occidental y el sur de la península Ibérica. Entre ellas sobresale Cartago, que tras la invasión de Fenicia por persas aqueménidas en el siglo VI a.JC. y Alejandro Magno en el siglo IV a.JC., pasa a ser heredera de dicha cultura y capital de un imperio en expansión por el Mediterráneo occidental. La península Ibérica, rica en minerales (plata, bronce, hierro) y productos agrícolas (cereales, aceite, vino), resulta atractiva para Cartago, pero también para Roma, una pequeña república de la península Italiana que se halla en plena fase de expansión territorial. Se convierte, de esta manera, en escenario de la lucha por la hegemonía entre cartagineses y romanos durante la segunda guerra púnica, entre 218 y 206 a. J.C. Los antecedentes del conflicto se remontan a la primera guerra púnica, unas tres décadas atrás, en la que Cartago es derrotada por Roma, que se impone en Sicilia, Cerdeña y Córcega. Impulsados por la política expansiva de la familia de los Bárcidas (Amílcar Barca, Asdrúbal, Aníbal, Magón), los cartagineses pretenden recuperar el terreno perdido a partir del control de la península Ibérica. Desembarcan e inician una rápida expansión territorial a partir del puerto de Gadir, en 237 a J. C. Fundan, en 227 a. J.C., Qart Hadast (la Carthago Nova romana), donde se establece la capital cartaginesa peninsular. A diferencia de los fenicios y los griegos, establecidos en la península Ibérica exclusivamente en colonias localizadas y dedicados a las actividades comerciales, los cartagineses penetran hacia el interior de la península mediante una guerra de conquista, que alternan con la diplomacia, a través de matrimonios entre los Bárcidas y las hijas de los jefes de

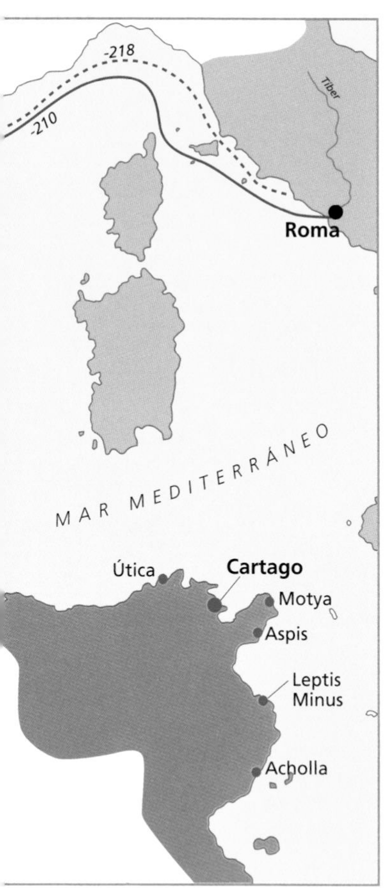

Carthago Nova

Está situada [...] en un golfo [...] muy semejante a un puerto. En la boca del golfo hay una isla que estrecha enormemente el paso de penetración hacia dentro, por sus dos flancos. [...] En el fondo del golfo hay un tómbolo, encima del cual está la ciudad, rodeada de mar por el este y por el sur, aislada por el lago al oeste y en parte por el norte, de modo que el brazo de tierra que alcanza al otro lado del mar, que es el que enlaza la ciudad con la tierra firme, no alcanza una anchura mayor que dos estadios. El casco de la ciudad es cóncavo; en su parte meridional presenta un acceso más plano desde el mar. Unas colinas ocupan el terreno restante [...]. La colina más alta está al este de la ciudad y se precipita en el mar; en su cima se levanta un templo a Asclepio. Hay otra colina frente a esta, de disposición similar, en la cual se edificaron magníficos palacios reales [...]. Las otras elevaciones del terreno, simplemente unos altozanos, rodean la parte septentrional de la ciudad. [...] El orientado hacia el este se llama el de Hefesto, el que viene a continuación, el de Altes, personaje que, al parecer, obtuvo honores divinos por haber descubierto unas minas de plata; el tercero de los altozanos lleva el nombre de Cronos. Se ha abierto un cauce artificial entre el estanque y las aguas más próximas, para facilitar el trabajo a los que se ocupan en cosas de la mar. Por encima de este canal que corta el brazo de tierra que separa el lago y el mar se ha tendido un puente para que carros y acémilas puedan pasar por aquí, desde el interior del país, los suministros necesarios.

Polibio, *Historias* (s. II a. J.C.) [Trad. M. Balasch Recort]

Causas de la segunda guerra púnica

Nadie de allá del Ebro se atrevió fácilmente a afrontarle [a Aníbal], a excepción de Sagunto. Pero Aníbal, de momento, no atacaba en absoluto a la ciudad, porque no quería ofrecer ningún pretexto claro de guerra a los romanos hasta haberse asegurado el resto del país; en ello seguía sugerencias y consejos de su padre, Amílcar. Los saguntinos despachaban mensajeros a Roma continuamente, porque preveían el futuro y temían por ellos mismos [...]. Hasta entonces los romanos no les habían hecho el menor caso, pero en aquella ocasión enviaron una misión [...]. Era el tiempo en que Aníbal ya había sometido a los que quería y se había establecido con sus tropas de nuevo en Cartagena (Carthago Nova), para pasar el invierno. [...] Allí se encontró con la embajada romana, la recibió en audiencia y escuchó lo que decían acerca de la situación. Los romanos, poniendo por testigos a los dioses, le exigieron que se mantuviera alejado de los saguntinos (pues estaban bajo su protección) y no cruzara el río Ebro, según el pacto establecido con Asdrúbal. [...] Pero al mismo tiempo, Aníbal envió correos a Cartago para saber qué debía hacer, puesto que los saguntinos, fiados en su alianza con los romanos, dañaban a algunos pueblos de los sometidos a los cartagineses. Aníbal, en resumen, estaba poseído de irreflexión y de coraje violento. Por eso no se servía de las causas verdaderas y se escapaba hacia pretextos absurdos. [...] Los embajadores romanos, al comprobar que la guerra era inevitable, zarparon hacia Cartago, pues querían renovar allí sus advertencias. Evidentemente, estaban seguros de que la guerra no se desarrollaría en Italia [península Italiana], sino en España [península Ibérica], y de que utilizarían como base para esta guerra la ciudad de Sagunto.

Polibio, *Historias* (s. II a. J.C.) [Trad. M. Balasch Recort]

pueblos iberos y celtíberos. La combinación de las dos estrategias propicia el avance territorial cartaginés. En el año 226 a.C. se establece el río Ebro como límite territorial cartaginés en la península, mediante un pacto acordado entre Roma y Cartago, pero la conquista de Saguntum, ciudad aliada de Roma, por Aníbal en el año 219 a. J.C. y el posterior avance de este hacia Italia a través de los Pirineos y los Alpes, provoca la reacción militar romana, que ataca la retaguardia cartaginesa en la península Ibérica. En 218 a. J.C. desembarcan los ejércitos romanos en Emporion, colonia griega aliada de Roma, capitaneados por Cneo Cornelio Escipión *el Calvo*. Se le unió su hermano Publio Cornelio un año más tarde, pero son vencidos por las tropas de Cartago. A pesar de ello, Roma ya no deja de estar presente en la península: la victoriosa campaña del hijo de Publio Cornelio, Escipión *el Africano*, que conquista Carthago Nova en 209 a. J.C., pone fin, en 206 a. J.C., al dominio cartaginés. Un último intento, protagonizado por Magón Barca, no consigue retomar Carthago Nova. Roma tiene el camino libre para conquistar la península Ibérica.

EL DOMINIO ROMANO (218-19 a. J.C.)

guerras cántabras
- campaña de Décimo Junio Bruto , 137 a. J.C.
- campaña, 25 a. J.C.
- campaña, 26 a. J.C.

otras campañas romanas
- campaña de Julio César contra los lusitanos (61 a. J.C.)
- campaña de Escipión (134-133 a. J.C.)
- campaña de Quinto Cecilio Metelo *Baleárico* (123-121 a. J.C.)
- campaña de Catón el Viejo (195 a. J.C.)
- campaña de Marco Fulvio Nobilior (193-191 a. J.C.)
- campaña de Tiberio Sempronio Graco (180-179 a. J.C.)

las conquistas de Roma
- área de expansión romana en 218 a. J.C.
- conquistas en 201 a. J.C.
- conquistas entre 201 y 75 a. J.C.
- conquistas entre 75 a. J.C. y 14 d. J.C.
- conquistas en 98 d. J.C.
- conquistas de Julio César (58-56 a. J.C.)

campañas de los lusitanos
- campaña de Viriato (147-139 a. J.C.)
- campaña de 154-152 a. J.C.

El dominio romano. Roma, una pequeña ciudad-estado de la península Italiana, se desarrolla y se consolida en el siglo III a. J.C. gracias a su continua expansión territorial. La Roma republicana es una verdadera sociedad militar, con un poderoso ejército formado por sus ciudadanos, a semejanza de las ciudades-estado griegas y otros pueblos de la cuenca mediterránea, pero preparados como nunca antes. Hablar de Roma equivale a evocar una imparable máquina de guerra, organizada por disciplinadas legiones, cuyas victorias sustentan su crecimiento y retroalimentan nuevas conquistas. En el marco de este formidable empuje imperialista, en plena guerra contra Cartago, otra potencia que puede disputarle la supremacía en el Mediterráneo occidental, tiene lugar la conquista romana de la península Ibérica. La presencia cartaginesa es liquidada en pocos años, pero la conquista de toda la península no consiste precisamente en un paseo militar. Son dos siglos de combates, puesto que la lucha de las poblaciones autóctonas contra dicho poderío militar romano es tenaz y perseverante.

Las primeras tropas romanas, al mando del general Cneo Cornelio Escipión *Calvo*, enviadas para enfrentarse a Cartago, desembarcan en 218 a. J.C. en Emporion. La derrota final cartaginesa en la península en el año 206 a. J.C. da paso al dominio romano del Mediterráneo occidental. En el año 197 a. J.C., el este y sureste peninsular quedan bajo dominio de Roma, que divide el territorio en dos *provinciae* o provincias: Hispania Citerior e Hispania Ulterior, dirigidas por pretores. Si en un primer

☆ batallas protagonizadas por Julio César durante la guerra civil contra Pompeyo

NUMIDIA provincia romana

—— división de Hispania 197 a. J.C.

■ capitales de provincia en Hispania

El asedio de Numancia

A los numantinos, que con frecuencia [...] le provocaban [a Escipión] a la lucha, no les hacía caso alguno porque consideraba más conveniente cercarlos y reducirlos por hambre que entablar un combate con hombres que luchaban en situación desesperada. Y después de establecer siete fuertes en torno a la ciudad [comenzó] el asedio y escribió cartas [a cada una de las tribus aliadas indicando el número de tropas] que debían enviar. Tan pronto como llegaron, las dividió en muchas partes y también subdividió a su propio ejército. A continuación [...] ordenó rodear la ciudad con una zanja y una empalizada. [...] El ejército estaba integrado por 60 000 hombres, incluyendo las fuerzas indígenas [...]. Los numantinos, en muchas ocasiones, atacaron a las fuerzas que vigilaban la muralla por diferentes lugares, y la aparición de los defensores era rápida y sobrecogedora. [...] Escipión estaba firmemente convencido de que los enemigos, así copados, no podrían resistir por mucho tiempo, al no poder recibir ya armas, ni alimentos, ni socorro [...].

Apiano, *Iberia* (s. II d. J.C.)
[Trad. A. Sancho Royo]

Las guerras cántabras

Augusto combatió contra los astures y los cántabros; pero como estos ni se les acercaban, resguardándose siempre en sus picachos, ni se ponían a su alcance, a causa de su inferioridad numérica y también por usar la mayoría de ellos armas arrojadizas, causándole además muchas molestias si alguna vez se ponía en camino, ocupando los lugares favorables y emboscándose en las hondonadas y en los bosques, se encontró en un embarazo extremo. La fatiga y las preocupaciones le hicieron enfermar y tuvo que retirarse a Tarraco para reponerse. Cayo Antistio continuó la lucha y la llevó a un término completo, no porque fuese mejor general que Augusto, sino porque los bárbaros, despreciándole, salieron al encuentro de los romanos y fueron derrotados. [...] Terminada esta guerra. Augusto licenció a los más veteranos de sus soldados y les concedió que fundasen una ciudad en Lusitania, llamada Emérita Augusta [...] De los cántabros no se cogieron muchos prisioneros; pues cuando desesperaron de su libertad no quisieron soportar más la vida, sino que incendiaron antes sus murallas, unos se degollaron, otros quisieron perecer en las mismas llamas, otros ingirieron un veneno de común acuerdo, de modo que la mayor parte y la más belicosa pereció. Los astures, tan pronto como fueron rechazados de un lugar que asediaban y vencidos después en batalla, no resistieron más y se sometieron enseguida.

Dion Casio, *Historia Romana* (s. III d. J.C.) [Trad. D. Plácido]

momento el dominio de la península es estratégico, en el marco de la guerra con Cartago, después se valora por ser un territorio conocido por su minería y sus productos agrícolas de calidad y se preconiza su completa conquista. Pero más allá de las zonas próximas a las costas mediterráneas, la expansión hacia el interior y la meseta (siglo II a. J.C.) topa con la resistencia de los pueblos celtíberos y lusitanos, que protagonizan continuas rebeliones contra las imposiciones romanas y solo acaban cediendo tras una larga y violenta lucha. Dos de sus episodios más conocidos y que demuestran el duro enfrentamiento protagonizado por ambas partes son la conquista romana de Numancia, la capital de los arévacos, por Publio Cornelio Escipión *el Africano Menor,* en 133 a. J.C., tras un año de asedio, y el ataque de los lusitanos, dirigidos por el caudillo Viriato, a la Hispania Ulterior en 154-139 a. J.C., seguido del contraataque romano. La siguiente fase de la expansión romana, por el valle del Ebro, se produce en la primera mitad del siglo I a. J.C., en el marco de las guerras civiles que enfrentan a Julio César con Pompeyo.
A principios del periodo imperial, iniciado en el año 27 a.J.C., la franja norte y noroeste peninsular aún queda fuera del dominio romano. Con las campañas de la segunda mitad del siglo I a. J.C., dirigidas personalmente por el emperador Augusto, se pone fin a la resistencia de galaicos, astures cántabros y vascones, cuyo territorio queda bajo control de las legiones establecidas en campamentos militares.

ROMANIZACIÓN DE HISPANIA (DEL SIGLO I a. J.C. AL III d. J.C.)

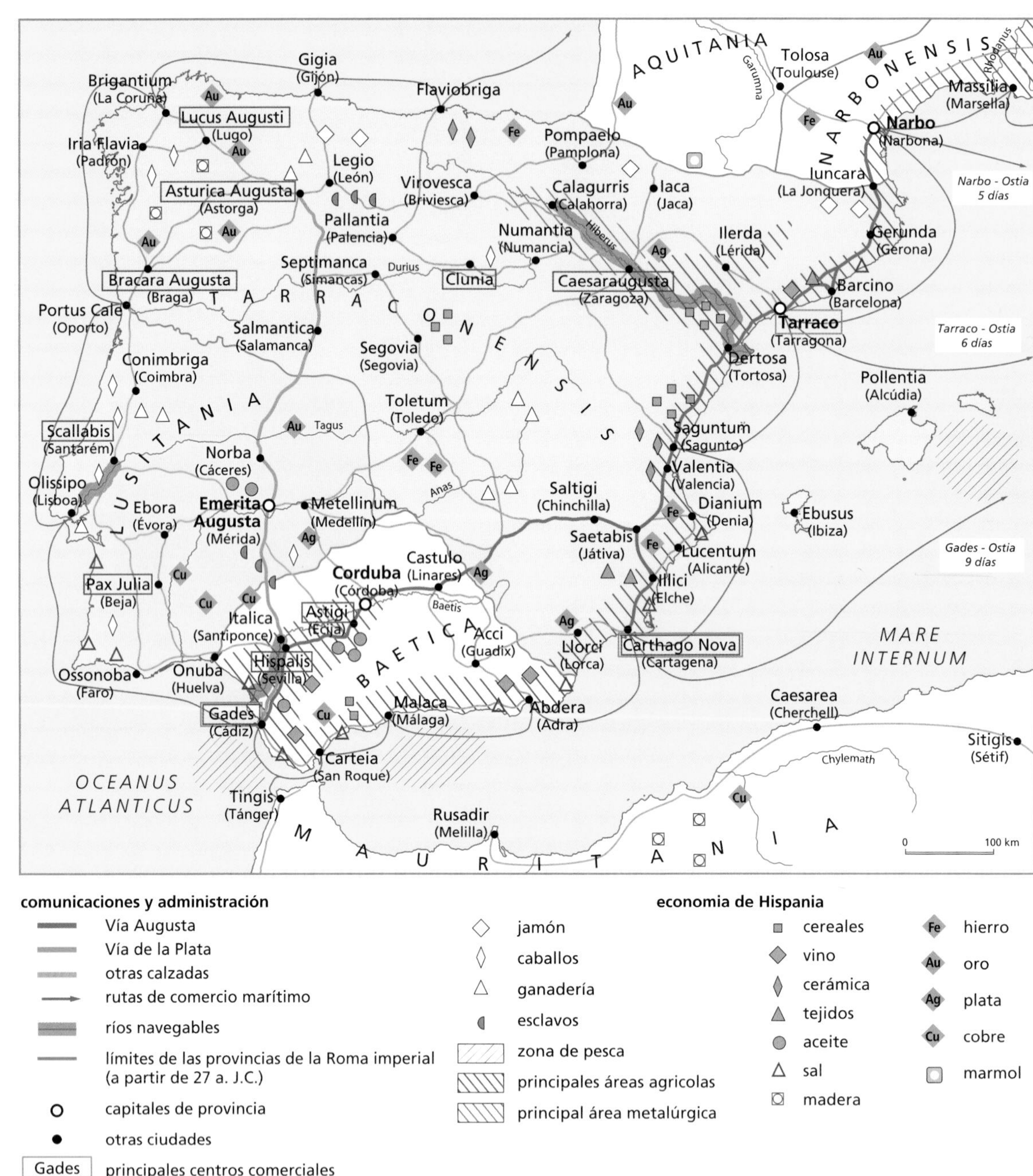

Romanización de Hispania. A finales del siglo I a. J.C. la península Ibérica se halla completamente sometida a Roma. Se inicia entonces un largo periodo pacífico, conocido como *pax romana*, en el que se asimila la cultura romana: se trata de la romanización. Hispania se divide administrativamente en tres provincias a partir del año 27 a.J.C., coincidiendo con el final de la República y el principio del Imperio: la Tarraconense, la Bética y Lusitania. La cultura romana es una cultura urbana, basada en sus ciudadanos, con unos derechos por los que son teóricamente iguales. Habitan en las ciudades, junto a las mujeres, los esclavos, que constituyen la fuerza de trabajo, y otros grupos. Existen municipios, con leyes propias, como Itálica, pero las principales ciudades son colonias romanas: Corduba, Tarraco, Carthago Nova, Emerita Augusta o Caesaraugusta. Están construidas a partir de campamentos militares romanos o de antiguos poblados prerromanos y se gobiernan con unas instituciones a imagen y semejanza de las de Roma. Se trata de capitales de provincia o conventos jurídicos, ciudades desde las que se administraba justicia para un extenso territorio. En ellas, la población autóctona se mezcla con la procedente de Roma y la península Italiana, y rivalizan por tener bellos edificios públicos comparables a los que existen en Roma: se construyen teatros y circos (Emerita Augusta), anfiteatros (Tarraco), termas (Italica, Caesaraugusta), templos (Corduba, Italica), etc. Las ciudades más importantes se hallan conectadas entre sí mediante calzadas o vías: la vía Augusta, que recorre el litoral mediterráneo hasta Gades y une la península Ibérica con Roma a través de la Galia por la vía Domitia, y la vía de la Plata, que enlaza Gades con las poblaciones de la mitad oeste peninsular, son las más destacadas. A través de las calzadas, construidas en tiempos de conquista para facilitar el desplazamiento de las legiones, se activa el comercio de metales (plata, cobre), productos agrícolas (aceite de oliva, vino, cereales) y esclavos, que luego son embarcados en los puertos de Gades, Tarraco o Carthago Nova en dirección a Ostia, el puerto de la capital del Imperio. Forman parte de las calzadas los puentes (Alcántara), generalmente de arcos de medio punto, y existen otras importantes obras públicas, por ejemplo acueductos (Segovia, Tarraco) o alcantarillas, que aportan una desconocida salubridad a las tramas urbanas. Los romanos imponen a la población autóctona sus leyes (derecho romano) y su lengua (latín), a partir de la cual derivan, ya en el medioevo, las lenguas románicas peninsulares. La progresiva romanización de la población autóctona, en especial en el este y sur peninsular (en el norte y el noroeste se mantiene arraigada la tradición celta), se concreta en el ámbito jurídico con el otorgamiento por el emperador Vespasiano del derecho latino en el año 74, y de la ciudadanía romana por el emperador Caracalla en 212. Los emperadores Trajano y Adriano, el filósofo Séneca, el escritor Lucano o el poeta Marcial son algunos de los personajes ilustres de la historia de Roma originarios de Hispania.

César administra el territorio conquistado en Hispania (45 a. J.C.)

Después [...] ocupó Munda y las otras ciudades [...] impuso tributos, tanto que no respetó siquiera los exvotos depositados en el templo de Hércules de Gades. A algunas ciudades les quitó una parte de su territorio; a otras les impuso un aumento de impuestos; de este modo se comportó con las ciudades que se le habían opuesto. A las que le habían apoyado de cualquier manera, les concedió tierras y las eximió de impuestos, e incluso a algunas les dio también el derecho de ciudadanía romana. A algunas poblaciones les otorgó el rango de colonias de Roma, pero tampoco este privilegio se les daba a cambio de nada.

Dion Casio, *Historia romana* (siglo III d. J.C.)
[Versión de la edición italiana de G. Norcio]

Romanización de Hispania

Con la prosperidad del país les llegó a los turdetanos la civilización y la organización política; y, debido a la vecindad, o, como ha dicho Polibio, por el parentesco, también a los celtas, aunque en menor medida, porque la mayoría viven en aldeas. Sin embargo los turdetanos, en particular los que habitan en las proximidades del Betis [Baetis], se han tornado por completo al carácter de los romanos y ni siquiera recuerdan ya su propia lengua. La mayoría se han convertido en latinos y han recibido colonos romanos, de modo que poco les falta para ser todos romanos. Las ciudades mixtas que se fundan en la actualidad, como Pax Augusta entre los célticos, Emerita Augusta entre los túrdulos, Cesaraugusta junto a los celtíberos y algunos otros asentamientos, muestran a las claras la transformación de los citados modos de vida. Todos los iberos que muestran este carácter son llamados estolados, y entre estos se cuentan incluso los celtíberos, que antaño fueron tenidos por los más fieros de todos.

Estrabón, *Geografía* (siglo I a. J.C.) [Trad. P. Rivero y J. Pelegrín]

Elección de magistrados en el municipio de Malaca

Quien deba reunir los comicios ocúpese de que se elijan en primer lugar los duunviros que presiden la jurisdicción precisamente de entre la categoría de hombres que nacieron libres de toda esclavitud [...]; en segundo lugar [...] que se elijan los ediles y, asimismo, los cuestores [...]. El que de acuerdo con la presente ley reúna los comicios, convoque a los ciudadanos para votar según la distribución por curias; de tal forma que, mediante llamamiento único convoque a sufragio a todas las curias; y emitan estas su voto, cada cual en su respectivo recinto, por medio del sistema de tablillas. Asimismo, ocúpese de que junto a la urna de cada curia se sitúen tres ciudadanos de este municipio [...] para que controlen los votos y hagan el escrutinio; y de que, antes de cumplir dicho cometido, preste cada uno de ellos juramento de que hará el recuento y dará cuenta de los votos con buena fe. Y no se ponga obstáculos a que quienes aspiren a un cargo, coloquen sendos interventores junto a cada una de las urnas. [...]

Lex Flavia Malacitana (siglo I d. J.C.)
[Trad. M. del Pino Roldán]

LA PENETRACIÓN DEL CRISTIANISMO Y LOS JUDÍOS (SIGLOS II-V)

La penetración del cristianismo y los judíos. Por decreto del emperador Diocleciano, en 298, Hispania constituye una de las divisiones administrativas del Imperio romano (una diócesis) que comprende toda la península Ibérica y parte del norte de África y se divide en seis provincias (Tarraconensis, Cartaginensis, Gallaecia, Lusitania, Baetica y Mauritania Tingitana). En el siglo IV, las islas Baleares se separaron de la Cartaginensis para constituirse en provincia. Aunque se practica mayoritariamente la religión romana, que se caracteriza por el culto a varios dioses (politeísmo) y al emperador, existen ya núcleos destacados de cristianos y judíos, que practican religiones monoteístas y rechazan la autoridad religiosa imperial. Tradicionalmente vinculado a una visita apostólica (peregrinaciones de Santiago el Mayor o del apóstol Pablo), el cristianismo hispano se remonta a los siglos II y III, cuando se introduce y extiende en la península procedente, en especial, de la provincia de África, alrededor de Cartago, a través de la vía de la Plata y otras calzadas romanas. Misioneros y predicadores, comerciantes o legionarios del ejército imperial son los principales grupos que difunden en la península Ibérica la nueva religión, que es abrazada inicialmente por la aristocracia hispanorromana. Muestra de ello son los mosaicos con escenas bíblicas hallados en las mansiones de las villas romanas. También se atribuye la introducción del cristianismo, además del judaísmo, a la llegada de comunidades judías procedentes de Jerusalén a finales del siglo I o ya en el siglo II, probablemente tras la destrucción de la ciudad y su templo, en el año 70, y la diáspora judía posterior. Las primeras comunidades cristianas sólidamente establecidas y organizadas en sedes episcopales (Emerita Augusta, Corduba, Caesaraugusta, Legio, Tarraco, Italica, Ebora) datan de mediados del siglo III. A las últimas persecuciones dictadas por los emperadores romanos (Decio, en el año 251, y Diocleciano, en 303) contra los practicantes del cristianismo, considerados enemigos del Imperio y mártires por la Iglesia (santos Justo y Pastor, san Fructuoso, san Emeterio y san Celedonio, santa Eulalia, etc.), sigue la proclamación del edicto de Milán por Constantino (313), que implica la libertad de religión en el Imperio romano y el fin de la persecución del cristianismo. La declaración por Teodosio del cristianismo como religión oficial del Imperio, en el año 391, impulsa la expansión al resto de la península con la penetración en zonas rurales (siglos IV-V), así como la organización de la Iglesia aprovechando el marco administrativo romano. Las comunidades judías, por su parte, coexisten en diversas zonas, especialmente en las principales ciudades, con los cristianos y luego con los musulmanes hasta la etapa final de la edad media, cuando son definitivamente expulsadas por los Reyes Católicos en 1492.

San Pablo anuncia un viaje evangelizador a Hispania

Pero ahora ya he terminado mi trabajo en estas regiones, y como desde hace muchos años estoy queriendo visitaros, espero poder hacerlo durante mi viaje a Hispania. Y una vez que haya tenido el placer de veros, confío en que vosotros me ayudaréis a continuar el viaje. Pero ahora voy a Jerusalén, a llevar socorro a aquellos hermanos. Porque los de Macedonia y Acaya decidieron voluntariamente hacer una colecta y mandársela a los hermanos pobres de Jerusalén. Lo decidieron voluntariamente, e hicieron bien, porque así como los creyentes judíos han compartido sus bienes espirituales con los no judíos, estos, a su vez, deben socorrer con sus bienes materiales a los creyentes judíos. Así que, cuando yo termine este asunto y les haya entregado la colecta, saldré para Hispania, y de paso os visitaré. Estoy seguro de que, cuando yo llegue a vosotros, todos seremos enriquecidos con las bendiciones de Cristo.

Pablo de Tarso (san Pablo) *Epístola a los romanos* 15, 23-29 (siglo I)

Martirio de san Fructuoso, obispo, Eulogio y Augurio, diáconos, inmolados en Tarraco (259)

Siendo emperadores Valeriano y Galieno [...] fueron detenidos Fructuoso, obispo, Augurio y Eulogio, diáconos. [...] Los soldados le dijeron [a Fructuoso] «ven, que el gobernador te reclama con tus diáconos». [...] Tras ser encarcelado, Fructuoso, seguro y gozoso por la corona del Señor a la que estaba destinado, rezaba sin interrupción. [...] Al día siguiente bautizó en la prisión a nuestro hermano Rogaciano. Fructuoso, Augurio y Eulogio pasaron seis días encarcelados [hasta que] prestaron declaración. El gobernador Emiliano dijo «que comparezcan Fructuoso, Augurio y Eulogio». [...] El gobernador preguntó a Fructuoso «¿conoces las órdenes de los emperadores?» y Fructuoso contestó «las ignoro, puesto que soy cristiano». El gobernador dijo «han ordenado adorar a los dioses» y Fructuoso afirmó «yo adoro al Dios único, creador del cielo y de la tierra y el mar, y de todo lo que existe». El gobernador Emiliano insistió «¿no sabes que hay dioses?», y Fructuoso contestó «lo ignoro», a lo que el gobernador advirtió «ya lo sabrás después». Fructuoso tuvo presente al Señor y comenzó a rezar en silencio. [...] El gobernador Emiliano se dirigió a Augurio «no hagas caso de las palabras de Fructuoso» y Augurio dijo «yo adoro a Dios todopoderoso». [...] Entonces se dirigió de nuevo a Fructuoso diciéndole «¿eres obispo?», a lo que contestó «¡sí, lo soy!», y Emiliano sentenció «¡lo fuiste!» y ordenó quemarlos vivos.

Passio Fructuosi, actas del martirio (siglo III)

La edad media

420 - 1500

Interior de la **mezquita de Córdoba**, cuya construcción se inició en el siglo VIII

Puente fortificado de la localidad catalana de **Besalú** (siglo XII)

CRONOLOGÍA DE 420 A 1200

Visigodos y Al-Andalus

410

411-585 Reino de los suevos

561 Concilio de Braga. Condena del priscilianismo
550-625 Los bizantinos en el sur de la península

549-711 Reino visigodo de Toledo
578 Los visigodos invaden el territorio vascón
585 Los visigodos invaden el reino suevo
589 Tercer concilio de Toledo. Condena del arrianismo
633 La monarquía visigoda se convierte en electiva

700

711 Victoria musulmana en la batalla de Guadalete y fin del dominio visigodo
711-756 Dependencia del califato de Damasco

756-929 Emirato de Córdoba

800-1100 Esplendor económico, cultural y científico de al-Andalus

844 Los normandos atacan Sevilla

902 Dominio musulmán de las Baleares

929-1031 Califato independiente de Córdoba

978-1002 Almanzor ataca a los reinos cristianos

1000

1031 Desintegración del califato de Córdoba y surgimiento de los reinos de taifas

1086-1146 Dominio almorávide

1146-1269 Dominio almohade

Asturias, León, Castilla y Navarra

410

700

718 Fundación del reino de Asturias
722 Batalla de Covadonga: victoria astur sobre los musulmanes

778 Batalla de Roncesvalles: los vascones vencen a los francos

820-825 Formación del reino de Pamplona

850 Creación del condado de Castilla

868 Creación del condado Portucalense

910 El reino de Asturias establece su capital en León y toma su nombre (Reino de León)

931 El condado de Castilla es, de hecho, independiente de León
900-950 Inicio de las peregrinaciones a Santiago de Compostela

1000

1065 Castilla se convierte en reino

1072 Unión de Castilla y León
1085 Toma de Toledo
1128 Portugal se separa de León y se convierte en reino
1157 Castilla y León se separan
1162 El reino de Pamplona pasa a denominarse reino de Navarra

CRONOLOGÍA DE 420 A 1200

	Aragón y Cataluña		Contexto mundial
410		**410**	
		476	Fin del Imperio romano de Occidente
		507	Los francos derrotan en Vouillé a los visigodos, que permanecen en la península Ibérica
		527-565	Justiniano I, emperador bizantino
		570-632	Vida de Mahoma
		661-750	Califato omeya de Damasco
700		**700**	
		700-800	Esplendor de la cultura maya
		732	Los francos detienen a los musulmanes en Poitiers
759	Elna (Rosellón) en poder de los francos (carolingios)	**750-1238**	Califato abasí de Bagdad
		751-987	Dinastía carolingia en el Reino Franco (Francia)
		768-814	Carlomagno, rey de los francos
785	Gerona en poder de los francos (carolingios)		
801	Barcelona en poder de los francos (carolingios)		
850	Aragón: núcleos independientes, apoyados por los francos, en los altos valles pirenaicos		
		976-1025	Apogeo del Imperio bizantino: reinado de Basilio II
987	Independencia de los condados catalanes con respecto a la monarquía franca (capetos)		
1000		**1000**	
1035	Aragón se convierte en reino	**1054**	Cisma de Oriente: división entre los cristianos de Roma y de Bizancio
		1095	Primera cruzada
1116	Toma de Tarragona		
1118	Toma de Zaragoza	**1189-1199**	Ricardo I Corazón de León, rey de Inglaterra
1162	Unión dinástica de Aragón y Cataluña (Corona de Aragón)	**1197**	Los incas dominan el valle de Cuzco

CRONOLOGÍA DE 1200 A 1500

Al-Andalus

1200

1212 Derrota de los almohades en las Navas de Tolosa ante una alianza de los reinos cristianos

1238-1492 Reino nazarí de Granada

1300

1333 La dinastía berebere benimerín ocupa el territorio, llamada ante el avance castellano

1340 Batalla del Salado, con victoria cristiana

1348-1349 Epidemia de peste

1400

1410 Castilla conquista Antequera

1417 Se inicia un periodo de inestabilidad gubernamental en el Reino de Granada

1487 Castilla conquista Málaga

1492 Castilla conquista Granada

Navarra y Corona de Castilla

1200

1217-1252 Reinado de Fernando III de Castilla

1228 La orden de Calatrava obtiene encomiendas en Andalucía

1230 Unión definitiva de Castilla y León

1236 Conquista Córdoba

1244 Conquista de Murcia

1246 Conquista de Jaén

1248 Conquista de Sevilla

1252-1284 Reino de Alfonso X el Sabio

1273 Creación del Consejo de la Mesta

1300

1332 Álava firma una alianza de carácter jurídico (fuero) con Castilla (Vizcaya en 1342 y Guipúzcoa en 1379)

1348-1349 Epidemia de peste, excepto en los valles pirenaicos de Navarra

1351-1369 Guerra civil en Castilla

1385 Derrota de Castilla ante los portugueses en Aljubarrota

1400

1402 Inicio de la conquista de las islas Canarias

1451 Guerra civil en Navarra, entre agramonteses (profranceses) y beaumonteses (procastellanos)

1467-1469 Gran guerra irmandiña en Galicia, enfrenta a campesinos y nobleza

1469 Matrimonio de Isabel de Castilla y Fernando de Aragón en Valladolid

1474 Isabel y Fernando, reyes de Castilla

1476 Creación de la Santa Hermandad

1478 Creación del tribunal de la Inquisición

1480 Creación de la audiencia de Galicia: la nobleza gallega se somete a los Reyes Católicos

1489 Ley de defensa de las cañadas

1492 Expulsión de los judíos (Castilla)

1492 Cristóbal Colón busca una ruta alternativa hacia las Indias y llega a América

1494 Tratado de Tordesillas: los Reyes Católicos y de Portugal se reparten el mundo

1497 Conquista de Melilla por Pedro de Estopiñán para la casa de Medina-Sidonia

CRONOLOGÍA DE 1200 A 1500

Corona de Aragón

1200

1213 Batalla de Muret. Fin de la expansión por Occitania

1213-1276 Reinado de Jaime I

1228 Conquista de Mallorca

1238 Conquista de Valencia

1266 Dominio de Murcia y cesión posterior a Castilla

1276-1346 Reino de Mallorca (islas Baleares y Rosellón)

1282 Vísperas Sicilianas: dominio de Sicilia

1300

1303 Expedición de los almogávares

1311-1388 Dominio de Atenas y Neopatria

1324 Dominio de Cerdeña

1348 Epidemia de peste

1359 Creación de la Diputación del General (Generalidad) de Cataluña

1391 Barcelona: saqueo y destrucción de la judería (call)

1400

1410 Fin de la dinastía de la Casa de Barcelona

1412 Compromiso de Caspe. Dinastía de Trastámara

1442 Dominio de Nápoles

1462-1472 Guerra civil en Cataluña, entre la monarquía y la Generalidad, cuya relevancia política es cada vez mayor

1475-1493 Dominio francés del Rosellón

1479-1516 Reinado de Fernando II

1486 Sentencia arbitral de Guadalupe: fin del conflicto remensa catalán

1494 Creación del Consejo de Aragón, asesor del rey

Contexto mundial

1200

1215 Inglaterra: Carta Magna

1215 Conquista de Pekín por Gengis Kan

1244 Toma de la fortaleza cátara de Montsegur: fin de la cruzada de los albigeses

1254-1324 Vida de Marco Polo

1300

1337 Inicio de la guerra de los Cien años

1347 Una epidemia de peste, procedente de Oriente, llega a Marsella

1389 Batalla de Kosovo: los turcos vencen a los serbios

1400

1432 Descubrimiento de las Azores por los portugueses

1450 Gutemberg instala un taller de imprenta en Maguncia

1453 Los turcos otomanos toman Constantinopla. Fin del Imperio bizantino

1469-1492 Lorenzo de Médicis, señor de Florencia

1487 El portugués Bartolomeu Dias dobla el cabo de Buena Esperanza

1487 Construcción del templo azteca de México

1497 Portugal: expulsión de los judíos

1498 El portugués Vasco da Gama llega a la India

EL DOMINIO SUEVO Y VISIGODO (409-711)

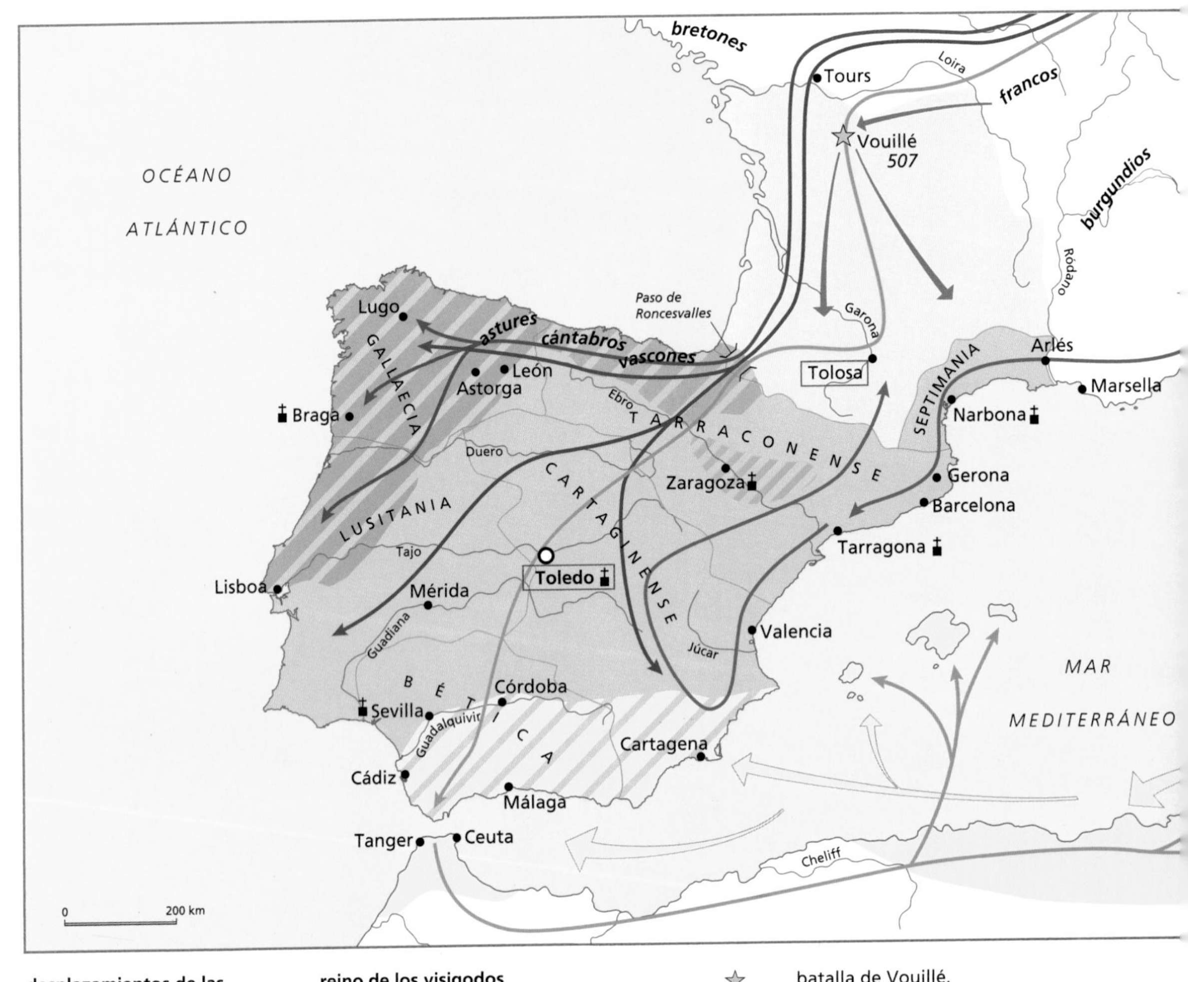

desplazamientos de las poblaciones germánicas

- godos (416-417)
- vándalos (406-416)
- alanos (406-417)
- suevos (406-411)

reino de los visigodos

- reino de Tolosa (476-507)
- reino de Toledo
- capital desde 554
- BÉTICA — división administrativa del reino de Toledo en provincias eclesiásticas
- sedes metropolitanas

- batalla de Vouillé, victoria de los francos
- avances francos (506-510)
- territorio franco desde 507-510
- reino suevo (conquistada por los visigodos en 585)
- área conquistada por los visigodos en 578
- principal área de rebelión de los bagaudas (440-450)

El dominio suevo y visigodo. A caballo de los siglos IV y V, el *limes*, la frontera exterior del Imperio romano, se desmorona. Los godos se establecen dentro del Imperio en 376, vencen a los romanos en los Balcanes y saquean Roma en 410. En 406, los pueblos germánicos asentados cerca del Rin, el *limes* norte del Imperio, cruzan dicho río y conquistan la Galia. En 409, suevos, vándalos y alanos atraviesan los Pirineos y se adueñan de las provincias de Hispania. En 412, el caudillo de los godos Ataúlfo conduce su pueblo a la Galia y su sucesor, Valia, pacta con el gobierno imperial para someter a vándalos, suevos y alanos en Hispania. Los godos acaban con los alanos y con parte de los vándalos (416-417), que se trasladan al norte de África y fundan allí un reino, mientras los suevos forman otro en la provincia de Gallaecia y en el norte de Lusitania. En 418, los godos obtienen el permiso para establecerse en la provincia romana de Aquitania y nace el reino visigodo de Tolosa, cuya frontera norte es el río Loira. En los años siguientes, los visigodos organizan expediciones militares por Hispania contra los suevos y los bagaudas, colonos de las grandes propiedades agrícolas y esclavos que se rebelan contra sus amos, en especial en el valle del Ebro. La Tarraconense queda bajo control visigodo mientras que en 476 Roma deja de tener cualquier tipo de poder al ser depuesto el último emperador. En la batalla de Vouillé de 507, el rey franco Clodoveo vence al visigodo Alarico II y se apodera del territorio de los visigodos al norte de los Pirineos, excepto la Septimania, que sigue en manos visigodas gracias a la intervención de los ostrogodos. El dominio visigodo en Hispania se afianza, pero empiezan las luchas

conquistas bizantinas

durante el reinado de Justiniano I (527-565)

área dominada en la peninsula Ibérica (recuperada por los visigodos en 624)

área conquistada en el resto del Mediterráneo occidental

Autorización de los matrimonios mixtos entre godos e hispanorromanos

Que esté permitida la unión matrimonial tanto de un godo con una romana, como de un romano con una goda.

Se distingue una solícita preocupación en el príncipe, cuando se procuran beneficios para su pueblo a través de ventajas futuras; y no poco deberá regocijarse la ingénita libertad al quebrantarse el vigor de una antigua ley con la abolición de la orden que, incoherentemente, prefirió dividir con respecto al matrimonio a las personas, que su dignidad igualará como parejas en *status*.

Saludablemente reflexionando por lo aquí expuesto como mejor, con la remoción de la orden de la vieja ley, sancionamos con esta presente ley de validez perpetua: que tanto si un godo una romana, como también un romano una goda, quisiere tener por esposa —dignísima por su previa petición de mano—, exista para ellos la capacidad de contraer nupcias, y esté permitido a un hombre libre tomar por esposa a la mujer libre que quiera, en honesta unión, tras informar bien de su decisión, y con acompañamiento acostumbrado del consenso del linaje.

Liber Iudiciorum (s. VII)

Semblanza del rey Recaredo

[...] muerto Leovigildo, fue coronado rey su hijo Recaredo. Estaba dotado de un gran respeto a la religión y era muy distinto de su padre en costumbres, pues el padre era irreligioso y muy inclinado a la guerra [...]. Desde el comienzo mismo de su reinado Recaredo se convirtió, en efecto, a la fe católica y llevó al culto de la verdadera fe a toda la nación goda.

[...] Reunió un sínodo de obispos [...] para condenar la herejía arriana. [...] Con todos los suyos abdicó de la perfidia que, hasta entonces, había aprendido el pueblo de los godos de las enseñanzas de Arrio, profesando que en Dios hay unidad de tres personas, que el Hijo ha sido engendrado consustancialmente por el Padre, que el Espíritu Santo procede conjuntamente del Padre y del Hijo, que ambos no tienen más que un espíritu, y, por consiguiente, no son más que uno.

Realizó también gloriosamente la guerra contra los pueblos enemigos, apoyado en el auxilio de la fe. Logró, en efecto, un glorioso triunfo sobre casi sesenta mil soldados francos, que invadían las Galias [...]. Dirigió sus fuerzas también muchas veces contra los abusos de los romanos [bizantinos] y contra las irrupciones de los vascones; en estas operaciones parece que se trataba más que de hacer una guerra, de ejercitar a su gente de un modo útil, como el juego de la palestra.

Isidoro de Sevilla, *Historia de los reyes godos, vándalos y suevos* (s. VII)
[Trad. C. Rodríguez]

entre facciones aristocráticas por el control de la institución monárquica, puesto que el rey es elegido por los miembros de la aristocracia de origen godo. En 552 el ejército de Justiniano I, emperador bizantino (romano oriental) que pretende recuperar la unidad del Imperio romano, desembarca en Cartagena con la excusa de apoyar a Atanagildo, en rebeldía contra el rey Agila I, y se inicia el dominio bizantino sobre una amplia franja de la costa mediterránea y las islas Baleares, que se prolonga en la península hasta el año 624. A mediados del siglo VI Toledo se convierte en capital del reino; su obispo pasa a ser metropolitano y en 681 primado de Hispania. La monarquía visigoda llega a su madurez en tiempos del rey Leovigildo (572-589), quien conquista el reino suevo en 585 y dirige expediciones contra bizantinos, vascones y cántabros. Su hijo y sucesor, Recaredo, abandona el arrianismo, corriente cristiana considerada herejía al negar la divinidad de Jesús, y se convierte al catolicismo (589), hecho que facilitó la fusión entre visigodos e hispanorromanos. A través de la celebración de los concilios de Toledo, la Iglesia católica ejerce gran influencia, ya que muchos de los cánones aprobados en estas asambleas se convierten en leyes sancionadas por los reyes. Hacia 654, durante el reinado de Recesvinto, se lleva a cabo la codificación legislativa conocida con el nombre de *Liber Iudiciorum* o *Fuero Juzgo*. En un contexto de extrema debilidad del reino, los musulmanes atraviesan en 711 el estrecho de Gibraltar para ayudar a los rivales de Rodrigo, rey desde el año anterior, mientras este combate a los vascones.

CONQUISTA ÁRABE Y NACIMIENTO DE AL-ANDALUS (711-756)

expediciones de conquista musulmana

- avance musulmán Omeya por el norte de África (670-710)
- Tariq ibn Ziyad (711-714)
- Musa ibn Nusayr (712-714)
- Abd al-Aziz ibn Musa (714-715)
- As-Samh ibn Malik al-Jawlani (719-721)
- Anbasa ibn Suhaym al-Kalbi (hasta Autun, 725)
- Abd al-Rahman ibn Abd Allah al-Gafiqi (hasta Poitiers, 732)
- califato Omeya de Damasco (en 730)

batalla

- victoria cristiana
- victoria musulmana
- periplo de Abd al-Rahman ibn Mu'awiya (755-756)

- territorios del Imperio bizantino
- territorios cristianos peninsulares no sometidos
- reino cristiano autónomo de Teodomiro (Tudmir)
- principales núcleos de la revuelta de los bereberes (740-743)

Conquista árabe y nacimiento de al-Andalus. Durante la segunda mitad del siglo VII se asiste a la expansión hacia el oeste del califato omeya de Damasco. Todo el norte de África queda bajo su dominio entre 670 y 700. Hacia 698, Musa ibn Nusayr es nombrado gobernador de estos territorios, y su lugarteniente es Tariq ibn Ziyad. Tras algunas campañas, someten a las poblaciones de la zona y toman Tánger y Ceuta, y en abril de 711 un ejército a las órdenes de Tariq cruza el estrecho de Gibraltar, según parece como respuesta a la petición de ayuda de los hijos o fieles del hasta 710 rey visigodo Witiza, enfrentados con el nuevo rey, Rodrigo. El monarca acude con su ejército para abortar la invasión, y el 19 de julio de 711 tiene lugar la batalla de Guadalete, que supone la derrota y la muerte de Rodrigo. El ejército conquistador empieza la ocupación del reino visigodo. Caen Córdoba y Toledo. En 712, Musa ibn Nusayr cruza el estrecho con más tropas y se apodera de Sevilla y Mérida, entre muchas otras localidades. La Tarraconense y la Septimania, provincias donde gobernaba un rey intruso llamado Agila II (710-713), son sometidas en los años siguientes. Hacia 714-719 capitulan Pamplona, Huesca y Barcelona, y Narbona en 721. La capital de la nueva provincia del califato omeya se fija en Córdoba y los conquistadores pasan a llamar Hispania con un nuevo nombre, al-Andalus. El ejército invasor fracasa en algunos territorios: en 718 o 722 el caudillo astur Pelayo derrota una expedición cordobesa en Covadonga y en 732 los francos, encabezados por el mayordomo de palacio Carlos Martel, vencen en Poitiers a las tropas del gobernador Abd al-Rahman al-Gafiqí, que se habían adentrado en el reino franco. Hacia 740 tiene lugar la revuelta de los bereberes del norte de África y de al-Andalus contra los árabes, que se habían convertido en amos y señores de la nueva situación. En 741, tropas del ejército califal de origen sirio, palestino y jordano llegan a al-Andalus en ayuda del gobernador Abd al-Malik ibn Qatan. Derrotan a los bereberes y se asientan en diversos distritos militares de la provincia. La revuelta bereber y los enfrentamientos de aquellos años obligan al abandono de muchas posiciones estratégicas en el norte de la península. El dominio árabe retrocede y se debilita al norte del río Duero, pero se mantiene en la Septimania y en toda la antigua Tarraconense. El valle del Duero se convierte en tierra de nadie. En los territorios de al-Andalus empieza un proceso profundo de islamización y arabización que termina por relegar la cultura romano-cristiana y la lengua latina. La aristocracia visigoda que no ha huido se islamiza y se emparienta con la nueva clase dirigente. En 750, la dinastía abasí sustituye a los omeyas en el califato de Damasco y se desencadena una dura represión contra los miembros de esta familia. Abd al-Rahman ibn Mu'awiya, nieto del califa omeya Hisham, consigue escapar y se refugia en el norte de África. Hacia 755 desembarca cerca de Almuñécar y se pone al frente de un ejército apoyado por fieles de la familia omeya residentes en al-Andalus, muchos de ellos llegados en 740. En 756 Abd al-Rahman entra en Córdoba y es proclamado emir. Al-Andalus deja de ser una provincia del califato abasí y se convierte en un emirato independiente.

Pacto con el conde visigodo Teodomiro (713)

En el Nombre de Dios, el Clemente, el Misericordioso. Edicto de 'Abd al-Aziz ibn Musa ibn Nusair a Tudmir ibn Abdush [Teodomiro, hijo de los godos]. Este último obtiene la paz y recibe la promesa, bajo la garantía de Dios y su Profeta, de que su situación y la de su pueblo no se alterará; de que sus súbditos no serán muertos, ni hechos prisioneros, ni separados de sus esposas e hijos; de que no se les impedirá la práctica de su religión, y de que sus iglesias no serán quemadas ni desposeídas de los objetos de culto que hay en ellas; todo ello mientras satisfaga las obligaciones que le imponemos. Se le concede la paz con la entrega de las siguientes ciudades: Orihuela, Baltana, Alicante, Mula, Villena, Lorca y Ello. Además, no debe dar asilo a nadie que huya de nosotros o sea nuestro enemigo; ni producir daño a nadie que huya de nosotros o sea nuestro enemigo; ni producir daño a nadie que goce de nues-tra amnistía; ni ocultar ninguna información sobre nuestros enemigos que puede llegar a su conocimiento. Él y sus súbditos pagarán un tributo anual, cada persona, de un dinar en metálico, cuatro medidas de trigo, cebada, zumo de uva y vinagre, dos de miel y dos de aceite de oliva; para los sirvientes, sólo una medida. Dado en el mes de Rayab, año 94 de la Hégira.

Ibn Idari, *Libro de la increíble historia de los reyes de al-Andalus y Marruecos* (s. XIV)
[Trad. F. Maíllo Salgado]

La conquista vista a través de ojos cristianos

En este tiempo [...] nonagésimo segundo año de los árabes, [...] el propio Musa, como las columnas de Hércules lo encaminaban hacia esta desdichada [tierra], [...] atravesando el estrecho de Cádiz penetra en ella —injustamente destrozada desde tiempo atrás e invadida— para arruinarla sin compasión alguna.

Después de arrasarla hasta Toledo, la ciudad regia, y azotar despiadadamente las regiones circundantes con una paz engañosa, valiéndose de Opas, hijo del rey Egica, condena al patíbulo a algunos ancianos nobles que aún quedaban después de haber huido de Toledo, y los pasa a espada a todos con su ayuda.

Y así, con la espada, el hambre y la cautividad devasta no solo la Hispania ulterior sino también la citerior hasta más allá de Zaragoza, ciudad muy antigua y floreciente, poco ha desprovista de defensas porque así lo quiso Dios. Con el fuego deja asoladas hermosas ciudades, reduciéndolas a cenizas; manda crucificar a los señores y nobles y descuartizar a puñaladas a los jóvenes y lactantes. De esta forma, sembrando en todos el pánico, las pocas ciudades restantes se ven obligadas a pedir la paz, e inmediatamente, complacientes y sonriendo, con cierta astucia conceden las condiciones pedidas. Pero asustados, rechazan la paz lograda, huyen por segunda vez en desbandada a las montañas y mueren de hambre y otras causas.

[...] En Córdoba, ciudad que de antiguo llevaba el título de Patricia, que siempre fue la más rica entre otras ciudades próximas y que dio al reino visigodo los primeros frutos delicados, establecen un reino bárbaro.

Crónica mozárabe (754) [Trad. J. E. López Pereira]

EL ESPLENDOR DE AL-ANDALUS (756-1031)

El esplendor de al-Andalus. La historia de la mayor parte de al-Andalus toma un nuevo rumbo a partir de la constitución del emirato omeya independiente de Córdoba. Con estrechos vínculos culturales y sociales con Oriente próximo, en al-Andalus, conviven, no sin dificultades, gentes de procedencia y acervo diversos: árabes, bereberes, muladíes (cristianos convertidos al islam), mozárabes (cristianos que continúan con su religión) y judíos. El primer emir, Abd al-Rahman I (756-788), pone las bases del nuevo estado y de su eficiente sistema fiscal y emprende la construcción de la mezquita de Córdoba, una de las joyas del arte musulmán. Antes de su muerte y tras ella estalla una crisis dinástica durante algunas décadas, aprovechada por los francos para expandir su reino hacia el sur: conquistan Barcelona en 801 pero fracasan en Zaragoza (778). Abd al-Rahman II (822-852) restaura el poder central, organiza la frontera con los reinos cristianos y repele los ataques de los normandos, que atacan Sevilla en 844. Pero su sucesor, Muhammad I (852-886), no consigue mantener la estabilidad del emirato: la ciudad de Toledo se rebela en 852, y a partir de 871 la familia Banu Qasi, señores de la frontera superior, en el valle del Ebro, y otras ciudades de todo al-Andalus, protagonizan movimientos secesionistas. Ante el desconcierto, el rey de Asturias avanza hacia el sur, y el conde de Barcelona restaura el condado y obispado de Vic. Este periodo de debilidad acaba con la llegada al poder de Abd al-Rahman III (912-961), que se proclama califa en 929. Apacigua los territorios rebeldes y, en una segunda etapa, interviene en el norte de África y dirige numerosas campañas contra los reinos cristianos para contener su avance. Este califa y su hijo al-Hakam II (961-976) protagonizan el periodo de máximo esplendor de al-Andalus. Reciben embajadas de Bizancio y del emperador romano-germánico Otón II, y los reyes y condes cristianos firman con ellos tratados de paz que los convierten casi en vasallos suyos. El comercio, la industria artesanal y el mundo urbano viven una etapa de expansión. Córdoba, con casi medio millón de habitantes, se convierte en una de las ciudades más pobladas del planeta. Es muy conocida en toda Europa por su producción de tejidos de seda y lana y como centro cultural, y su principal mezquita (una de las más de 400 que se abren) pasa a ser un importante centro de peregrinación musulmana. Cerca de Córdoba, Abd al-Rahmán III construye la ciudad palatina de Medinat al-Zahra. En el campo se mejoran los sistemas de regadío y se introducen cultivos de origen oriental como el algodón, el azafrán, el arroz o los naranjos. En 981 Muhammad ibn Abi Amir, *Almanzor*, alto funcionario de la corte, se convierte en *hayib* o primer ministro del califa Hisham II, y aprovechando la corta edad del soberano consigue el poder supremo. Vuelve la guerra santa contra los reinos del norte: su ejército conquista y ataca y saquea Barcelona (985), León (986), Santiago de Compostela (997) y Pamplona (1000). A su muerte, el califa Hisham II nombra a Abd al-Malik, hijo de Almanzor, nuevo *háyib.* Al-Malik fallece en 1008 y poco después se inicia el periodo de la *fitna* del califato, una verdadera guerra civil entre diversos pretendientes al trono. Córdoba es saqueada y empieza el proceso de desintegración del califato. En 1031 es depuesto el último califa omeya.

Descripción de al-Andalus

Córdoba, que es madre de ciudades, estuvo siempre habitada por importantes príncipes y reyes. A ella llegan gentes de todas partes. [...] Ilbira se encuentra al sureste de Córdoba. Su tierra tiene agua y ríos en abundancia y árboles muy espesos, en especial naranjales y avellanos [...]. Hay muchas cañas con las que hacen azúcar. También hay yacimientos de oro, plata, plomo, hierro y cobre. [...]
El emplazamiento de Tortosa es muy adecuado, y tiene un buen puerto, muy frecuentado por los mercaderes de todos los territorios vecinos, cercano a Francia. [...] Todo el mundo se maravilla por la belleza del término de Tudela [...]. Tiene muchas viñas y muchas huertas [...], y sus frutales dan tan sabrosas frutas que es conocido por todos. Situado junto al río de Ebro, la puerta de la ciudad está sobre el río Ebro [...]. Sevilla se encuentra junto al Guadalquivir, cerca de donde desemboca. El Guadalquivir es un río con grandes ventajas, porque tiene muchos peces, y muy buenos, y porque es uno de los mejores puertos que hay en España, apto para grandes navíos. [...]
En los alrededores de Sevilla hay mucha miel, muy buena y muy blanca, y muchos higos [...]. También hay mucho algodón, que se exporta [...].

Isa ibn Ahmad al-Razi, *Historia de los reyes de al-Andalus (Crónica del moro Rasis)* [s. X]
[Trad. M. Catalán y M. Soledad de Andrés]

El conde Suñer de Barcelona hace las paces con el califa Abd al-Rahman III y se somete a su obediencia

Paz con los francos.
En este año (940) hizo el secretario judío Hasday b. Ishaq la paz con el franco Suñer, hijo de Wifredo, señor de Barcelona y sus distritos, exclusivamente en los términos gratos a an-Nasir, enviando a Hasday a Barcelona para concluir dicha paz con su señor, Suñer.
[...] Hasday propuso a los notables de Barcelona que se sometieran a an-Nasir e hicieran la paz con él. [...] El judío Hasday b. Ishaq volvió a an-Nasir desde Barcelona [...], en compañía del mensajero de Suñer, Gotmar, tras concluir todo esto según las condiciones que puso, la primera de las cuales era que dejase de ayudar y tratar a cualquier cristiano que no estuviese en paz con an-Nasir, aceptando su obediencia y buscando su beneplácito, y que disolviera el parentesco entre él y García, hijo de Sancho, señor de Pamplona, a quien Suñer había casado con su hija, matrimonio que deshizo en obediencia a an-Nasir, garantizando que haría que le secundaran cuantos de él dependían en los lugares vecinos, todo lo cual cumplió an-Nasir a Suñer, dando órdenes a los gobernadores de la costa y caídes de la flota de que evitaran sus distritos y respetaran la paz con las gentes de su país. [....]

Ibn Hayyan. *Crónica del califa Abd al-Rahman III an-Nasir entre los años 912 y 942 (Al-Muqtabis V)* [s. XI]
[Trad. M. J. Viguera y F. Corriente]

LOS REINOS DE ASTURIAS, LEÓN Y CASTILLA (DEL SIGLO VIII AL XII)

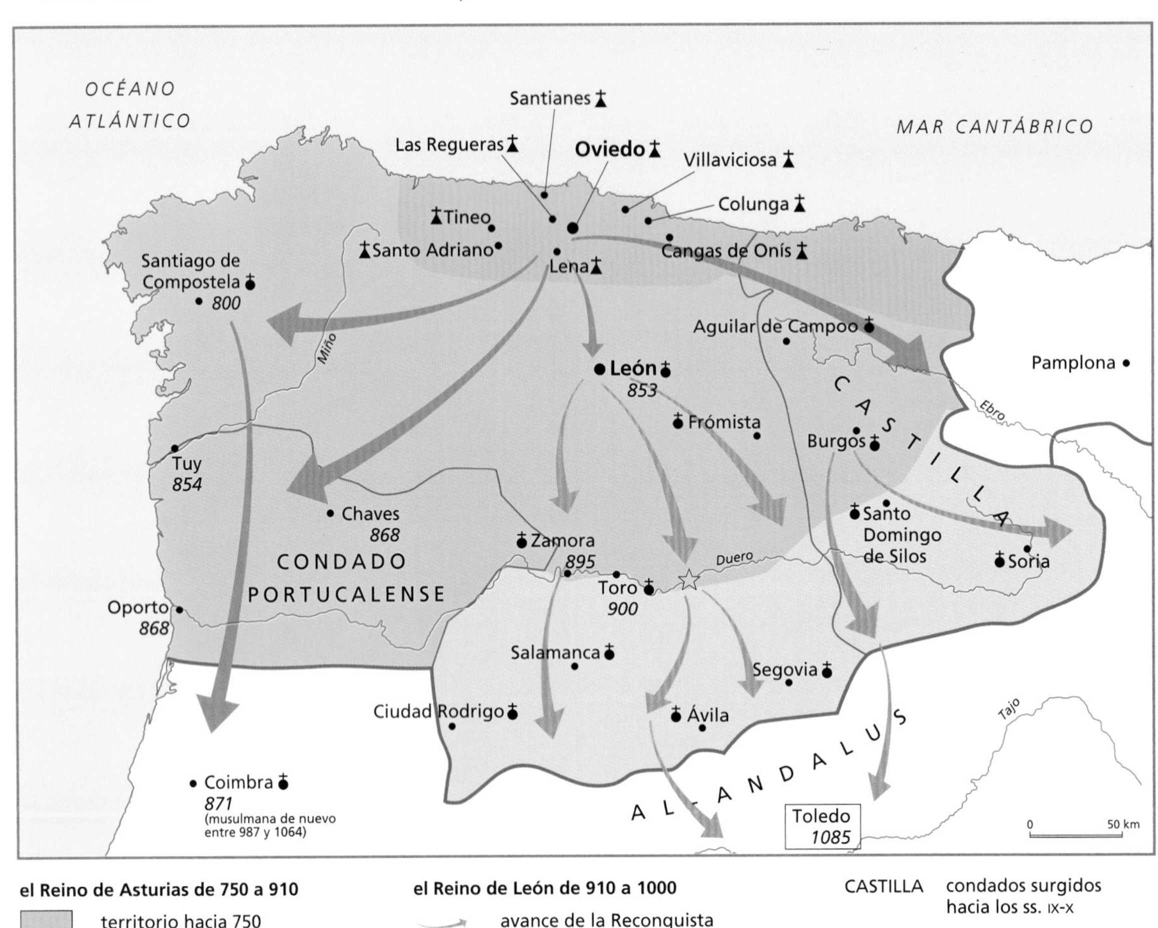

el Reino de Asturias de 750 a 910

- territorio hacia 750
- centros de arte asturiano prerrománico (s. VIII-X)
- avance de la Reconquista y de la repoblación (750-900)
- extensión hacia 900
- *854* fecha de conquista

el Reino de León de 910 a 1000

- avance de la Reconquista y de la repoblación (900-1000)
- territorio hacia el año 1000
- centros de arte románico (s. XI-XII)

- CASTILLA condados surgidos hacia los ss. IX-X
- frontera condado (dependencias de León)
- victoria cristiana de Simancas (939)

Los reinos de Asturias, León y Castilla. En los años posteriores a la batalla de Covadonga (718 o 722) se forma el reino de Asturias, bajo el gobierno del caudillo astur Pelayo. Pronto los reyes de Asturias se consideran legítimos sucesores de los reyes visigodos de Toledo. En pocos años, el reino se expande hacia Galicia y la capital se instala en Oviedo.
A partir de 852, los asturianos ocupan la Meseta más septentrional. Ordoño I (850-866) conquista León y más tarde, en época de Alfonso III (866-910), caen Oporto, Zamora, Coimbra y Burgos. León se convierte en la nueva capital mientras se asiste a un importante proceso colonizador en la cuenca del Duero y de organización de una estructura administrativa. Dada la gran extensión alcanzada, se crean condados fronterizos para dominar mejor el territorio: el Portucalense y el de Castilla, que adquiere enseguida gran protagonismo. Durante el siglo X, los ataques de los ejércitos andalusíes frenan el empuje castellano-leonés, pero al estallar la guerra civil o *fitna* en el califato vuelven las tornas. El conde castellano Sancho García interviene en al-Andalus (1009) y casa su hija con el rey de Pamplona, Sancho el Mayor, que en estos años ejerce una enorme influencia en los asuntos de León. En 1029 es asesinado el conde de Castilla y Sancho el Mayor reclama el condado de Castilla. El rey navarro concede el título de conde de Castilla a su hijo Fernando. Este, tras la muerte de su padre en 1035, adopta el título regio, derrota y da muerte en 1037 a su cuñado el rey Vermudo III y se hace coronar rey de León (Fernando I de Castilla y León). Su sucesor, Alfonso VI, lucha contra las taifas, les exige parias, se enfrenta a los reyes de Navarra y en algunos documentos se intitula «*Imperator totius Hispanie*». En 1085 conquista Toledo, pero la intervención almorávide le impide avanzar más hacia el sur. A su muerte (1109), Alfonso VI deja el condado Portucalense a su hija bastarda

Teresa. En 1143 se reconoce el título real a la nueva dinastía condal portuguesa y Portugal se independiza de León. Urraca, hija de Alfonso VI, hereda el trono de Castilla y León y se casa en segundas nupcias con Alfonso el Batallador, rey de Pamplona y Aragón, un matrimonio que es un fracaso. El rey Alfonso VII (1126-1157), hijo de Urraca y de su primer esposo, Raimundo de Borgoña, es proclamado emperador (1135) y obtiene grandes éxitos militares al sur del Tajo. Diversos reyes y príncipes cristianos le prestan vasallaje. Son años en los cuales cristaliza la sociedad feudal. Una expedición de Alfonso VII llega a Córdoba en 1143, y en 1147 el monarca toma Almería con el apoyo de catalanes y genoveses, aunque pocos años después la ciudad es recuperada por los almohades. En el tratado de Tudején de 1151 Alfonso VII y su cuñado el conde de Barcelona, Ramón Berenguer IV, fijan el reparto de sus respectivas áreas de influencia. Alfonso VII da Castilla en herencia a su hijo mayor, Sancho III, y Fernando, su otro hijo varón, recibe León. La separación de los dos reinos va a durar hasta 1230. Con dicha separación y con la existencia del resto de reinos independientes peninsulares se desvanece la idea del *imperio hispánico*.

Alfonso II de Asturias (791-842) establece la capital en Oviedo

Este fue el primero que estableció en Oviedo el trono del reino. También construyó con obra admirable una basílica con la advocación de Nuestro Señor Redentor Jesucristo, por lo que también se llama especialmente iglesia de San Salvador, añadiendo al altar principal, de uno y otro lado, doce altares con reliquias guardadas de todos los apóstoles; edificó también una iglesia en honor de Santa María siempre Virgen, hacia la parte del Norte, pegada a la iglesia ya dicha, en la cual, aparte el altar principal, erigió al lado derecho un altar en memoria de san Esteban, y a la izquierda un altar en honor de san Julián; además, en la parte occidental de este venerable edificio, construyó un recinto para sepultar los cuerpos de los reyes, y también una tercera basílica en memoria de san Tirso, obra cuya belleza más puede admirar quien esté presente que alabarla un cronista erudito. Edificó también al Norte, distante del Palacio casi un estadio, una iglesia en memoria de san Julián Mártir, poniendo alrededor, aquí y allá, dos altares decorados con admirable ornato. Mas también los palacios reales, los baños, comedores y estancias y cuarteles los construyó hermosos, y todos los servicios del reino los hizo de lo más bello.

Crónica de Alfonso III, versión *A Sebastián* (s. IX)
[Trad. J. Gil, J. L. Moralejo y J. I. Ruiz de la Peña]

Alfonso VI de Castilla y León conquista Toledo

Tras muchos combates e innumerables matanzas de enemigos me apoderé de ciudades populosas y castillos fuertísimos. Ya en posesión de ellos me lancé contra esta ciudad, en la que antiguamente mis progenitores, potentísimos y opulentísimos habían reinado [...] para conquistarla; unas veces con combates fuertes y reiterados y otras con ocultas intrigas y abiertas incursiones devastadoras, durante siete años asedié a los habitantes de esta ciudad y de su territorio con la revolución, la espada y el hambre. Ellos, obstinados en la malicia de su ciego deseo, acarrearon sobre sí la ira de Dios, provocada por la pública perversión, hasta que el temor de Dios y la falta de valor se sobrepusieron para que fueran ellos mismos quienes me abriesen las puertas de la ciudad, perdiendo, así vencidos, el reino que antiguamente invadieron vencedores [...].

Dotación de la catedral de Toledo (18 de diciembre de 1085)

Alfonso VII de Castilla y León es proclamado emperador

En el año 1135 el rey fijó como fecha de celebración de un concilio en la ciudad regia de León el 2 de junio, festividad del Espíritu Santo [...] El segundo día, en el que se celebra la venida del Espíritu Santo a los apóstoles, los arzobispos, los obispos, los abades, todos los nobles y plebeyos y todo el pueblo se reunieron de nuevo en la iglesia de Santa María junto con el rey García [de Pamplona] y la hermana del rey, tras recibir el consejo divino, para proclamar emperador al rey, puesto que el rey García, el rey de los musulmanes Zafadola, el conde Raimundo de Barcelona, el conde Alfonso de Tolosa y muchos condes y duques de Gascuña y Francia le obedecían en todo. Vestido el rey con una excelente capa tejida con admirable artesanía, pusieron sobre su cabeza una corona de oro puro y piedras preciosas y, tras poner el cetro en sus manos, sujetándole el rey García por el brazo derecho y el obispo de León Arriano por el izquierdo, junto con los obispos y abades le condujeron ante el altar de Santa María cantando el «Te Deum laudamus» hasta el final y diciendo: ¡Viva el emperador Alfonso!

Crónica del emperador Alfonso VII (s. XII)
[Trad. M. Pérez González]

EL REINO DE NAVARRA (DEL SIGLO VIII AL XV)

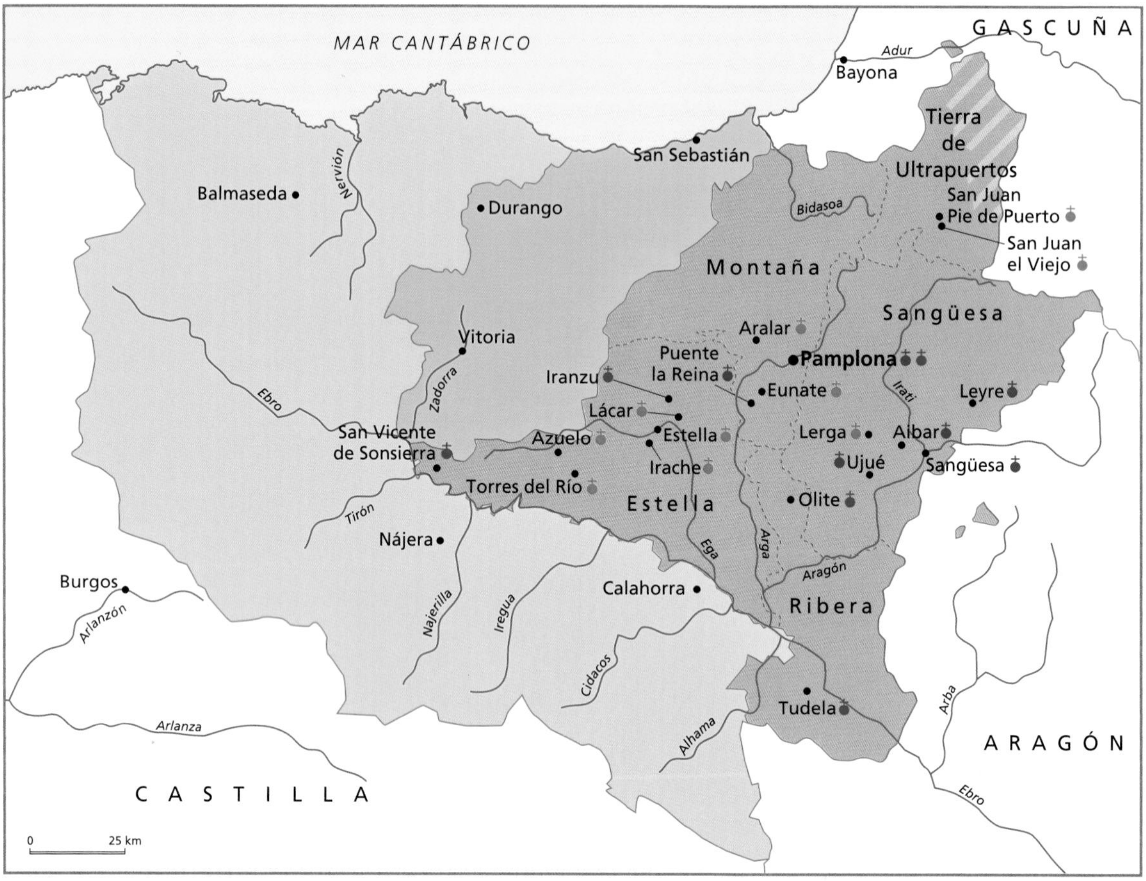

evolución territorial de Navarra (s. XII-XIII)

- territorios que pasan a Castilla entre 1134 y 1179
- territorios que pasan a Castilla entre 1199 y 1204
- territorios aquitanos integrados en Navarra (1196-1222)
- Reino de Navarra en 1234
- ----- límite de merindad (1234)

- centros de arte románico (s. XI)
- centros de arte románico (s. XII)
- transición románico-gótico (s. XIII-XIV)

El reino de Navarra. El territorio de Pamplona cae en manos de los ejércitos musulmanes hacia 714-717. Esta región se convierte en campo de batalla entre andalusíes, carolingios y vascones: en 778 las tropas de Carlomagno son derrotadas por vascones en Roncesvalles, de regreso desde Zaragoza, y hacia 812 Luis el Piadoso, hijo de Carlomagno, ocupa Pamplona. A partir de 817 la dinastía de los Arista, de estirpe vascona, gobierna en Pamplona bajo la soberanía del emir de Córdoba y con la ayuda de los Banu Qasi, que dominan el valle del Ebro. Navarra es un territorio díscolo para los emires, hasta que en 905 accede al trono Sancho Garcés I, verdadero fundador del reino, quien ocupa Calahorra y Nájera. Su hijo García Sánchez I une el condado de Aragón al reino de Pamplona, que sufre las incursiones de los ejércitos cordobeses. Todo cambia con la crisis del califato y la llegada al poder de Sancho III el Mayor (1004-1035). Incorpora la Ribagorza, logra conferir el título de conde de Castilla a su hijo Fernando e interviene en los asuntos de León, aprovechando la minoría de edad del rey Vermudo, por lo que sus dominios se extienden de Benasque a Palencia. A su muerte, en 1035, reparte sus estados entre sus hijos. García Sánchez III obtiene el reino de Pamplona, junto con una parte importante del condado de Castilla (Álava, Vizcaya, Durango y Guipúzcoa). En la batalla de Atapuerca (1054) muere el rey pamplonés y Castilla recupera parte de los territorios perdidos anteriormente. En 1076 es asesinado el rey Sancho Garcés IV y el reino se reparte entre castellanos (Rioja, Álava, Vizcaya y Guipúzcoa) y aragoneses: el rey de Aragón Sancho Ramírez I llega hasta Pamplona y es proclamado rey. La unión con Aragón se mantiene hasta la muerte de Alfonso el Batallador, en 1134. Este monarca conquista a los musulmanes Tudela (1119) y logra que se reconozcan los límites de Navarra anteriores a la batalla de

Atapuerca. En 1179 un acuerdo entre Alfonso VIII de Castilla y Sancho el Sabio, el primero en titularse rey de Navarra, fija de nuevo los límites de ambos reinos, con Guipúzcoa, Álava y el Duranguesado dentro de Navarra, pero finalmente Alfonso VIII los toma a la fuerza en 1199-1204. Al mismo tiempo se consolida el dominio pamplonés en la Baja Navarra (Ultrapuertos), mientras se cierra toda posibilidad de expansión a costa de al-Andalus.

En 1234 el reino recae en Teobaldo I, conde de Champaña y Brie. Es ahora cuando se establecen las merindades, territorios bajo la jurisdicción de un merino (oficial encargado de la administración económica y judicial), y se redacta el Fuero General de Navarra (1237), conjunto de normas que garantizan derechos ante las actuaciones del rey. Empieza la vinculación de Navarra con la monarquía y la aristocracia francesas, que se mantiene hasta principios del siglo XVI. En el siglo XV, un conflicto sucesorio deriva en guerra civil, en la que se enfrentan dos bandos nobiliarios, beaumonteses y agramonteses, lo que facilita la intervención extranjera: en 1512 Fernando el Católico ocupa Navarra y anexiona el reino a los dominios de la monarquía hispánica, excepto la Tierra de Ultrapuertos, que es unida a Francia por Enrique III de Borbón, cuando en 1589 se convierte en el rey francés Enrique IV.

Los reyes de Pamplona en el siglo X

En la era 944 [año 906] surgió en Pamplona un rey de nombre Sancho Garcés. Fue hombre de inquebrantable veneración a la fe de Cristo, piadoso con todos los fieles y misericorde con los católicos oprimidos. ¿A qué decir mucho? En todas sus acciones se mostró magnífico guerrero contra las gentes de los ismaelitas; causó múltiples desastres a los sarracenos. Este mismo conquistó, en Cantabria, desde la ciudad de Nájera hasta Tudela, todas las plazas fuertes. Desde luego la tierra de Degio, con sus villas, la poseyó entera. La tierra de Pamplona la sometió a su ley, y conquistó asimismo todo el territorio de Aragón con sus fortalezas. Luego, tras eliminar a todos los infieles, el vigésimo año de su reinado partió de este mundo. Sepultado en el pórtico de San Esteban, reina con Cristo en el cielo (murió el rey Sancho Garcés en la era 964).

Luego, su hijo, el rey García, reinó cuarenta años. Fue benévolo e hizo muchas matanzas de sarracenos. Y así murió. Fue sepultado en el castillo de San Esteban (murió el rey García en la era 1008). Sobreviven sus hijos en su tierra, a saber, Sancho y su hermano Ramiro, a los que Dios Omnipotente guarde por espacio de muchos años, cuando transcurre la era presente de 1014 [año 976].

Crónica Albeldense (s. XI)

[Trad. J. Gil, J. L. Moralejo y J. I. Ruiz de la Peña]

División de los reinos de Aragón y Navarra a la muerte de Alfonso el Batallador (1134)

Se reunieron los caballeros nobles y plebeyos de todo el territorio de Aragón, los obispos y abades y todo el pueblo: todos a la vez se congregaron en la ciudad regia de Jaca y eligieron como rey suyo a un monje, hermano del rey Alfonso, de nombre Ramiro, y le dieron por esposa a una hermana del conde de Poitiers. Esto era un pecado grave a los ojos de Dios, pero los aragoneses, tras la pérdida de su querido señor, hacían esto para que naciesen hijos de ascendencia regia. Por su parte, los pamploneses y los navarros se reunieron en la ciudad llamada Pamplona y eligieron como rey suyo al llamado García Ramírez, aquel que huyó de la batalla de Fraga con el rey."

Crónica del emperador Alfonso VII (s. XII)

[Trad. M. Pérez González]

Fuero general de Navarra (1237)

Libro I, Título I, Capítulo III.

Aquí os hacemos saber los fueros que debe guardar el rey de Navarra con sus navarros y los navarros con su rey; es, a saber, que los navarros sirvan al rey como buenos vasallos a buen señor; el señor que los proteja como buen señor a buenos vasallos; a todos los hombres que hay en su reino, a todos debe proteger [...]. Además, si alguno tiene disputa con otro hombre, por el hecho de estar en desacuerdo, podrá acudir al alcalde de su vecindad. Los alcaldes deben ser hombres de paz y sensatez, que conozcan bien los fueros y los derechos. [...].

Libro I, Título I, Capítulo IV.

Si al rey de Navarra le entran tropas en su tierra, y si cruzan el Ebro o el Aragón contra Navarra, [...] deben salir caballeros e infanzones de Navarra por fuero, e ir al rey, y llevar conducho para III días. Empero si el rey debe ir más allá del Ebro o del Aragón, al tercer día pueden pedir conducho al rey [...]

EL REINO DE ARAGÓN (DEL SIGLO IX AL XII)

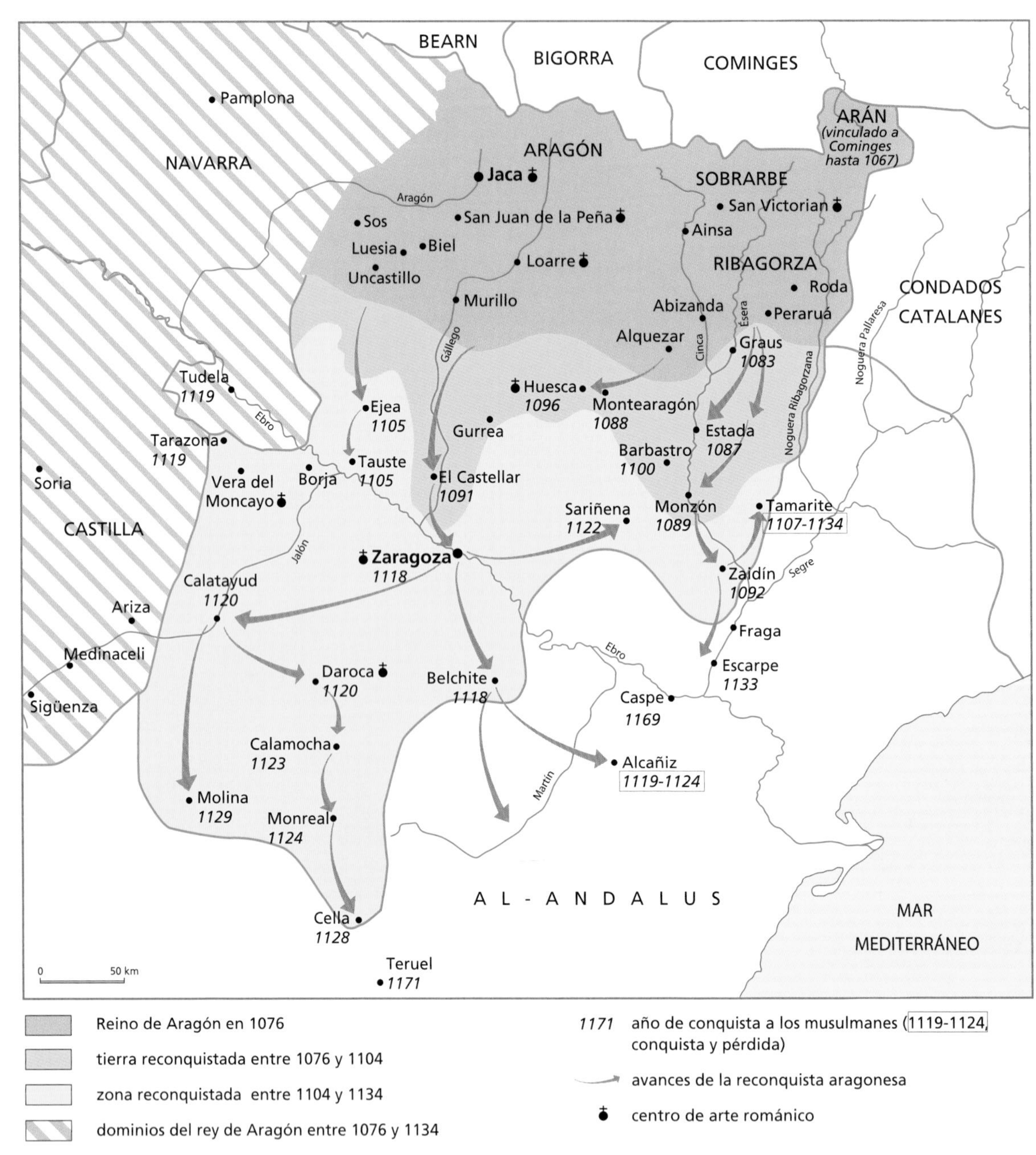

El reino de Aragón. Tras la intervención carolingia en la península Ibérica se origina un condado en el valle pirenaico del río Aragón, alrededor de Jaca. Los carolingios confieren el título de conde de este territorio, a principios del siglo IX, a un caudillo local llamado Aznar Galindo. El rey García Sánchez I de Pamplona se casa con Andregoto, hija del conde Galindo II Aznar y prima suya, y el condado se une al reino de Pamplona en 933. En los años siguientes, Aragón sigue los avatares de Navarra. A la muerte del rey Sancho el Mayor en 1035 su hijo bastardo Ramiro recibe como herencia el condado. En pocos años toma el título de rey, y aprovechando la muerte de su hermano Gonzalo, une a sus dominios el condado de Ribagorza y el Sobrarbe (1045). Ramiro I de Aragón empieza la conquista de las tierras al sur del reino, pero en 1063 muere durante el asedio del castillo de Graus. El reinado de su hijo Sancho Ramírez es una etapa de plenitud que coincide con el esplendor del arte románico y la introducción de la liturgia romana y la regla benedictina. En 1076, el monarca aragonés aprovecha el caos posterior al asesinato en Peñalén de su primo el rey Sancho Garcés IV de Pamplona, para ocupar la zona central y oriental del reino navarro. La unión de Aragón y Navarra se prolonga hasta 1134, y gracias a ella se afianza el poder de la monarquía. La conquista de los territorios de la taifa de Zaragoza se acelera y se rompe el eje formado por las poblaciones de

Tudela, Ejea y Barbastro. Se conquista el valle del Cinca. Sancho Ramírez toma Huesca en 1096, y su hijo Pedro I logra la conquista definitiva de Barbastro en 1100. En 1104 Alfonso I el Batallador sucede a su hermano y da el espaldarazo definitivo a la expansión del reino. Después del fracaso de su matrimonio con la reina Urraca de Castilla y León, conquista Zaragoza (1118), Tudela y Tarazona (1119) y más al sur Calatayud y Daroca (1120). Se apodera de toda la taifa de Zaragoza y el centro del reino se desplaza del Pirineo al valle del Ebro. En la frontera con Castilla repuebla Soria y somete Ariza, Medinaceli y Sigüenza. En 1126 el Batallador incluso lanza una campaña contra las tierras de Valencia, Murcia y Andalucía. Fracasa en el sitio de Fraga en 1134 y muere poco después. En su testamento de 1131 manda repartir sus reinos entre las órdenes militares del Temple, el Santo Sepulcro y el Hospital de San Juan. La aristocracia del reino se moviliza para impedir que se cumpla la voluntad real, mientras Navarra se separa de Aragón. El obispo y monje Ramiro, hermano de Alfonso, es proclamado rey (Ramiro II, 1134-1137). Ramiro era obispo de Roda. Renuncia a su dignidad, se casa y en 1137 nace su heredera, Petronila, a quien su padre de inmediato compromete en matrimonio con el conde de Barcelona Ramón Berenguer IV, para impedir las apetencias de Castilla y Navarra sobre su reino. Una decisión de enorme trascendencia de cara al futuro.

Testamento de Alfonso I el Batallador, rey de Aragón y de Pamplona (octubre de 1131)

En nombre del bien más grande e incomparable, que es Dios. Yo, Alfonso, rey de Aragón y de Pamplona [...], pensando en mi suerte y reflexionando que la naturaleza hace mortales a todos los hombres, me propuse, mientras tuviera vida y salud, distribuir el reino que Dios me concedió y mis posesiones y rentas de la manera más conveniente para después de mi existencia.[...]

Y así también, para después de mi muerte, dejo como heredero y sucesor mío al Sepulcro del Señor, que está en Jerusalén, y a aquellos que lo vigilan y custodian y allí mismo sirven Dios, al Hospital de los Pobres, que está en Jerusalén, y al Templo del Señor con los caballeros que allí vigilan para defender el nombre de la cristiandad. A estos tres concedo todo mi reino, o sea el *dominicatus* que poseo sobre toda la tierra de mi reino, así como el *principatus* y el derecho que tengo sobre todos los hombres de mi tierra, tanto los religiosos como los laicos, obispos, abades, canónigos, monjes, optimates, caballeros, burgueses, rústicos y mercaderes, hombres y mujeres, pequeños y grandes, ricos y pobres, judíos y sarracenos, bajo las mismas leyes y tradiciones, que mi padre, mi hermano y yo hasta hoy lo tuvimos y hemos de tener [...].

De este modo todo mi reino, tal como consta más arriba, y toda mi tierra, cuanto yo tengo y cuanto me fue legado por mis antecesores, y cuanto yo adquirí o en el futuro, con la ayuda de Dios, adquiriré [...], todo lo atribuyo y concedo al Sepulcro de Cristo, al Hospital de los Pobres y al Templo del Señor para que ellos lo tengan y posean en tres justas e iguales partes [...]. Todo esto lo hago para la salvación del alma de mi padre y de mi madre y la remisión de todos mis pecados y para merecer un lugar en la vida eterna.

Contrato de esponsales entre el conde de Barcelona Ramón Berenguer IV y Petronila de Aragón (agosto de 1137)

En nombre de Dios. Yo, Ramiro, por la gracia de Dios rey de Aragón, te doy a ti Ramón, conde de Barcelona y marqués, mi hija por mujer junto con todo el reino de Aragón, íntegramente, tal como mi padre, Sancho, rey, y mis hermanos, Pedro y Alfonso, lo tuvieron y retuvieron [...] respetando los derechos y costumbres que mi padre Sancho y mi hermano Pedro tuvieron en su reino. Y te encomiendo a ti todos los hombres del mencionado reino con homenaje y juramento a fin de que te sean fieles [...] sin ningún fraude ni deslealtad, y a fin de que te sean fieles en todo el mencionado reino y en todos los lugares pertenecientes al mismo, salvada la fidelidad debida a mí y a mi hija. También, todas estas cosas antedichas yo, el mencionado rey Ramiro, te las hago de tal manera a ti, Ramón, conde de Barcelona y marqués, que, si mi hija falleciera prematuramente, y tú aún vivieras, tengas la donación del mencionado reino de manera libre o inmutable sin ningún impedimento después de tu muerte [...] y yo, el antes mencionado rey Ramiro, seré rey, señor y padre en el mencionado reino y en todos los condados hasta que a mí me plazca.

LOS CONDADOS CATALANES (DEL SIGLO VIII AL XII)

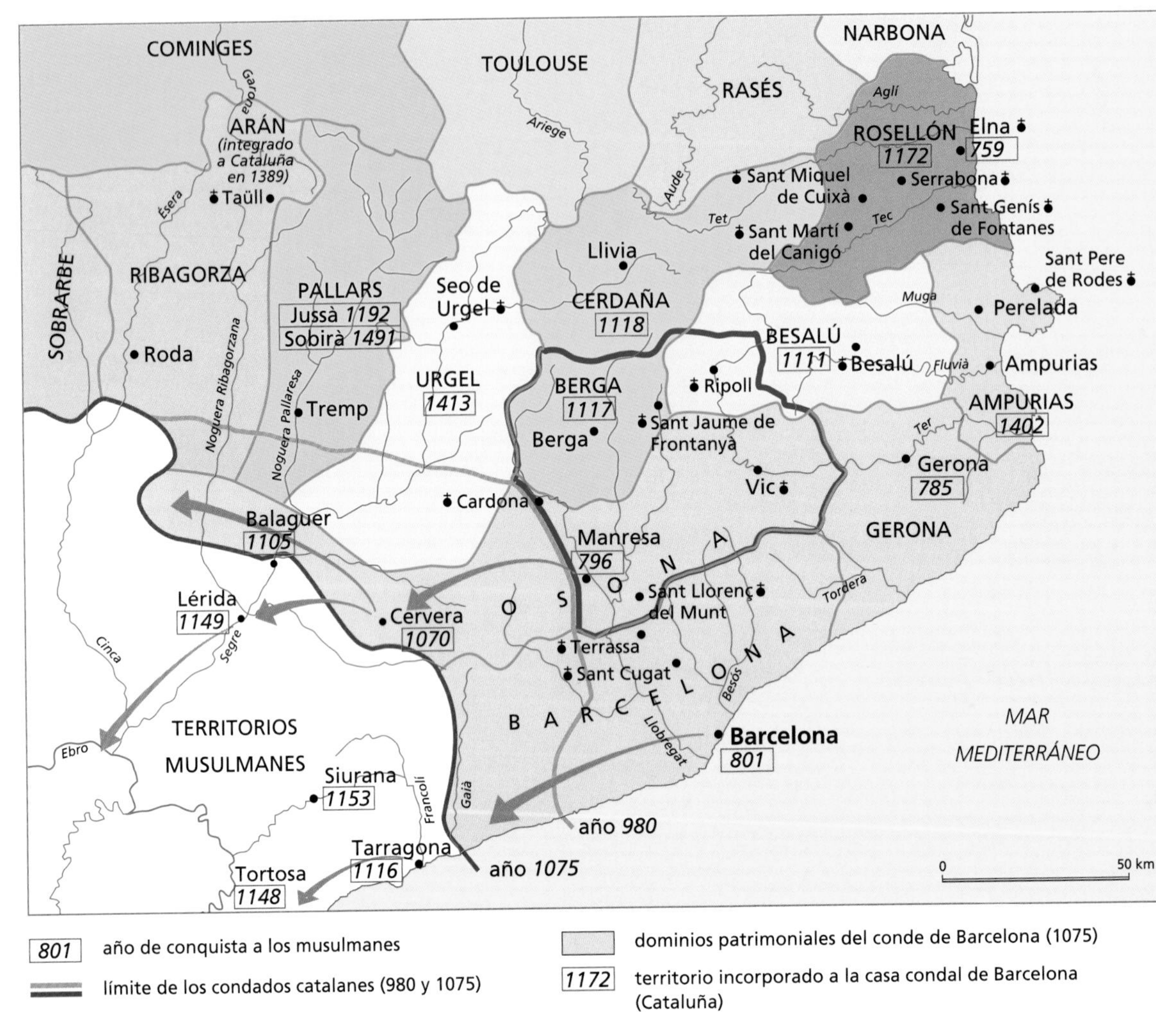

801 año de conquista a los musulmanes

límite de los condados catalanes (980 y 1075)

Zona repoblada por Wifredo el Velloso (S. IX)

límites de condado

arte románico

dominios patrimoniales del conde de Barcelona (1075)

1172 territorio incorporado a la casa condal de Barcelona (Cataluña)

condados anexionados a Aragón (la zona más oriental pasa posteriormente a Cataluña)

avances de la conquista de la casa de Barcelona

Los condados catalanes. A mediados del siglo VIII, los francos intervienen militarmente en los territorios del nordeste del antiguo reino hispanovisigodo, bajo dominio musulmán. La Septimania pasa a manos suyas entre 752 y 759. Siguen hacia el sur y conquistan Gerona en 785. Nacen los condados de Rosellón, Cerdaña, Ampurias, Besalú, Gerona, Urgel, Pallars y Ribagorza. En 801 una expedición encabezada por el hijo de Carlomagno, Luis el Piadoso, toma Barcelona y se crea el condado homónimo. El influjo carolingio en todos estos territorios es muy profundo: Carlomagno y sus sucesores nombran condes fieles a su dinastía y reprimen toda sedición. En 870, Carlos el Calvo confiere a Wifredo el Velloso, nieto del conde de Carcasona, los condados de Urgel y Cerdaña, y en 878 recibe el de Barcelona. Con él se inicia la dinastía condal barcelonesa. Durante el siglo X los descendientes del Velloso gobiernan en casi la totalidad de condados de la llamada Marca Hispánica. Las embajadas de las autoridades de dicha marca franca ante el califa de Córdoba son numerosas pero no evitan que en 985 Almanzor conquiste y saquee Barcelona. Ningún ejército franco socorre la ciudad, y en 987, al iniciarse la dinastía de los Capetos, se rompen los lazos con los reyes franceses. El conde de Barcelona se convierte en soberano. Sin embargo, Francia solo reconoce la independencia en 1258, por el tratado de Corbeil. En 1010 los condes de Barcelona y Urgel intervienen en la guerra civil de al-Andalus y empieza un prolongado periodo de auge económico. Hacia 1050 el feudalismo de corte clásico está ya muy consolidado, los prelados convocan asambleas de paz y tregua para frenar la violencia señorial y se inicia la recopilación de los usos y costumbres de Barcelona, los llamados *usatges,* base del posterior derecho catalán, para resolver los problemas propios de la sociedad feudal. El periodo en el que gobierna Ramón Berenguer I (1035-1076) es decisivo: sale victorioso de su enfrentamiento con los señores feudales, pero se ve obligado a reconocerles los

frontera de soberania feudal del rey de Francia en 980

Incursión de Almanzor en Barcelona (985)

Cuando Ibn Abi Amir [Almanzor] quebró el poderío de los cristianos de Castilla y de León y sus alrededores, dirigió su objetivo hacia la campaña de *al-Firanya*, que limita con el territorio de *Ifransa* y de *Ruma*. Ese país era invencible por la tenacidad [de sus habitantes], sus armas, su dureza y su número. Pero lo sometió y entró en Barcelona. Para combatirles, los musulmanes usaron refuerzos de láminas de acero [*qaramid*] de procedencia hindú, con los que cubrían los antebrazos para que los jinetes pudiesen parar los golpes de las espadas de *al-Firany* sobre sus cabezas y rostros; solo así pudieron emplearse a fondo en el combate sin peligro.

Ibn al-Jatib. *Kitab A'mal al-a'lam* (s. XIV)
[Trad. M. Sánchez Martínez]

feudos. Gracias a las parias pagadas por los estados musulmanes, los condes de Barcelona logran un gran poder. Las luchas internas y la llegada de los almorávides retardan el avance cristiano hasta la primera mitad del siglo XII.
El conde Ramón Berenguer III participa en la toma de Balaguer (1105) y recibe en herencia los condados de Besalú (1111) y Cerdaña (1117-1118). Se consolida un verdadero principado feudal; su capital, Barcelona, adquiere gran notoriedad y en los documentos aparece por primera vez el nombre *Cataluña*.
El matrimonio de Ramón Berenguer III con Dulce de Provenza en 1112 le reporta la Provenza Marítima y abre las puertas a una notable influencia en Cataluña de la cultura occitana. En 1116 se ocupa la ciudad de Tarragona. Su sucesor, Ramón Berenguer IV, completa esta ambiciosa política: el compromiso matrimonial de 1137 con la hija del rey aragonés lo convierte en «príncipe de Aragón» y conlleva una unión dinástica llamada a perdurar durante siglos. Catalanes y aragoneses suman fuerzas y logran frenar las veleidades imperiales de Alfonso VII de Castilla y León. En 1148 cae Tortosa, Lérida en 1149 y Siurana, el último reducto musulmán en Cataluña, en 1153

Asamblea de paz y tregua de Toluges, condado de Rosellón (1027)

Oliba, pontífice de Ausona, sustituyendo a Berenguer, obispo de Elna, [...] se reunió con Idalguer [...] y otros canónigos de la dicha Iglesia, con la comunidad de sacerdotes y también la multitud de fieles, no solo de los hombres, sino también de las mujeres. Se reunieron en el condado de Rosellón, en Toluges. [...] Constituyeron, de esta manera [...], que nadie, habitando en todo el dicho condado u obispado, no atacaría ningún enemigo suyo, desde la novena hora del sábado hasta la hora prima del lunes, con el propósito de que toda persona rinda el honor debido al día dominical; ni que, en ningún caso, nadie atacaría a un monje o a un clérigo caminando sin armas ni a un hombre yendo a la iglesia con su familia o regresando de ella; ni a un hombre acompañado de mujeres; ni que nadie osase violar o atacar a una iglesia o a las casas situadas a su alrededor en el radio de XXX pasos.[...] Que si alguien ha hecho esto o lo hace en adelante, si no se arrepiente o enmienda [...] que quede excomulgado y fuera de los umbrales de la santa Iglesia católica y de toda la comunidad de feligreses.

REINOS DE TAIFAS, ALMORÁVIDES Y ALMOHADES (1031-1269)

Reinos de taifas, almorávides y almohades. Córdoba es escenario de luchas feroces entre miembros de la familia Omeya en los últimos años del califato. En 1031 es depuesto el último candidato y el califato se derrumba. En su lugar se forma un mosaico de unos treinta reinos independientes, los reinos de taifas, que son gobernados por familias que han desempeñado cargos importantes en los últimos tiempos del califato (Abadíes, Banu Hud, Banu Dil-Nun, Aftasíes). Su debilidad militar permite a los reyes del norte cristiano imponerles jugosas parias o tributos a cambio de la firma de treguas. Y como consecuencia, sus súbditos sufren una gravosa presión fiscal para hacer frente a ellas. Con el tiempo, Sevilla (Abadíes), Badajoz (Aftasíes), Zaragoza (Banu Hud) y Toledo (Banu Dil-Nun), las taifas más poderosas, someten a muchas de sus taifas vecinas. Por estos mismos años, los almorávides, seguidores de un movimiento religioso de interpretación estricta del islam nacido entre tribus bereberes, logran crear un imperio con capital en Marrakech (1070). Cuando Alfonso VI de Castilla toma la ciudad de Toledo en 1085, varios reyes de taifas piden ayuda al emir almorávide Yusuf ibn Taxfin, soberano de todo el Magreb. El emir cruza el estrecho y derrota a los castellano-leoneses en Sagrajas

(1086). En 1090 decide conquistar todo al-Andalus y derroca uno a uno a casi la totalidad de los soberanos de taifas, no sin alguna dificultad, especialmente en las taifas orientales, donde la presencia del Cid, convertido en caudillo de un ejército mercenario y señor de amplios territorios, impide que Valencia caiga en sus manos hasta 1102. Los almorávides derrotan de nuevo a los castellanos en Uclés en 1108, atacan Cataluña este mismo año y finalmente se apoderan de Zaragoza (1110), que se les resistía. Las parias se acaban. Pero los almorávides no logran reconquistar Toledo ni impiden el avance de los reyes y condes cristianos. Por aquellos mismos años, los almohades, seguidores de un nuevo movimiento político y religioso que defiende el retorno a los preceptos más estrictos del islam, toman Marrakech (1147) y en los años siguientes ocupan todo el Magreb hasta Túnez. La expansión almohade alcanza también al-Andalus. Antes de 1160 solo escapan a su control Murcia y Valencia y las islas Baleares. En 1195 el califa almohade Ya'qub al-Mansur derrota a Alfonso VIII de Castilla en la batalla de Alarcos y a continuación los almohades lanzan diversas expediciones contra tierras del rey de Castilla, hasta la tregua de 1198. Alfonso VIII decide frenar definitivamente el empuje almohade y organiza una gran coalición militar bajo su mando que cuenta con la participación del rey de Navarra y del conde de Barcelona y rey de Aragón. En la batalla de Las Navas de Tolosa de 1212 las tropas cristianas aniquilan al ejército califal llegado de Marruecos. El califa es asesinado en Marrakech al año siguiente y en 1269 el imperio almohade desaparece.

La crisis de los reinos de taifas explicada por el rey Zirí de Granada

Por segunda vez [Ibn 'Ammar] fue a visitar al cristiano Alfonso [Alfonso VI de Castilla y León] y a presentarle como fácil el negocio de Granada, pintándome a sus ojos como un ser incapaz para todo, por mi flaqueza y mis cortos años. Le garantizó, además, que, con la toma de Granada, todos los tesoros de esta ciudad pasarían a su poder, a cambio de que el cristiano le asegurase que, una vez hecho dueño de la plaza, la pondría bajo su soberanía y le dejaría apropiarse de mi peculio personal. [...] Tales proposiciones excitaron la codicia del cristiano. «Es este un negocio —se decía— en el que de todos modos he de sacar ventaja, incluso si no se toma la ciudad, porque ¿Qué ganaré yo con quitársela a uno para entregársela a otro, sino dar a este último refuerzos contra mí mismo? Cuantos más revoltosos haya y cuanta más rivalidad exista entre ellos, tanto mejor para mí.» Se decidió, pues, a sacar dinero de ambas partes, y hacer que unos adversarios se estrellaran contra los otros, sin que entrase en sus propósitos adquirir tierras para sí mismo. «Yo no soy de su religión —se decía echando sus cuentas—, y todos me detestan. ¿Qué razón hay para que desee tomar Granada? Que se someta sin combatir es cosa imposible, y, si ha de ser por guerra, teniendo en cuenta a aquellos de mis hombres que han de morir y el dinero que he de gastar, las pérdidas serán mucho mayores que lo que esperaría obtener, caso de ganarla. Por otra parte, si la ganase, no podría conservarla más que contando con la fidelidad de sus pobladores, que no habrían de prestármela, como tampoco sería hacedero que yo matase a todos los habitantes de la ciudad para poblarla con gentes de mi religión. Por consiguiente, no hay en absoluto otra línea de conducta que encizañar unos contra otros a los príncipes musulmanes y sacarles continuamente dinero, para que se queden sin recursos y se debiliten. Cuando a eso lleguemos, Granada, incapaz de resistir, se me entregará espontáneamente y se someterá de grado, como está pasando con Toledo, que, a causa de la miseria y desmigamiento de su población y de la huida de su rey, se me viene a las manos sin el menor esfuerzo».

Abd Allah ibn Buluggin, rey de la taifa de Granada entre 1073 y 1090 (1080-1085) [Trad. E. Lévi-Provençal y E. García Gómez]

Las tropas del Cid asedian la ciudad de Valencia

En rabi II [20 abril–18 mayo 1094] empeoró la situación y aumentó la carestía, quedando iguales ricos y pobres en la falta de alimentos. Ibn Yahhaf dio órdenes de registrar las casas para incautarse de los víveres, a la vez que renovaba a Ibn Hud sus peticiones de auxilio, prometiéndole dinero y tierras [...]

Solo las gentes favorecidas por la fortuna podían procurarse alguno de los alimentos que todavía quedaban en Valencia. Los de condición modesta se sustentaban a duras penas con pedazos de piel, gomas y palos de regaliz, mientras los indigentes no comían más que ratas, gatos y cadáveres humanos. Sobre un cristiano que cayó en el foso del recinto se precipitaron, y sacándole de la mano, se repartieron su carne.

El jefe cristiano, por su parte, se resolvió a quemar a cuantos salían de Valencia para dirigirse a su real, como medio de evitar el éxodo de los menesterosos y la posibilidad de que los acomodados pudieran ahorrar los víveres disponibles; y, más tarde, viendo que el suplicio del fuego no representaba gran cosa para los desesperados tránsfugas, los decapitaba, colgando sus cadáveres de los alminares de los arrabales o de la cima de los grandes árboles.

Con la entrada del mes de yumadà I [junio], los víveres faltaron del todo, y los valencianos comenzaron a morirse de hambre. De aquella gran multitud de vecinos solo quedó una parte muy exigua. La demencia y la peste se enseñorearon de la ciudad y había gentes que se caían muertas andando por las calles.

Crónica musulmana
[Trad. E. Lévi-Provençal]

EXPANSIÓN Y HEGEMONÍA DE CASTILLA (SIGLOS XIII Y XIV)

la expansión territorial de Castilla

- territorio de Castilla y León hacia 1060
- territorio de Castilla y León hacia 1160
- territorio de Castilla y León hacia 1270
- avances castellano-leoneses
- 1085 año de la conquista
- victoria cristiana
- territorio cedido al Reino de Valencia por el tratado de Torrellas (1304)
- tensiones y guerras con los estados vecinos (s. XIV)
- derrotas castellanas

la sociedad castellana

- arte gótico: catedrales de los siglos XIII-XV
- universidad (año de fundación)
- límites de las jurisdicciones territoriales o provincias de la Corona de Castilla en 1270
- al sur de esta línea se desarrolla la zona de mayor concentración latifundista

Expansión y hegemonía de Castilla. Una coalición cristiana, encabezada por Alfonso VIII de Castilla, logra una importante victoria ante las tropas almohades en Las Navas de Tolosa (1212). Poco después, el rey Alfonso IX de León conquista la actual Extremadura. Alfonso VIII de Castilla muere en 1214 y en 1217 el trono recae en Fernando III, nieto suyo e hijo del rey de León. Fernando hereda el reino de su padre en 1230. Lograda la unidad entre Castilla y León se confirma la hegemonía castellana en la península Ibérica. El descalabro del dominio almohade abre para Castilla las puertas del valle del Guadalquivir: caen Córdoba (1236), Jaén (1246) y Sevilla (1248). Además, la integración de

Murcia en 1243 permite a los castellanos disponer de una salida al Mediterráneo. Algunas revueltas mudéjares, en el valle del Guadalquivir y Murcia, desafían el nuevo poder castellano, pero son duramente reprimidas. La alta nobleza y las órdenes militares reciben extensos señoríos en los nuevos territorios conquistados, origen de la propiedad latifundista. Alfonso X el Sabio accede al trono en 1252 e inicia una política de afirmación de la autoridad real, en un momento de consolidación de otras instituciones del reino, como las Cortes. En 1256 incluso presenta su candidatura al trono del Sacro Imperio Romano Germánico, que por aquel entonces estaba vacante, sin éxito. El monarca ordena la redacción de la *Primera Crónica General,* de carácter histórico, y *Las Partidas,* de carácter jurídico, y numerosas traducciones del árabe o hebreo al castellano y al latín, en particular por obra de la escuela de traductores de Toledo. Sin embargo, el esplendor de su reinado se ve ensombrecido por revueltas nobiliarias y problemas sucesorios. Los reinados siguientes, plagados de minorías de edad, no son fáciles. Por el tratado de Torrellas de 1304 Castilla cede a la Corona de Aragón, Alicante, Elche y Orihuela, que se incorporan al Reino de Valencia. Alfonso XI retoma de nuevo el impulso castellano: reduce la autonomía de los concejos, introduce las alcabalas y emprende una guerra contra el reino de Granada por el dominio del estrecho de Gibraltar. Alfonso XI fallece en 1350, víctima de la peste negra que azota a toda Europa. Entre 1356 y 1369 se superponen dos guerras, una guerra civil castellana que enfrenta a Pedro I y su hermanastro Enrique y una guerra entre Castilla y la Corona de Aragón (1356-1365), que estalla a causa de las cada vez más deterioradas relaciones entre ambos reinos. Castilla se transforma en un gran teatro de operaciones, con la intervención de tropas procedentes de la guerra de los Cien años. La guerra contra Aragón termina en tablas, pero, en cambio, la guerra civil castellana finaliza dramáticamente en 1369 con el asesinato de Pedro I a manos de su hermanastro en Montiel. Antes de concluir el siglo XV, la nueva dinastía de los Trastámara logra convertir Castilla en la gran potencia peninsular, que desea su unidad, pese a algunos fracasos iniciales, como la pretendida anexión de Portugal por vía matrimonial, detenida en el campo de batalla tras la derrota en Aljubarrota (1385).

Las partidas de Alfonso X el Sabio (siglo XIII)

Título V, Ley XVI

Cómo el rey debe ser acucioso en aprender a leer, y saber todo lo que pueda.

Acucioso debe el rey ser en aprender los saberes, ya que por ellos entenderá las cosas de raíz, y sabrá mejor obrar en ellas; y además por saber leer sabrá mejor guardar sus prioridades y ser señor de ellas, lo que de otra guisa no podría hacer tan bien, ya que por la mengua de no saber estas cosas, habría por fuerza de meter otro consigo que lo supiese; y le podría acaecer lo que dijo el rey Salomón, que el que mete su prioridad en poder de otro pasa a ser su siervo y quien la sabe guardar es señor de su corazón; lo que conviene mucho al rey.

Título XXXI, Ley I

Qué es estudio, y cuántas clases hay, y por cuyo mandato debe ser hecho.

Estudio es ayuntamiento de maestros y de escolares que se hace en algún lugar con voluntad y con entendimiento de aprender los saberes. Hay dos clases de estudios: el llamado «estudio general», en el que hay maestros de las artes, así como de gramática, de lógica, de retórica, de aritmética, de geometría, de música, de astronomía, y además hay maestros de decretos y señores de leyes; y este estudio debe ser establecido por mandato de papa, de emperador o de rey. La segunda manera es la llamada «estudio particular», que quiere decir como cuando algún maestro enseña en alguna villa apartadamente a pocos escolares.

Crónica del asesinato del rey Pedro I a manos de su hermanastro el rey Enrique II de Trastámara (Montiel, 1369)

Y luego que allí llegó el rey don Pedro, y lo detuvieron en la posada de mosén Beltrán, como hemos dicho, lo supo el rey don Enrique, que estaba ya apercibido y armado de todas sus armas, y el bacinete en la cabeza, esperando este hecho. Y vino allí armado, y entró en la posada de mosén Beltrán: y así como llegó el rey don Enrique, trabó del rey don Pedro. Y él no lo conocía, ya que hacía mucho tiempo que no lo había visto: y dicen que le dijo un caballero de los de mosén Beltrán: «sabed que este es vuestro enemigo». Y el rey don Enrique aún dudaba si era él: y dicen que dijo el rey don Pedro dos veces: «Yo soy, yo soy». Y entonces el rey don Enrique le conoció, y le hirió con una daga por la cara; y dicen que ambos, el rey don Pedro y el rey don Enrique, cayeron al suelo, y el rey don Enrique le hirió estando en tierra de otras heridas. Y allí murió el rey don Pedro a veintitrés días de marzo de este dicho año.

EL CAMINO DE SANTIAGO (DEL SIGLO X AL XV)

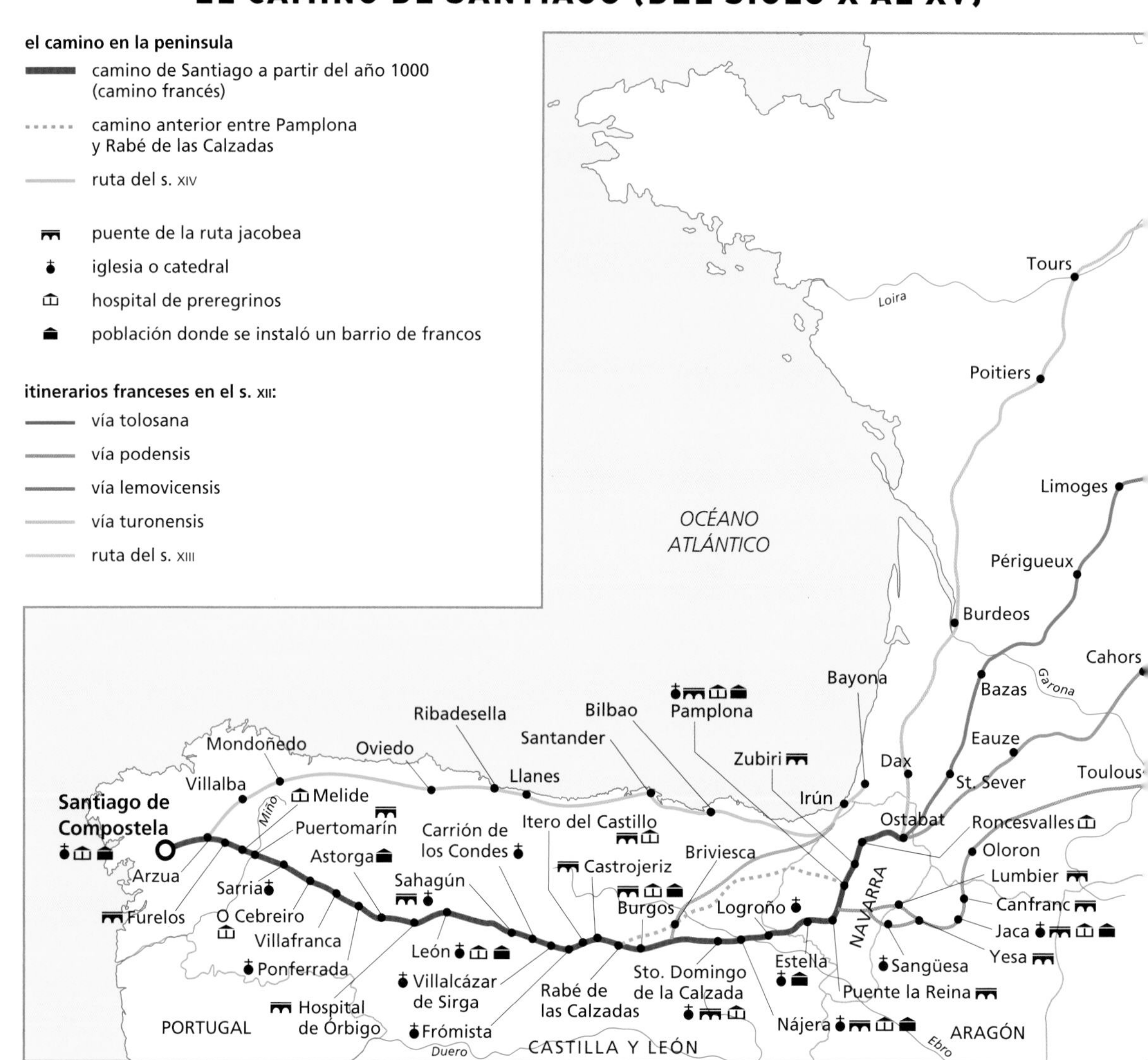

El camino de Santiago. A partir del siglo XI, la ciudad gallega de Santiago de Compostela se erige en uno de los lugares santos más célebres de toda la cristiandad y destino de multitudinarios peregrinajes. Según la tradición, los restos del apóstol Santiago el Mayor llegan a las costas de Galicia, la provincia romana de Gallaecia en la que el santo habría predicado el Evangelio de la mano de sus discípulos, poco después del martirio del santo, y son depositados en el lugar llamado *Campus Stellae*. Tras casi 800 años de su fallecimiento, se descubre una tumba que se asegura que es la del santo. Sobre el sepulcro del apóstol se construye una primera iglesia en época del rey Alfonso II de Asturias. Durante el reinado de Alfonso III (866-910) se sustituye la iglesia primitiva por otra más sólida, hecha con piedras sillares. Pronto se traslada al nuevo templo la vecina sede episcopal de Iria Flavia. La nueva catedral-santuario da lugar al nacimiento de la ciudad de Santiago de Compostela, que Almanzor arrasa en 997. Pero se recupera en el siglo siguiente, cuando la peregrinación a Santiago experimenta un gran auge y se fijan las rutas o itinerarios principales desde Francia y más allá. El llamado «camino francés», el itinerario más concurrido, cruza los Pirineos por Roncesvalles, atraviesa el reino de Navarra y después prosigue por Castilla y León, hasta alcanzar Santiago de Compostela, en Galicia. El camino aragonés, continuación de la vía tolosana, es una variante que empieza en el pirenaico puerto de Somport, pasa por Jaca y enlaza con el camino que desciende de Roncesvalles en Puente la Reina. Otras rutas secundarias, frecuentadas posteriormente, siguen la cornisa cantábrica, comunican con los países de la Corona de Aragón o incluso algunas proceden de al-Andalus. Al lado de todos estos caminos nacen muchas villas y ciudades y se construyen multitud de hospitales y albergues para acoger a los peregrinos. El rey y la nobleza otorgan privilegios a los lugares del camino donde se da asistencia a los viajeros, potenciando ciertos ramales o itinerarios en detrimento de otros. El camino constituye una puerta de entrada del arte románico en la península. Algunos de sus ejemplos más característicos son las iglesias

Conducción de agua a la catedral de Santiago para saciar a los peregrinos (1122)

Como hubiera advertido, pues, el vigilante arzobispo [Diego Gelmírez] con su incansable solicitud de que los peregrinos de Santiago soportaban una gran escasez de agua, movido por su piedad paterna, se compadeció. Pues conocía lo que dijo el Apóstol: *si juntos padecemos, también juntos reinaremos.* Se compadecía de los peregrinos que al venir a la iglesia del Apóstol de día o de noche buscaban el agua necesaria para beber o para otros usos y no la encontraban. Con frecuencia, la necesidad los obligaba a comprar agua a sus mesoneros o a otros a elevado precio y lo que reservaban para comprar comida, en parte era gastado en agua. Pero los que no tenían dinero suficiente, con mucha frecuencia sufrían una gravísima penuria de agua. Pues, ¡tan gran multitud de peregrinos concurría en la iglesia de Santiago! Durante mucho tiempo pensó el arzobispo poner remedio, pero era arduo, incluso muy difícil. Finalmente, gracias a sus ruegos y avisos, y a sus mandatos y razonamientos, Bernardo, tesorero de la iglesia de Santiago, empezó a construir un acueducto. Así pues, casi a una milla fuera del suburbio de Compostela, fueron construidos un acueducto y un canal subterráneos.

Historia Compostelana (s. XII)

Descripción del Monte del Puerto de Cize (Roncesvalles), en el camino francés

En el País Vasco hay en el camino de Santiago un monte muy alto que se llama Port de Cize, o porque allí se halla la puerta de España, o porque por dicho monte se transportan las cosas necesarias de una tierra a otra; y su subida tiene ocho millas y su bajada igualmente ocho. Su altura es tanta que parece tocar el cielo. Al que lo escala le parece que puede alcanzar el cielo con una mano. Desde su cumbre pueden verse el mar Británico y el occidental, y las tierras de tres países, a saber: de Castilla, de Aragón y de Francia. En la cima del mismo monte hay un lugar llamado la Cruz de Carlomagno, porque en él con hachas, con piquetas, con azadas y demás herramientas abrió una senda Carlomagno al dirigirse a España con sus ejércitos en otros tiempos y, por último, arrodillado de cara a Galicia, elevó sus preces a Dios y a Santiago. Por lo cual, doblando allí sus rodillas, los peregrinos suelen rezar mirando a Santiago y todos ellos clavan sendas cruces, que allí pueden contarse a millares. Por esto se considera aquel lugar el primero de la oración a Santiago.

Liber Sancti Jacobi. Codex Calixtinus (s. XII) [Trad. A. Moralejo, C. Torres y J. Feo]

El hospital de leprosos de San Lázaro (Estella), junto al camino de Santiago

Sabed que en nuestra villa de Estella hay una casa edificada en honor de Dios y de san Lázaro y de santa Águeda y de san Eloy, en cuya iglesia demuestra Dios muchas virtudes y muchos milagros por rogaría y merecimientos de aquellos santos que allí están, en cuya casa se mantienen muchos leprosos y leprosas sumidos en la enfermedad del bien aventurado san Lázaro. La casa está edificada en el camino francés por donde pasan muchos pelegrinos y muchos buenos cristianos que van a Santiago, de los cuales se albergan muchos romeros enfermos de aquella enfermedad cuando acaecen, y a los que no traen expensa los proveen de comer y de beber y les dan aquello que han de menester según su poder.

Concejo de Estella (1302)

navarras y castellanas que se alzan a su paso. En 1075 se inicia la construcción de una nueva catedral en Santiago, de estilo románico, un proyecto muy ambicioso impulsado por el obispo Diego Peláez, hecho a imitación de las grandes iglesias francesas llamadas *de peregrinación*, con una cabecera muy desarrollada, deambulatorio, tribuna y crucero. Hacia 1120 las obras se detienen, pero a iglesia está prácticamente terminada. Es justo en este momento cuando el papa designa Santiago como sede metropolitana (1120), desplazando a la histórica iglesia de Mérida. Las obras no se reanudan hasta casi cincuenta años después. En 1168, Mateo, maestro de obras de la catedral, recibe del rey Fernando II de León una renta anual vitalicia para su sustento e inicia la construcción del famoso pórtico de la Gloria. La enorme afluencia de gentes de todas las clases sociales, procedentes de gran parte de Europa, se mantiene hasta el siglo XVI, cuando decae con la difusión del protestantismo.

LA MESTA (DEL SIGLO XII AL XVI)

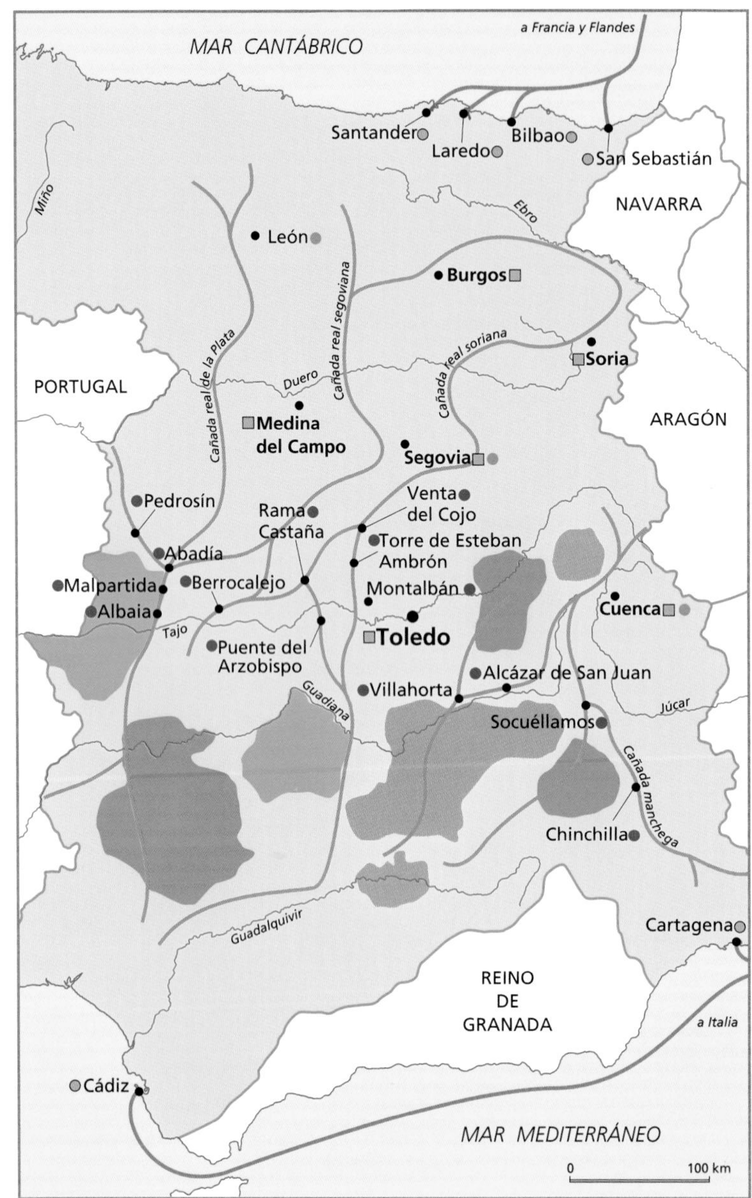

La Mesta. En los últimos siglos de la edad media, la cría de ganado ovino contribuye decisivamente a convertir Castilla en una gran potencia económica. Esto coincide con el desarrollo en Europa de una pujante manufactura textil que demanda la lana de las ovejas merinas castellanas, una materia prima muy apreciada. El consumo interior de lana, pero en especial su exportación, a Flandes y a otros centros textiles, propicia la creación de inmensos rebaños trashumantes. A partir del siglo XI, con la conquista de la Cordillera Central, es posible trasladar el ganado en verano desde las tierras bajas a las más altas, y en invierno a la inversa. En siglo XIII, tras la conquista de Extremadura y del valle del Guadalquivir, estos itinerarios se prolongan hacia el sur y se fijan las cuatro principales cañadas, rutas de trashumancia con protección real y derechos de paso: la de la Plata, la segoviana, la soriana y la manchega. Las órdenes militares, los concejos, la alta nobleza y los monasterios y cabildos disponen de miles y miles de cabezas de ganado. La necesidad de resolver los problemas derivados de la delimitación de los pastos, los daños en los cultivos, la seguridad de los rebaños o la pérdida de cabezas lleva a la constitución a lo largo del siglo XIII de mestas o asambleas de ganaderos y pastores para la organización de la trashumancia en Cuenca, León, Soria o Segovia. Este proceso culmina en 1273, cuando Alfonso X constituye el Honrado Concejo de la Mesta, con lo cual las diversas mestas se funden en una sola, y se conceden privilegios a los ganaderos. Entre 1300 y 1500, el crecimiento de la cabaña ovina es espectacular: Castilla pasa a ser la principal suministradora de lanas a Flandes a causa de la interrupción del abastecimiento de lana inglesa. La pujanza de Medina del Campo, situada en la ruta hacia el Atlántico, se verifica con el desarrollo de las ferias, de fama internacional, y su conversión en un activo centro financiero. Los Reyes Católicos legislan a favor de la Mesta y apoyan la ganadería exportadora en su pugna con la agricultura y con los industriales pañeros castellanos, que desean retener la mitad de la producción lanera. Pero en la segunda mitad del siglo XVI disminuye la exportación, en especial tras la independencia de Flandes, y la Mesta entra en decadencia.

DOMINIO CASTELLANO DE LAS ISLAS CANARIAS (SIGLO XV)

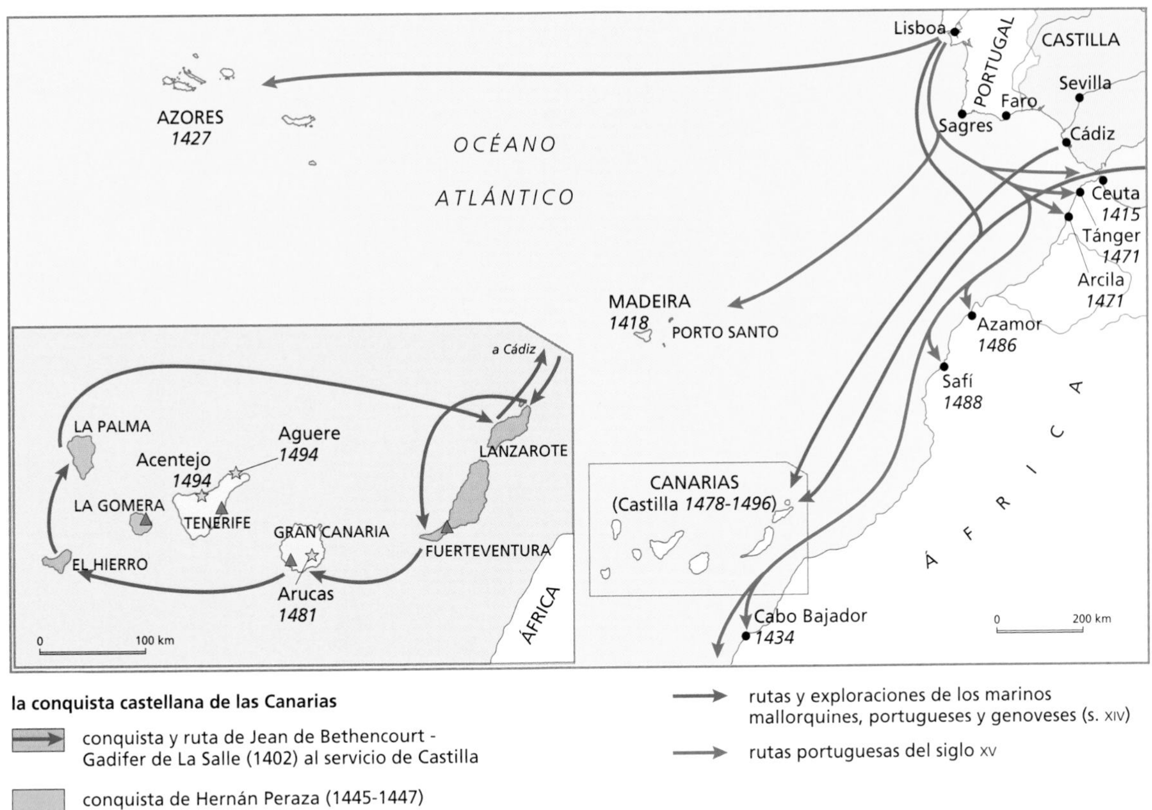

la conquista castellana de las Canarias

- conquista y ruta de Jean de Bethencourt - Gadifer de La Salle (1402) al servicio de Castilla
- conquista de Hernán Peraza (1445-1447)
- conquista de Juan Rejón y Pedro de Vera (1478-1483)
- conquista de Alonso Fernández de Lugo (1492-93 y 1494-96)
- ▲ resistencia guanche a los castellanos
- ☆ batalla (victorias castellanas)
- rutas y exploraciones de los marinos mallorquines, portugueses y genoveses (s. XIV)
- rutas portuguesas del siglo XV

El dominio castellano de las islas Canarias. En los primeros años del siglo XIV los europeos descubren las islas Canarias. Castellanos, portugueses, genoveses, catalanes y mallorquines organizan expediciones de exploración del archipiélago, pero ninguna de ellas logra ocupar una isla o consolidar una posición. Las islas son habitadas por poblaciones de origen bereber llegadas del continente africano entre los siglos X y III a. J.C., que no se han islamizado. A inicios del siglo XV la rivalidad por el control de las islas se reduce a castellanos y portugueses, pero estos últimos prefieren consolidar la ruta hacia la India bordeando África, en cuya costa establecen sus factorías, además de dominar los archipiélagos de Azores y Madeira. Bajo la protección de la corona castellana, en 1402, el noble normando Jean de Bethencourt, con el apoyo del también normando Gadifer de Lasalle, organiza la primera gran expedición de conquista a las Canarias. Entre 1402 y 1405 ocupan Lanzarote, Fuerteventura y El Hierro, pero fracasan en Gran Canaria. El rey de Castilla reconoce a Bethencourt su señorío sobre las tierras de las que se han adueñado, en calidad de vasallo suyo. En 1418 los Bethencourt venden sus derechos, que recaen en la familia Peraza. Hacia 1450 los Peraza incorporan La Gomera a sus dominios. Entretanto, en el concilio de Basilea (1431-1445) se reconocen los derechos de Castilla sobre las Canarias. Los Reyes Católicos, conscientes del interés estratégico de este territorio, completan la conquista del archipiélago. En 1478 confirman a Diego García de Herrera y a su mujer, Inés Peraza, el señorío sobre Lanzarote, Fuerteventura, El Hierro y La Gomera; el matrimonio renuncia a todo derecho sobre el resto de islas a cambio de una indemnización. Al año siguiente, los acuerdos de Alcáçovas con Portugal dan vía libre a la definitiva conquista y repoblación de las islas por parte de Castilla. Pedro de Vera firma capitulaciones con los Reyes Católicos que le permiten conquistar Gran Canaria (1478-1483). Capitulaciones parecidas se emplearán en la conquista de América. En 1492 los Reyes Católicos firman una capitulación con Alfonso Fernández de Lugo para la conquista de la isla de La Palma, que tiene lugar en 1493, y él mismo recibe el encargo de los reyes de apoderarse de Tenerife (1494-1496). Al igual que en América, la población autóctona sucumbe en el campo de batalla, es asesinada, diezmada por epidemias o esclavizada. Por aquel entonces las islas son ya una escala imprescindible en la nueva ruta hacia las Indias.

LA FORMACIÓN DE LA CORONA DE ARAGÓN (1137-1276)

dominios del rey de Aragón y conde de Barcelona en 1200 (Urgel, Pallars Sobirà y Ampurias, territorios vasallos)

expansión occitana (1150-1213)

- territorios vasallos
- territorios heredados (hasta 1267)
- territorios que continúan como parte de la Corona de Aragón después de 1250
- territorios vasallos durante la cruzada albigense o cátara (1213)

- intervención de los cruzados (franceses) contra los cátaros lenguadocianos
- batalla (victoria francesa)
- últimos reductos cátaros

La formación de la Corona de Aragón. En 1137 el conde de Barcelona Ramón Berenguer IV se compromete en matrimonio con Petronila, heredera del trono de Aragón. Se forma así una monarquía compuesta, la Corona de Aragón, al unirse, bajo la soberanía de la dinastía de la casa de Barcelona, el Reino de Aragón, el Principado de Cataluña y, tras la conquistas del siglo XIII, los reinos de Valencia y Mallorca. Se trata de una unión de carácter confederal, ya que los diferentes reinos gozan de leyes e instituciones independientes.
El primogénito de Ramón Berenguer IV y Petronila, Alfonso II el Casto, primero en llevar los títulos de rey de Aragón y conde de Barcelona, logra la investidura del condado de Provenza y su mayor conquista en la frontera con al-Andalus es la ciudad de Teruel (1171). Le sucede su hijo Pedro el Católico, que participa en la guerra que estalla en 1208 a raíz de la declaración de una cruzada contra la herejía cátara, muy extendida en el Languedoc y la Provenza. Participa en la batalla de Las Navas de Tolosa de 1212 y

al año siguiente socorre a sus vasallos occitanos. Muere en la batalla de Muret (1213), que supone el fin de la presencia catalano-aragonesa en esas tierras y el inicio de la preponderancia francesa. Su hijo, Jaime I, tiene un reinado muy prolongado (1213-1276) durante el que se consolidan los estados de la corona, territorial e institucionalmente. La minoría de edad de Jaime I es un periodo convulso, pero el monarca sale fortalecido de ella y, espoleado por las oligarquías comerciales catalanas, se lanza en 1229 a la conquista de Mallorca, donde destruye el poder almohade y repuebla la isla con catalanes. Continúa posteriormente con la conquista, en 1238, de Valencia, una empresa de aragoneses y catalanes que da como resultado la formación de un nuevo reino, para detener la voluntad anexionista de la nobleza aragonesa, que repuebla con aragoneses y, mayoritariamente y en las zonas costeras, catalanes, que conviven, no sin tensiones, con los musulmanes hasta 1609. En 1266, Jaime I ayuda a Alfonso X de Castilla y sofoca la rebelión musulmana de Murcia. En el terreno institucional, además de la creación del Reino de Valencia, consolida las cortes de cada estado, que fundamentan su acción gracias al pactismo entre el rey y la iglesia, la nobleza y la clase ciudadana enriquecida, y dota de una organización de gobierno a numerosos municipios, con amplias prerrogativas, cuyo máximo ejemplo es el Consejo de Ciento de Barcelona. Dicho entramado territorial e institucional continúa hasta los decretos de Nueva Planta del siglo XVIII con pocas alteraciones, entre ellas la creación en 1359, para sufragar las necesidades pecuniarias de la monarquía, de una delegación permanente de las cortes catalanas, la Diputación del General o Generalidad, que en siglos posteriores tendrá amplias potestades políticas y que también se establece en Valencia y Aragón. En 1276 Pedro el Grande hereda Cataluña, Aragón y Valencia; y su hermano, Jaime, Mallorca, Montpellier, el Rosellón y la Cerdaña, territorios constitutivos del nuevo Reino de Mallorca, reintegrado en 1349. En 1410 fallece el rey Martín el Humano, sin sucesión directa, último representante de la Casa de Barcelona. Los representantes de los estados reunidos en el compromiso de Caspe (1412) eligen al castellano Fernando de Trastámara. Esta decisión abre una nueva etapa.

La caída de Valencia a manos de Jaime el Conquistador (1238) según un escritor andalusí

Valencia cayó en poder de los *Rum*, por segunda vez, después del asedio a que la tuvo sometida el tirano Yaqmu al-Barsaluni [Jaime el Barcelonés], desde el jueves 5 de Ramadán del año 635 [21 de abril de 1238] hasta el martes 17 de Safar del año 36 [29 de septiembre de 1238]. En este día, Abu Yamil Zayyan ibn Mudafa' ibn Yusuf ibn Sa'd al-Yudami salió de la ciudad —de la que era entonces emir— al frente de sus familiares y jefes de los talebs y del ejército; el tirano [Jaime], ataviado con sus mejores galas, y al frente de los jefes de su hueste, avanzó desde la Rusafa, donde había acampado al principio de este asedio, y se encontraron ambos en la *Walaya*, y estipularon que el tirano [Jaime] dejaría el territorio salvo por veinte días, para que durante ellos las gentes del país pudieran trasladarse con sus bienes y efectos. Yo presencié todo esto y firmé el acta de capitulación por parte de Abu Yamil.

Ibn al-Abbar (s. XIII) [Trad. E. Terés]

El compromiso de Caspe (25 de junio de 1412)

Nos, Pedro de Sagarriga, arzobispo de Tarragona; Domingo Ram, obispo de Huesca; Bonifacio Ferrer, prior de cartuja; Guillermo de Vallseca, doctor en leyes; fray Vicente Ferrer, maestro en santa Teología de la orden de Predicadores; Berenguer de Bardají, señor del lugar de Zaidín; Francisco de Aranda, donato del monasterio de Portaceli, de la orden de la Cartuja, oriundo de la ciudad de Teruel; Bernardo de Gualbes, doctor en ambos derechos, y Pedro Bertrán, doctor en derecho canónico, es decir, los nueve diputados o elegidos por los parlamentos generales [...]

[...] desarrolladas previamente la investigación, instrucción, información, conocimiento y reconocimiento que debían ser hechos por nosotros, y estudiados y considerados los dichos y datos comunicados, y también nuestras palabras, opiniones, votos y demás premisas, con los ojos puestos solo en Dios, y de acuerdo con el tenor del poder, juramento y voto ya mencionados, decimos y publicamos que por justicia, según Dios y nuestras conciencias, los citados parlamentos y súbditos y vasallos de la Corona de Aragón deben prestar fidelidad al ilustrísimo, excelentísimo y poderosísimo príncipe señor don Fernando, infante de Castilla, y que al mismo señor Fernando han de tener por verdadero rey y señor. [...]

Minuta Sententiae in villa de Casp datae anno M° CCCC° duodécimo [Trad. R. J. Pujades i Bataller]

LA EXPANSIÓN MEDITERRÁNEA DE LA CORONA DE ARAGÓN (1282-1423)

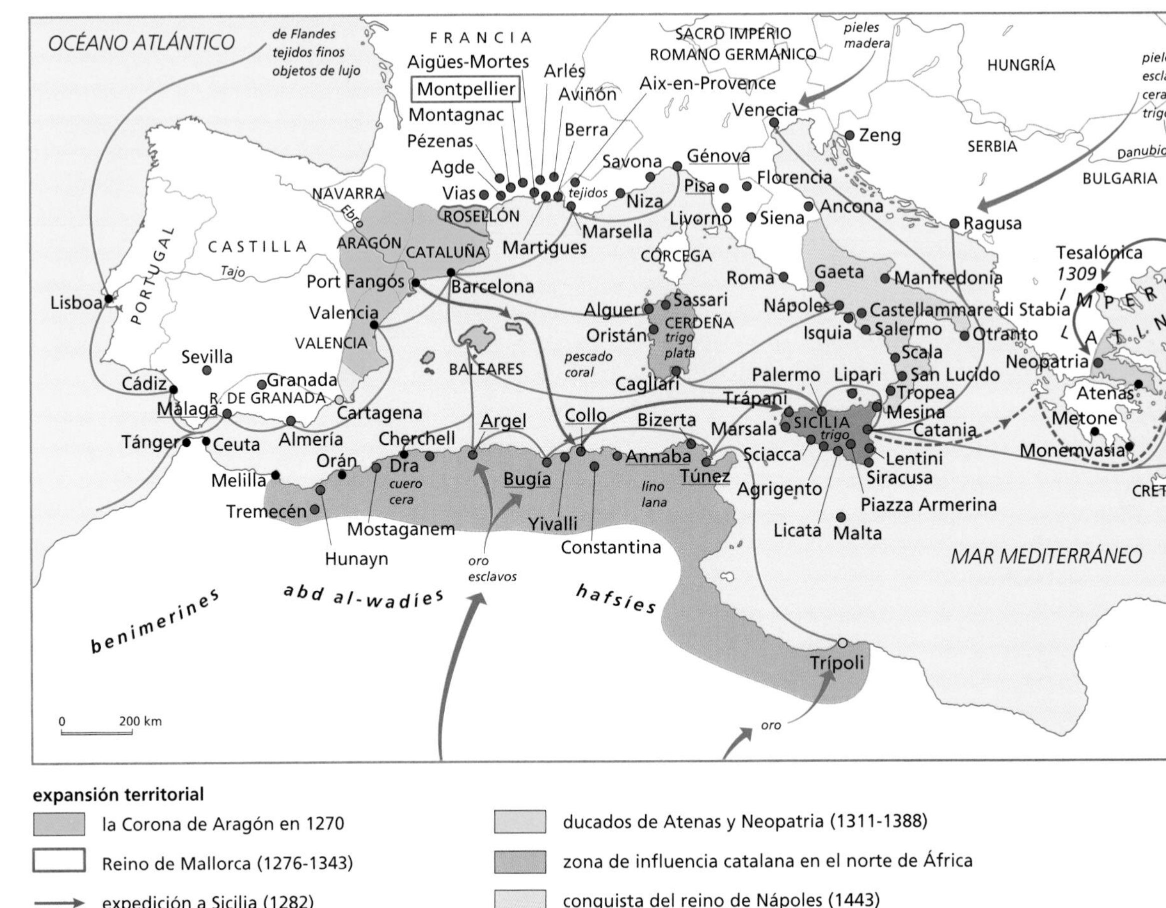

expansión territorial

- la Corona de Aragón en 1270
- Reino de Mallorca (1276-1343)
- expedición a Sicilia (1282)
- conquista de Sicilia
- zona anexada en 1305
- conquistas en 1323-1324
- ducados de Atenas y Neopatria (1311-1388)
- zona de influencia catalana en el norte de África
- conquista del reino de Nápoles (1443)
- ruta de la flota catalana 1302-1311
- rutas de los almogávares

La expansión mediterránea de la Corona de Aragón. Durante los siglos XII y XIII, los estados de la Corona de Aragón viven un rápido crecimiento urbano y un exitoso desarrollo de las manufacturas y el comercio, especialmente Cataluña. En las ciudades más populosas, entre las que destaca Barcelona, sede de la monarquía, se desarrollan las instituciones mercantiles y se forma una poderosa oligarquía. Tras el fracaso en Muret (1213), la política exterior se reorienta para asegurar el dominio de las rutas comerciales mediterráneas y el suministro de cereales, si es necesario mediante la guerra. Monarquía, nobleza y burguesía protagonizan o financian todas estas campañas militares, fuente de suculentos beneficios. Tras la conquista de Mallorca y Valencia y la penetración comercial y diplomática en el Magreb, con la fundación de consulados, el gran salto adelante se produce en Sicilia, uno de los graneros de Europa y escala clave de las rutas hacia Oriente. En 1282 tiene lugar el alzamiento de las Vísperas Sicilianas contra el dominio francés y la consiguiente intervención de la flota catalano-aragonesa a las órdenes de Pedro el Grande, esposo de Constanza de Sicilia. Coronados reyes de la isla, se inicia una guerra contra Francia y los Anjou, que tiene su episodio más dramático en el intento de invasión de Cataluña de 1285. Los tratados de Anagni (1295) y Caltabellotta (1302) ponen punto final a las hostilidades. Jaime II, hijo de Pedro el Grande ocupa Murcia en 1296 y finalmente consigue de Castilla, por el tratado de Torrellas, Alicante, Elche y Orihuela (1304). Poco después tiene lugar la expedición a Oriente de las compañías de los almogávares que habían luchado en Sicilia, mercenarios que el emperador de Bizancio contrata para frenar a los turcos otomanos. Sus campañas (1303-1311) dan lugar al nacimiento de los ducados de Atenas y Neopatria, bajo la órbita de Sicilia y durante un breve periodo parte integrante de la Corona de Aragón. La segunda gran empresa catalano-aragonesa en el Mediterráneo es la conquista de Cerdeña, tierra rica en granos y minas de plata

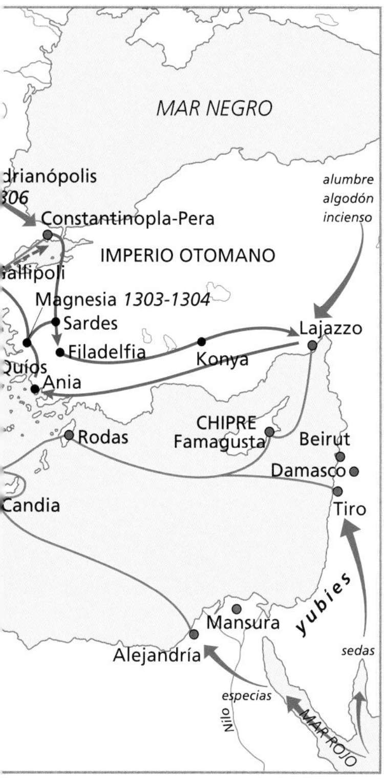

expansión comercial

- rutas comerciales catalanas
- consulados catalanes (siglos XII-XIII)
- consulados catalanes (siglos XIV-XV)
- consulados catalanes (siglo XVI)
- consulados mallorquines
- Argel: consulados catalanes y mallorquines
- *trigo*: principales importaciones
- rutas exteriores que conectan con las catalanas

Libro del Consulado del Mar (siglo XIV)

Capítulo XLV. *De los cargamentos a Alejandría*

Así se calculan las quintaladas de Alejandría cuando los mercaderes contratan con los patronos de naves y leños el transporte a esportadas: Primeramente queda obligado el patrón de la nave a transportar dos quintales y medio de algodón por esportada hasta la tercera parte. [...] Y respecto del algodón que además quiera cargar, ha de aceptarlo a dos quintales por esportada. Y un cuarto de pimienta. Ídem de incienso. Ídem de laca. Ídem de gengibre, que asciende a cinco quintales por esportada. Ídem de palo brasil, cuatro quintales. Ídem de aceite, tres quintales. Ídem de lentidasti, y de mercancías que vayan en caja o en barril, un quintal por dos quintales de los llamados «forforios». Ídem de canela, tres quintales por esportada. Ídem de algodón hilado, tres quintales por esportada, el cuarto forforio por esportada. Ídem, dos quintales genoveses de estopa. Ídem de lija, tres portales por esportada. Ídem de porcelanas, doce quintales por esportada. Ídem de índigo de Bagdad, seis quintales y medio por esportada. Ídem de índigo, tres quintales y medio forforio por esportada. Ídem de azúcar en espuerta, tres quintales genoveses por esportada (en caja, o en barril, un quintal genovés por esportada). Ídem de colmillos de elefante, seis quintales y medio forforio por esportada. Ídem de fieltro, tres quintales, el cuarto forforio, por esportada. Ídem de alumbre, en el primero y en el segundo piso o suelo de la estiba, tres quintales genoveses por esportada, y en el otro, dos quintales y medio.

Libro del Consulado del Mar (s. XIV) [Trad. J. R. Parellada]

El rey Pedro el Ceremonioso elogia la Acrópolis de Atenas (1380)

El rey.

Tesorero: sabed que a nos han llegado mensajeros, síndicos y procuradores de los ducados de Atenas y Neopatria, con poder suficiente de toda la gente de dicho ducado, y nos han hecho juramento y homenaje y se han hecho vasallos nuestros. Y ahora el obispo de Megara, que es uno de los dichos mensajeros, regresa con nuestra licencia y nos ha pedido que para guardar el castillo de Atenas le concediésemos diez o doce soldados. Y nos, viendo que es muy necesario y que no es cosa que no se tenga que hacer, principalmente porque dicho castillo es la joya más rica que en el mundo existe, y de tal guisa que entre todos los reyes cristianos apenas podrían hacerlo parecido, hemos ordenado que el dicho obispo se lleve los dichos doce hombres, que entendemos que tienen que ser ballesteros, hombres de bien que estén bien armados y pertrechados, y que se les pague cuatro meses por adelantado, ya que antes de que los dichos cuatro meses hayan pasado enviaremos el vizconde de Rocabertí y entonces él los proveerá. Os pedimos expresamente que procuréis los dichos doce hombres y que estén preparados de manera que cuando el obispo llegue no se tenga que esperar ni una hora por ellos. Dado en Lérida bajo nuestro sello secreto a 11 días de septiembre del año 1380. El rey Pedro.

y cruce de rutas comerciales. Pese al éxito inicial (1323), las revueltas en la isla se prolongan durante casi un siglo, auspiciadas en buena medida por Génova, la gran rival de Barcelona en esta parte del Mediterráneo. El enfrentamiento se traduce en una guerra entre estas dos potencias (1329-1336), con episodios posteriores de corso y batallas navales. A la guerra en ultramar se le une, desde 1333, una tremenda carestía que golpea Cataluña, y poco después llega la peste (1348): la economía y la demografía se resienten. Hacia 1320 se publica el *Libro del Consulado del Mar*, colección de disposiciones y costumbres marítimas y comerciales, vigentes durante siglos y base de la legislación marítima de muchos estados. Los dominios de la Corona de Aragón en el Mediterráneo se completan en el siglo XV. Los Trastámaras continúan la política de sus antecesores hasta apoderarse de Nápoles. La ocasión se presenta cuando la reina Juana II de Nápoles pide ayuda a Alfonso el Magnánimo contra Luis de Anjou. Las campañas de Alfonso el Magnánino en Italia se suceden durante años, y finalmente, en 1443 el rey entra en Nápoles y traslada allí su corte. Por estos mismos años ya se tantean nuevas rutas atlánticas. El eje del comercio mundial está a punto de cambiar.

EL REINO NAZARÍ DE GRANADA (1232-1492)

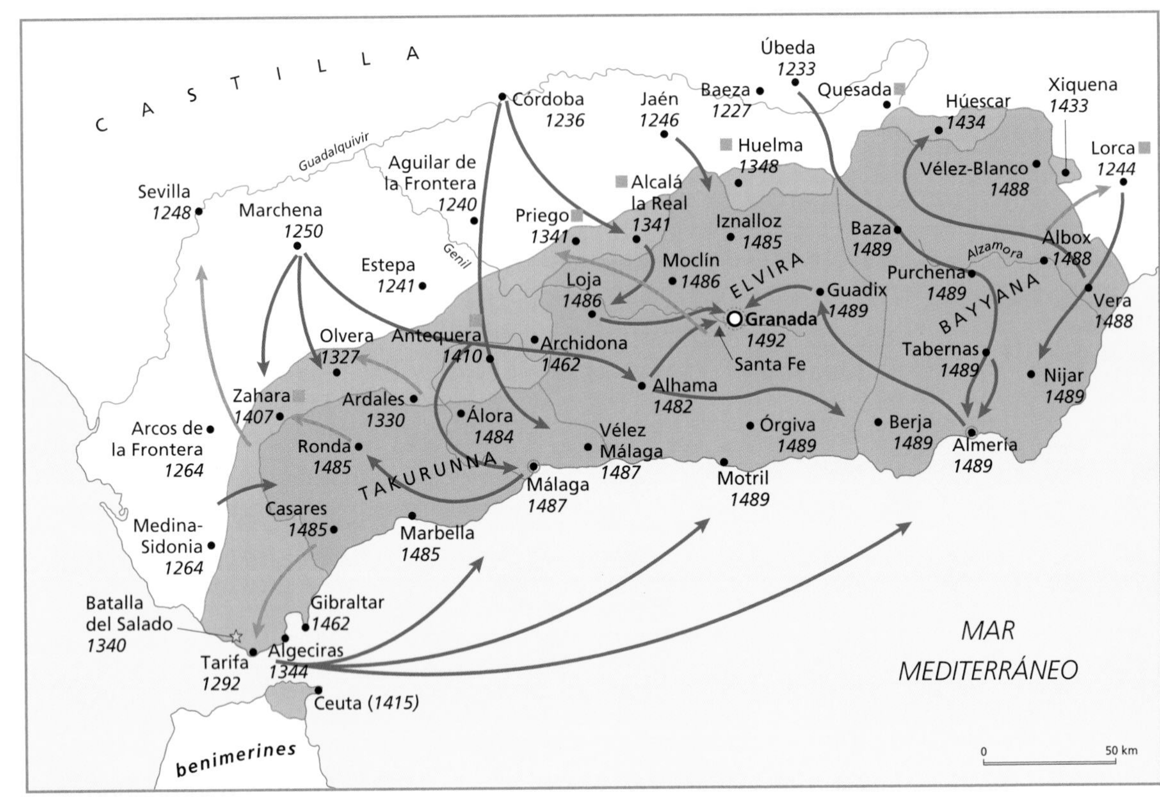

Reino nazarí de Granada (1462-1482)
límite de cora
territorios ganados por Castilla o Portugal entre 1292 y 1462
aduanas castellanas (s. XV)
puertos comerciales

evolución de la conquista
ataques castellanos (1480-1492)
ataques nazaríes (1480-1485)
1487 fecha de la conquista castellana
(1415) fecha de la conquista portuguesa
campamento militar para el asalto final
asedio a Granada (1490-1492)
victoria cristiana (Castilla y Portugal)

El reino nazarí de Granada. En 1228 se desvanece definitivamente el poder almohade en al-Andalus. Esto coincide con un gran avance cristiano y con la caída de las principales ciudades andalusíes. En el interior de al-Andalus, numerosos caudillos locales toman el poder en medio de sublevaciones y enfrentamientos. Un miembro de la familia de los Banu Nasr, Muhammad ibn Yusuf ibn Nasr, se levanta en Arjona en 1232 y se proclama emir (Muhammad I). Él es el fundador de la dinastía nazarí y del reino de Granada, un hábil político y militar que en 1238 entra en Granada, donde traslada la capital, y seguidamente toma Almería y Málaga. En 1246 Fernando III de Castilla y León acepta el vasallaje que Muhammad le ofrece a cambio de un cuantioso tributo y de la entrega de Jaén. Esto trae la paz. Durante la segunda mitad del siglo XIII, la presión castellana no logra avances significativos en las zonas fronterizas entre ambos reinos. Únicamente Sancho IV conquista Tarifa en 1292. Los emires contienen a los castellanos gracias a las treguas, la ayuda que reciben de los benemerines del norte de África y los conflictos internos que sacuden la Corona de Castilla. Muhammad III incluso se apodera de Ceuta en 1306. Granada es un reino próspero, muy poblado, donde se establecen numerosas colonias de mercaderes genoveses y de otras nacionalidades. En la década de 1340, el rey Alfonso XI emprende de nuevo una política agresiva contra Granada. Conquista Alcalá la Real en 1341 y en el estrecho de Gibraltar organiza importantes campañas para lograr su control. Los castellanos, ayudados por los portugueses, vencen en la batalla del Salado (1340), toman Algeciras (1344) y ponen sitio a Gibraltar (1349). Pero el reino de Granada no sucumbe, y en la segunda mitad de siglo vive su periodo de mayor esplendor. Durante los reinados de Yusuf I (1333-1354) y Muhammad V (1354-1391) se construyen algunos de los edificios más bellos de la ciudad palatina de la Alhambra (palacios de Comares y de los Leones). Muhammad V tiene excelentes relaciones con Pedro I de Castilla y este recibe su apoyo durante la guerra civil castellana. Los primeros Trastámaras no modifican la situación: se renuevan las treguas, el vasallaje nazarí y el pago de tributos. Los castellanos solo logran conquistar Antequera en 1410 y otras poblaciones entre 1431 y 1448. Por contra, a la muerte de Yusuf III (1417) se desencadena en Granada una etapa de gran inestabilidad, con numerosas guerras civiles, que debilita el reino: entre 1417 y 1492 se suceden once emires. Esta circunstancia, junto con el fin en 1479 de la guerra de sucesión a la Corona de Castilla entre Isabel y Juana la Beltraneja, propicia el inicio de la definitiva conquista de Granada (1482-1492). Las tropas de los Reyes Católicos, Isabel y Fernando, toman Alhama en 1482 y entre 1485 y 1487 la zona comprendida entre Ronda y Málaga. Mientras, en la retaguardia granadina, se produce un duro enfrentamiento entre los partidarios de Boabdil (Abu Abd Allah), hijo del emir, y su tío Muhammad ibn Sad, alias al-Zagal. Entre 1483 y 1492 tienen lugar las campañas definitivas. Boabdil entrega la ciudad de Granada a los Reyes Católicos el 2 de enero de 1492.

Descripción de la vega y la ciudad de Granada

La tierra de Granada es de tan excelentes condiciones, que no carece en ninguna época del año de sementeras ni de plantas. En su comarca hay yacimientos de minerales preciosos, como oro, plata, plomo, hierro y cinc, marquesita y lapislázuli; en sus montes y barrancos se dan la hierba toro, el nardo y la genciana; en su jara, la grana, y, por último, los artículos de seda, en cuyo comercio sobresale esta cora, con la que no pueden competir las ciudades de Iraq, que, sin embargo, no le alcanzan en finura, delicadeza y buena calidad.

Su espaciosa vega —comparada con *al-Guta*, el valle o vega de Damasco—, es ponderada entre los viajeros y en las tertulias; Dios la ha extendido por una llanura atravesada por arroyos y ríos, y en ella se apiñan alquerías y huertas con bellísimos lugares y hermosas construcciones. Mide 40 millas y la rodean colinas y cerros en forma de dos tercios de circunferencia. Debido a ello se imagina uno la ciudad como recostada desde la parte próxima al centro del círculo hasta las elevadas colinas, los salientes oteros y los altos montes. Los edificios de esta gran ciudad y los arrabales que de ella dependen se extienden sobre cinco colinas y la amplia planicie de una llanura, espaciosa y bien cuidada, en la que no hay ruinas ni descampados por ninguna parte. Hay en ella palmares. Tiene tantos habitantes que no los puede contar más que Aquel que lleva el registro de los movimientos de todas las cosas y la cuenta de las respiraciones. Finalmente, tiene también sólidos puentes, mezquitas antiguas y zocos muy bien organizados. [...]

La ciudadela de la Alhambra, corte real, domina la población en la dirección del mediodía, coronándola con sus blancas almenas y sus elevados alcázares, que deslumbran los ojos y asombran las inteligencias. El agua que sobra en ella y la que se desborda de sus estanques y albercas cae formando arroyuelos, cuyo rumor se oye desde lejos.

Ibn al-Jatib *al-Lamha al-badriyya (Gestas de los hombres)* [s. XIV]

[Trad. J. M. Casciaro Ramírez y E. Molina López]

Entrega de la Alhambra a los Reyes Católicos

[...] Y a la hora mandaron sus altezas al comendador mayor de León que esta noche la fuese a tomar, el cual partió del real a la media noche, con ciertos capitanes y gente de las guardas y algunos peones, espingarderos y ballesteros y lanceros. Y fuera de camino, muy apartado de la ciudad, lo guiaron el Muley y Abencomisa y llegamos a la Alhambra en amaneciendo [...]. Y el Muley entró a hacer saber al rey la venida del comendador mayor, el cual mandó que entrase él y todos los que con él iban. Y les estuvo esperando en un aposento muy rico que se llama la torre de los Comares, donde se apearon el comendador mayor y algunos capitanes y caballeros de la corte que con él iban, a le besar las manos. Y allí entregó las llaves al comendador mayor y le demandó una carta firmada de su nombre, de cómo recibía de él para sus altezas y en su nombre la Alhambra [...]. Y acabado esto, el rey se bajó a la ciudad y el comendador mayor anduvo por toda ella, a poner recaudo de gente en todas las torres y puertas y fuerzas de ella, y se dijo luego misa en una cuadra muy rica de aquel aposento con las mayores lágrimas y devoción que nunca se vio, así por el clérigo que la decía como por todos los que allí estábamos [...]

Carta del conde de Cifuentes al obispo de León
(8 de enero de 1492)

LOS REYES CATÓLICOS (1476-1516)

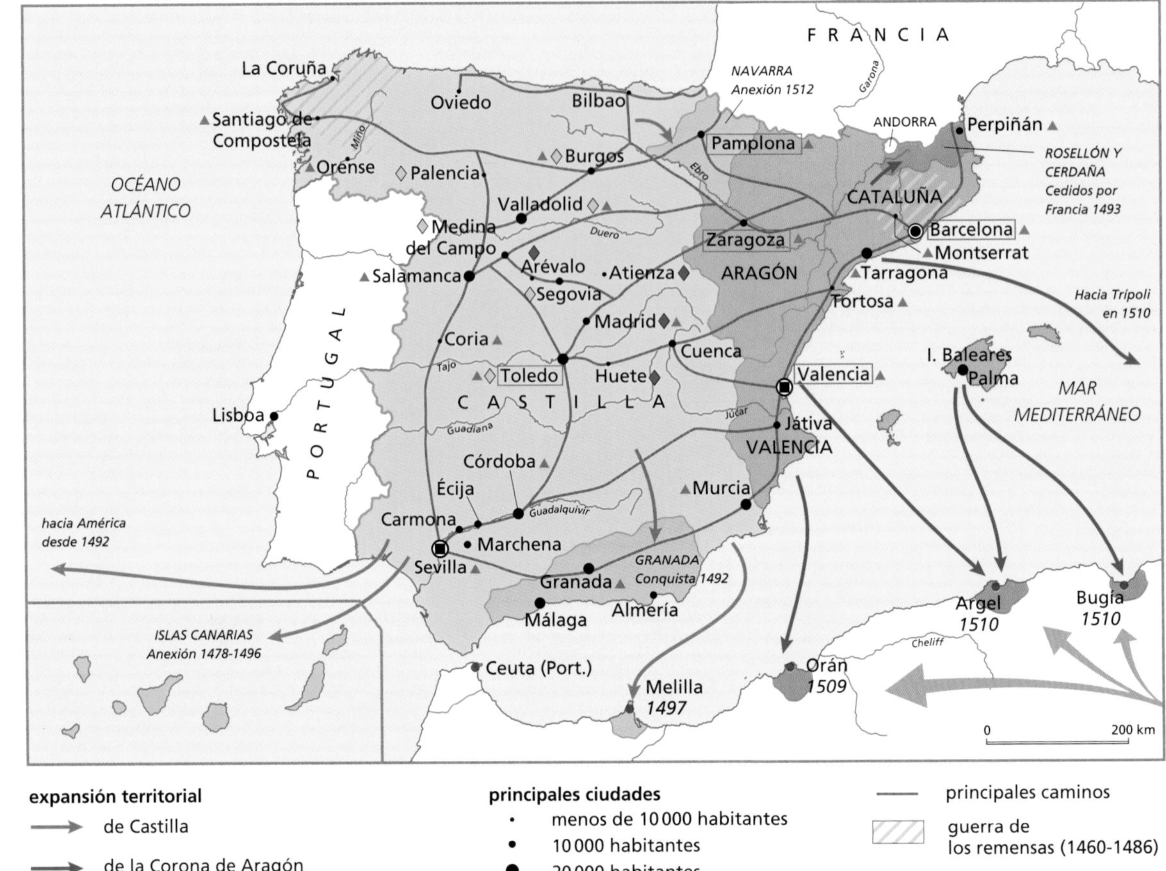

Los Reyes Católicos. Entre 1450 y 1476 las Coronas de Castilla y Aragón viven tiempos convulsos. En Cataluña, el conflicto remensa entre señores y campesinos y la tensión entre el rey Juan II el Grande y los estamentos privilegiados conducen a la guerra civil (1462-1472). En Castilla, el reinado de Enrique IV se caracteriza por el enfrentamiento entre el monarca y su hermanastro Alfonso, que discute los derechos sucesorios de Juana la Beltraneja, la hija de Enrique. Alfonso muere en 1467 y su hermana Isabel se proclama legítima heredera. En 1469, contra la voluntad de su hermanastro Enrique, se casa con Fernando, heredero de la Corona de Aragón, en un momento –la guerra civil catalana– de gran debilidad del rey Juan II. Enrique IV muere en 1474 y se inicia la guerra de Sucesión de Castilla, que se sobrepone a una guerra luso-castellana. Isabel vence definitivamente a los partidarios de Juana, apoyada por Portugal, en la batalla de Toro (1476). La unión de las dos coronas, dinástica, sigue el modelo tradicional de integración de reinos en la Corona de Aragón: las instituciones, la legislación y la economía de los diferentes estados permanecen independientes. Los Reyes Católicos acuerdan un reparto del poder: reinan conjuntamente en Castilla, mientras Fernando gobierna en solitario en Aragón desde 1479, a la muerte de su padre, con una menor intervención de Isabel. Llevan adelante políticas tendentes al autoritarismo y a la concentración del poder: crean instituciones bajo su control comunes a todos los reinos (la Santa Hermandad, nuevo cuerpo policial, y la Inquisición), aumentan la presión fiscal, nombran corregidores y logran del papa el derecho al patronato real de las sedes episcopales; pero al mismo tiempo convocan cortes y reconocen las leyes de cada reino. Además, contentan a la alta nobleza castellana (y gallega tras la revuelta popular irmandiña, 1467-1469), pacifican el campo catalán (Sentencia Arbitral de Guadalupe de 1486, que extingue los malos usos y asegura la libertad individual de los campesinos, aunque confirma el sistema feudoseñorial) y reforman las instituciones municipales, nido de peleas y corrupción. Con un objetivo de unificación religiosa, decretan la expulsión de los judíos (1492) y obligan al bautismo a los mudéjares (1502). Su política exterior tiene entre sus objetivos el aislamiento de Francia. Casan a sus hijas con los príncipes herederos de Portugal, Inglaterra y la Casa de Austria o Habsburgo (su nieto, de este último linaje, será el rey Carlos I, 1516-1556). Luchan contra los franceses en Italia y consiguen la restitución del Rosellón y la Cerdaña, perdidos en 1475, en 1493. Su más ambiciosa empresa de expansión es la conquista del reino de Granada (1482-1492). Promueven la navegación por el Atlántico y la conquista de las Islas Canarias, en abierta rivalidad con Portugal. El tratado de Tordesillas de 1494 confirma las áreas de influencia de ambas coronas en el Atlántico y en África. Finalmente apoyan la expedición de Cristóbal Colón de 1492, primer jalón en la formación en un imperio mundial. Isabel muere en 1504. Entre 1507 y 1516 Fernando es regente de Castilla, y aprovecha estos años para ocupar Navarra (1512), desde hacía décadas casi un protectorado castellano, prometiendo conservar los fueros y las cortes. Los reyes de Navarra, también condes de Foix, se refugian en sus posesiones ultrapirenaicas (Baja Navarra) y se integran cada vez más en Francia.

Retrato de Fernando e Isabel

El rey era hombre de mediana estatura, bien proporcionado en sus miembros, y en las facciones de su rostro bien compuesto [...]. Tenía el habla igual, ni presurosa ni muy espaciosa. Era de buen entendimiento, muy templado en su comer y beber, y en los movimientos de su persona, porque ni la ira ni el placer hacía en él gran alteración. Cabalgaba muy bien a caballo [...]; justaba, tiraba lanza y hacía todas las cosas que un hombre debe hacer, tan sueltamente y con tanta destreza, que nadie en todos sus reinos lo hacía mejor. [...] De su natural condición era muy inclinado a hacer justicia, y también era piadoso, y se compadecía de los miserables que veía en alguna angustia. Tenía una gracia singular: que cualquiera que con él hablase, luego le amaba y deseaba servir, porque tenía la comunicación muy amigable.

Y era asimismo remetido a consejo, en especial de la reina su mujer, porque conocía su gran suficiencia y discreción. [...]

La reina era de estatura común, bien compuesta en su persona y en la proporción de sus miembros, muy blanca y rubia; los ojos entre verdes y azules, el mirar gracioso y honesto, las facciones del rostro bien puestas, la cara toda muy hermosa y alegre. Era mesurada en la continencia y movimientos de su persona; no bebía vino. Era muy buena mujer: le placía tener cerca de sí mujeres ancianas que fuesen buenas y de linaje [....] Amaba mucho al rey su marido y lo celaba fuera de toda medida. Era mujer muy aguda y discreta, lo cual vemos raras veces concurrir en una persona; hablaba muy bien y era de tan excelente ingenio, que a pesar de tantos y tan arduos negocios como tenía en la gobernación de sus reinos se dio al trabajo de aprender letras latinas, y alcanzó en tiempo de un año saber en ellas tanto, que entendía cualquier habla o escritura latina. Era muy católica y devota, hacía limosnas secretas y en lugares debidos, honraba las casas de oración, visitaba con voluntad los monasterios y casas de religión. [...]

Era muy inclinada a hacer justicia, tanto que le era imputado seguir más la vía de rigor que de la piedad; [...] Esta reina fue la que extirpó y quitó la herejía que había en los reinos de Castilla y de Aragón, de algunos cristianos de linaje de judíos que volvían a judaizar, e hizo que viviesen como buenos cristianos.

Fernando del Pulgar. *Crónica de los muy altos y esclarecidos Reyes Católicos* (s. XV)

Sentencia arbitral de Guadalupe (21 de abril de 1486)

Nos, don Fernando [...] en virtud del poder a nos atribuido por los señores o señores de los payeses de remensa [...], de una parte, y por los dichos payeses del nuestro Principado de Cataluña, de otra parte [...]

[...] por cuanto por parte de los dichos payeses nos es hecha gran clamor de sus vulgarmente llamados malos usos, diciendo que indebida e injustamente y en gran cargo de conciencia los dichos señores exigen de ellos compeliéndolos, por vía de sacramento y homenaje que les han prestado, a pagar los dichos malos usos [...] y ya sea que por *Usatges* de Barcelona y Constituciones de Cataluña sean fundados [los malos usos] y sean por costumbre introducidos [...] atendido que los dichos malos usos por muchos y diversos abusos que de ellos se han seguido contienen evidente iniquidad, los cuales sin gran pecado y cargo de consciencia no se podrían tolerar por nos [...] sentenciamos, arbitramos y declaramos que los dichos malos usos no sean ni se observen ni hayan lugar ni se puedan demandar ni exigir de los dichos payeses ni de sus descendientes ni de los bienes de ellos ni de alguno de ellos, antes por la presente nuestra sentencia aquellos abolimos, extinguimos y aniquilamos y declaramos los dichos payeses y sus descendientes perpetuamente ser libres y exentos de ellos y de cada uno de ellos.

PRESENCIA JUDÍA Y EXPULSIÓN (DEL SIGLO XI A 1492)

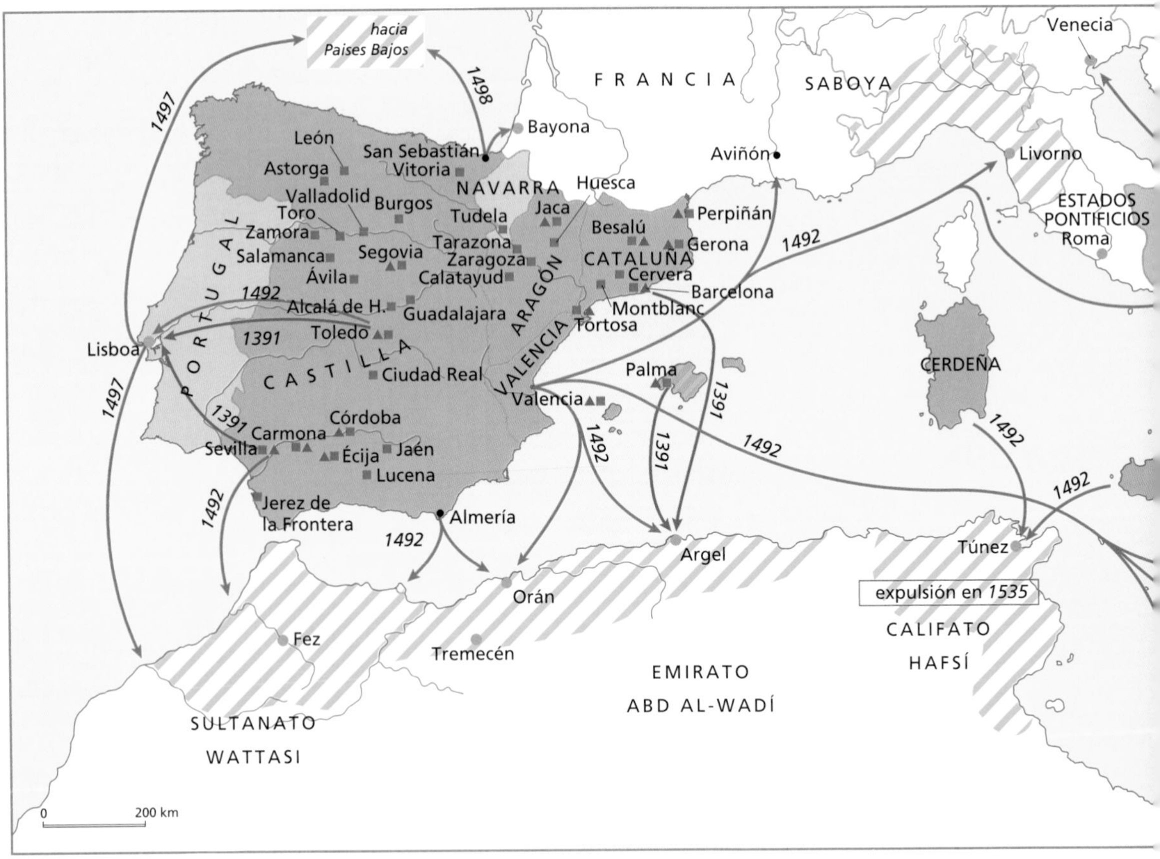

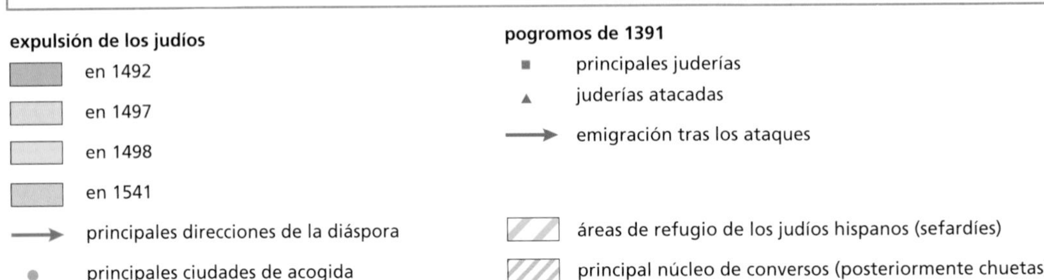

expulsión de los judíos
- en 1492
- en 1497
- en 1498
- en 1541
- principales direcciones de la diáspora
- principales ciudades de acogida

pogromos de 1391
- principales juderías
- juderías atacadas
- emigración tras los ataques

- áreas de refugio de los judíos hispanos (sefardíes)
- principal núcleo de conversos (posteriormente chuetas)

Presencia judía y expulsión. Pese a algunas persecuciones, los descendientes de los judíos emigrados a las provincias de Hispania durante el Imperio romano sobreviven en sus aljamas y florecen en al-Andalus y en los reinos cristianos. Los judíos se especializan en el comercio, la artesanía y la medicina y algunos de ellos llegan a tener cargos de confianza de califas y reyes. Los siglos XI y XII son los de mayor esplendor de las comunidades hebreas, pero a partir del siglo XIII empieza una sistemática presión sobre ellas. Se impone en la Iglesia y entre la realeza la idea de la necesidad de la unidad religiosa y, paralelamente, para la mayor parte de los cristianos, los judíos se convierten en el chivo expiatorio de los males que les aquejan. El punto de arranque de este proceso es el IV Concilio de Letrán (1215), en el que se dictamina un principio de segregación entre judíos y cristianos. Alfonso X de Castilla se hace eco de algunas de las disposiciones de este concilio en sus *Partidas*. En la Corona de Aragón se dictan también normas antijudías, estallan las primeras algaradas y se introduce la Inquisición, destinada a reprimir a los albigenses pero también a controlar a judíos y conversos. Con la peste negra de 1348, la muchedumbre acusa a los judíos de propagar la enfermedad y asalta sus barrios. En 1374, año de peste y de gran hambruna, las juderías son atacadas de nuevo (Barcelona, Perpiñán, Palma). También durante la guerra civil castellana los dos bandos en conflicto protagonizan matanzas de judíos (Toledo, 1355), especialmente los partidarios de Enrique de Trastámara, que utiliza la hostilidad contra los judíos para sus fines. En las cortes de estos años se solicita la aprobación de numerosas medidas contra ellos. Este clima enrarecido desemboca en los pogromos de 1391, que afectan a las principales juderías; algunas de las cuales desaparecen. Miles de judíos abrazan el cristianismo para salvar su vida

y otros muchos deciden emigrar. Aparecen amplias comunidades de conversos, que no se asimilan a los cristianos viejos y que pronto son sospechosos de prácticas judaizantes; durante el siglo XV, la represión no cesa y afecta tanto a judíos como a conversos. En la Corona de Aragón, después de las bulas de Benedicto XIII y la actuación de san Vicente Ferrer, pocas son las aljamas que subsisten. En Castilla, los conversos sufren ataques en 1449 (Toledo) y especialmente en 1473-1474, durante una grave crisis política y social en el reino. Con el acceso al trono de los Reyes Católicos, la política antijudía se radicaliza, con el objetivo de unificar religiosamente sus reinos.

Los monarcas deciden acabar con las prácticas judaizantes y destruir las últimas aljamas. Crean el tribunal de la Inquisición (1478), bajo su control, y se desencadena una cruel represión contra los conversos.

El rey Juan I de Castilla prohíbe determinadas oraciones judías y la ceremonia de la circuncisión

Primeramente, por cuanto nos hicieron entender que los judíos en sus libros y en otras escrituras de su Talmud les mandan que digan cada día la oración de los herejes que se dice en pie, en que maldicen a los cristianos y a los clérigos y a los finados; mandamos y defendemos firmemente que ninguno de ellos no las diga de aquí en adelante. [...] Otrosí nos hicieron entender que algunos judíos, así moros como tártaros y de otras sectas, tornan judíos circuncidándolos y haciendo otras ceremonias, lo cual todo es en gran vituperio y menosprecio de la nuestra ley [...] por ende ordenamos y mandamos [...] que de aquí en adelante no se haga de ninguna manera.

Cortes de Soria (1380)

Enfrentamientos entre cristianos viejos y conversos en Córdoba

Y como en aquellas ciudades los príncipes don Fernando y doña Isabel fuesen muy amados, algunos que su servicio no deseaban procuraron meter gran cizaña entre cristianos viejos y nuevos; especialmente en la ciudad de Córdoba, donde entre ellos había gran enemistad y gran envidia, como los cristianos nuevos de aquella ciudad estuviesen muy ricos. [...]

Y así por todas las calles de la ciudad comenzó gran pelea entre los cristianos viejos y los nuevos. [...] Y así todas las casas de los conversos, y algunas de los cristianos viejos, fueron quemadas y puestas a robo, y hubo muchos muertos, y muchas vírgenes corrompidas y matronas deshonradas [...]. Y fue hecho pregón por la ciudad que todos los conversos fuesen siempre privados de los oficios públicos de ella.

Crónica de Enrique IV (1474)

Orden de los Reyes Católicos para que los judíos salgan de sus reinos (31 de marzo de 1492)

Don Fernando y doña Isabel [...] acordamos mandar que salgan todos los dichos judíos y judías de nuestros reinos y que jamás regresen ni vuelvan a ellos ni a algunos de ellos. Y sobre ello mandamos dar esta carta nuestra, por la cual mandamos a todos los judíos y judías de cualquier edad que sean que viven y moran y están en dichos reinos nuestros y señoríos, así los naturales de ellos como los no naturales, que en cualquier manera y por cualquier causa hayan venido y estén en ellos, que hasta el fin del mes de julio que viene de este presente año, salgan de todos los dichos reinos nuestros y señoríos con sus hijos e hijas, criados y criadas y familiares judíos, así grandes como pequeños, de cualquier edad que sean, y no osen regresar a ellos ni estar en ellos ni en parte alguna de ellos de vivienda ni de paso ni en otra manera alguna so pena que si no lo hiciesen y cumpliesen así y fueren hallados en los dichos reinos nuestros y señoríos y venir a ellos en cualquier manera, incurran en pena de muerte y confiscación de todos sus bienes para nuestra Cámara y Fisco [...].

Las cortes aprueban normas muy restrictivas contra los judíos y al final los monarcas deciden la expulsión de todos los judíos de sus reinos (1492) para así impedir definitivamente todo contacto entre judíos y cristianos. Muchos emigran a Portugal, de donde se decreta también la expulsión en 1497, y se crean importantes colonias de judíos sefardíes en Marruecos, Italia, Flandes y, en especial, el Imperio otomano, donde el sultán Bayaced II favorece su asentamiento.

La edad moderna

1500-1800

Centro histórico colonial de la ciudad de **Cuzco**, en Perú.

La **Puerta de Alcalá**, en Madrid, construida por iniciativa de Carlos III y diseñada por el arquitecto italiano Francesco Sabatini (1778)

CRONOLOGÍA DE 1500 A 1650

	Monarquía Hispánica		Contexto mundial
	1500		**1500**
1502	Obligación del bautismo a los mudéjares de Castilla	**1500**	El portugués Pedro Álvares Cabral llega a Brasil
1503	Casa de Contratación de Indias, en Sevilla		
1512-1515	Anexión de Navarra a Castilla, aunque mantiene sus instituciones y fueros		
1516-1556	Reinado de Carlos I de Habsburgo, nieto de los Reyes Católicos	**1517**	Lutero expone sus 95 tesis contra las indulgencias: inicio de la Reforma protestante
1519	Carlos I se convierte en emperador del Sacro Imperio Romano Germánico (Carlos Quinto)		
1519	El pirata turco Barbarroja derrota las tropas de Carlos I en Argel		
1519-1521	Hernán Cortés conquista el Imperio azteca		
1519-1522	Primer viaje de circunnavegación de Magallanes y Elcano		
1520-1522	Sublevación y derrota de las Comunidades de Castilla	**1520-1566**	Solimán el Magnífico, sultán otomano
1521-1523	Sublevación y derrota de las Germanías de Valencia y Mallorca		
1524	Creación del consejo de Indias, asesor del rey en el gobierno de América		
	1525		**1525**
1525	Batalla de Pavía: Carlos Quinto derrota a Francisco I de Francia		
1526	Tratado de Madrid: Carlos Quinto obtiene derechos sobre el Milanesado		
1527	Saco de Roma: las tropas de Carlos Quinto invaden y saquean la ciudad	**1529**	Los otomanos asedian Viena
1531-1537	Francisco Pizarro conquista el Imperio inca	**1534**	Enrique VIII de Inglaterra rompe con Roma y se proclama jefe de la Iglesia anglicana
1535	Creación del virreinato de Nueva España (América Central y del Norte)		
1542	Creación del virreinato del Perú (parte castellana de América del Sur)	**1545-1563**	Concilio de Trento. La Contrarreforma
1547	Batalla de Mühlberg: victoria de Carlos Quinto sobre los príncipes protestantes		
	1550		**1550**
		1555	Paz de Augsburgo: Carlos Quinto acepta el protestantismo de los nobles alemanes
1556	Carlos I abdica: deja Castilla, Corona de Aragón, Flandes e Italia a su hijo Felipe, y el patrimonio de la casa de Habsburgo a su hermano Fernando (emperador)		
1556-1598	Reinado de Felipe II		
1561	La corte se traslada de Toledo a Madrid		
1557	Batalla de San Quintín: Felipe II vence a los franceses		
1565-1571	Conquista de las Filipinas	**1562-1598**	Guerras de religión de Francia

CRONOLOGÍA DE 1500 A 1650

Monarquía Hispánica

1566 Sublevación de Flandes, combatida por el duque de Alba

1568-1571 Sublevación de la población morisca de Las Alpujarras y posterior diseminación por Castilla

1569 Enfrentamiento entre Felipe II y las cortes catalanas por la negativa de estas a pagar el impuesto del excusado

1571 Batalla de Lepanto: victoria sobre los turcos. Freno a la expansión otomana en el Mediterráneo occidental

1571-1572 Rebelión de Túpac Amaru en Perú

1575

1579 Unión (católica) de Arras y Unión (protestante) de Utrecht: nacimiento de las Provincias Unidas

1580 Felipe II se anexiona Portugal, aunque mantiene sus instituciones

1581 Independencia de las Provincias Unidas (Flandes), reconocida en 1648

1588 Fracaso de la Armada Invencible, enviada contra Inglaterra

1590-1592 Alteraciones de Aragón: enfrentamiento entre el justicia de Aragón (acoge a Antonio Pérez, huido de Castilla), en defensa de los fueros, y el rey

1598-1621 Reinado de Felipe III

1599-1618 Gobierno del duque de Lerma

1600

1609 Expulsión de los moriscos

1621-1665 Reinado de Felipe IV

1621-1648 Gobierno del conde-duque de Olivares

1624 Proyecto de Unión de Armas

1625

1627 Bancarrota de la hacienda real

1635-1659 Guerra contra Francia

1639 Derrota de la flota española a manos de la neerlandesa en el canal de la Mancha

1640-1668 Guerra de separación (o de Restauración) de Portugal, que se independiza

1640-1652 Guerra de separación (o de los Segadores) de Cataluña, que se une a Francia para volver a la situación anterior en 1652

1641 Intento de secesión de Andalucía protagonizado por la alta nobleza

1643 Batalla de Rocroi: derrota ante Francia

Contexto mundial

1566 Los otomanos invaden Hungría

1571 Inauguración de la Bolsa de Londres

1575

1578 Derrota y muerte del rey Sebastián I de Portugal en Alcazarquivir (Marruecos)

1589 Francia: Enrique IV (III de Navarra), primer rey de la casa de Borbón

1598 Francia: edicto de Nantes por el que se decreta la libertad de culto de los protestantes

1600

1600 Fundación de la Compañía inglesa de las Indias orientales

1618-1648 Guerra de los Treinta años

1624-1642 Francia: gobierno del cardenal Richelieu

1625

1642-1689 Revolución en Inglaterra

1643-1715 Francia: reinado de Luis XIV, el rey Sol

1644 Paz de Westfalia

1644-1911 China: dinastía manchú de los Qing

Monarquía Hispánica

1650

1659 Tratado de los Pirineos: el Rosellón y parte de la Cerdaña pasan a Francia

1665-1700 Reinado de Carlos II

1665-1675 Regencia de Mariana de Austria durante la minoría de edad del rey

1667-1668 Guerra de Devolución con Francia, que pasa a dominar parte de los Países Bajos españoles

1668 Tratado de Lisboa: se reconoce la independencia de Portugal

1675

1678 Tratado de Nimega: cesión del Franco Condado a Francia

1697 Ocupación de la última ciudad maya, Tayasal, capital de los mayas itzá y zacpetén

1700

1700-1746 Reinado de Felipe V, nieto de Luis XIV de Francia. Primer monarca de la casa de Borbón

1701-1714 Guerra de Sucesión

1701 Austria rechaza el testamento de Carlos II y recibe el apoyo de Inglaterra y Países Bajos (1702), Saboya y Portugal (1703)

1703-1715 Reinado del archiduque Carlos durante la guerra (Carlos III)

1705 Pacto de Génova entre Cataluña e Inglaterra

1707 Batalla de Almansa: victoria de Felipe V y ocupación del Reino de Valencia, favorable al archiduque Carlos

1707-1716 Supresión de las leyes e instituciones de Aragón, Valencia y Cataluña e implantación de las de Castilla

1713 España otorga a un navío británico el permiso para comerciar entre Gran Bretaña y América

1713-1714 Tratados de Utrecht y Rastatt: se reconoce a Felipe V como rey; las posesiones italianas y de Europa central pasan a la casa de Austria

1713 Gibraltar se cede a Gran Bretaña

1712-1802 Menorca: dominio británico (con periodos de dominio francés)

1714 Sitio y toma de Barcelona por las tropas francesas y castellanas de Felipe V

1715 Toma de Mallorca por las tropas de Felipe V

Contexto mundial

1650

1665 Asentamiento de los franceses en La Española

1674 Países Bajos cede sus colonias norteamericanas a Inglaterra

1675

1682 Fundación de Luisiana (colonia francesa)

1685 Francia: revocación del edicto de Nantes

1700

1703 Tratado de Methuen: vinculación comercial de Portugal a Inglaterra

1707 Unión de Escocia e Inglaterra (Gran Bretaña)

1710 Argelia se independiza del Imperio otomano

1711 El archiduque Carlos se convierte en emperador de Austria

	España
1717	Virreinato de Nueva Granada (actuales Colombia, Ecuador y Venezuela), disgregado del del Perú (suprimido en 1723 y vuelto a crear en 1739)
1717	El monopolio comercial con América se efectúa desde Cádiz
1718	Machinada: revuelta popular en el País Vasco
1724	Reinado de Luis I (enero-agosto)
	1725
1733-1761	Pactos de familia con los Borbones franceses
1746-1759	Reinado de Fernando VI
1749	Se fijan las atribuciones de los intendentes (recauda tributos y propone reformas económicas)
	1750
1759-1788	Reinado de Carlos III
1760-1789	Pedro Rodríguez de Campomanes, ministro de Hacienda
1765 y 1778	Decretos de libertad comercial: fin del monopolio gaditano del comercio americano
1766	Motín de Esquilache en Madrid, tras una crisis de subsistencias
1767	Expulsión de la Compañía de Jesús
	1775
1776	Virreinato del Río de la Plata (actuales Argentina, Bolivia, Paraguay, Uruguay), disgregado del del Perú
1777-1792	José Moñino, conde de Floridablanca, primer ministro
1780	Perú: levantamiento de Gabriel Condorcanqui (Túpac Amaru II)
1781	Insurrección de los comuneros de Nueva Granada
1782	Puesta en circulación de vales reales y creación del Banco de San Carlos
1788-1808	Reinado de Carlos IV
1789	«Rebomboris» (alborotos) del pan en Cataluña a consecuencia de una carestía de alimentos
1792	Conde de Aranda, primer ministro
1792-1798	Manuel Godoy, primer ministro
1793	Se declara la guerra contra la República Francesa
1795	Tratado de Basilea, paz con la República Francesa
1796	Tratado de San Ildefonso con Francia para detener el dominio marítimo británico
1796	Libertad de comercio en las colonias
1799	México: conspiración de los Machetes contra la autoridad virreinal

	Contexto mundial
1718	Colonos franceses fundan Nueva Orleans
1718	Los otomanos pierden Belgrado, que pasa a Austria
	1725
1740-1786	Prusia: reinado de Federico II
1748	Tratato de Aquisgrán: fin de la guerra de sucesión de Austria
	1750
1750-1777	Portugal: gobierno despótico ilustrado del marqués de Pombal
1763	Francia pierde la mayor parte de su imperio colonial en provecho de Gran Bretaña
1768-1774	Guerra ruso-otomana: derrota e inicio del declive del Imperio otomano
1772	Primer reparto de Polonia
	1775
1775-1783	Guerra de independencia de Estados Unidos
1776	Declaración de independencia de Estados Unidos
1789	Revolución francesa
1791-1802	Revueltas en Haití
1792	Francia: proclamación de la república
1793	Francia: ejecución de Luis XVI
1799	Francia: golpe de estado de Brumario y acceso al poder de Napoleón

EL DESCUBRIMIENTO DE AMÉRICA (1492-1550)

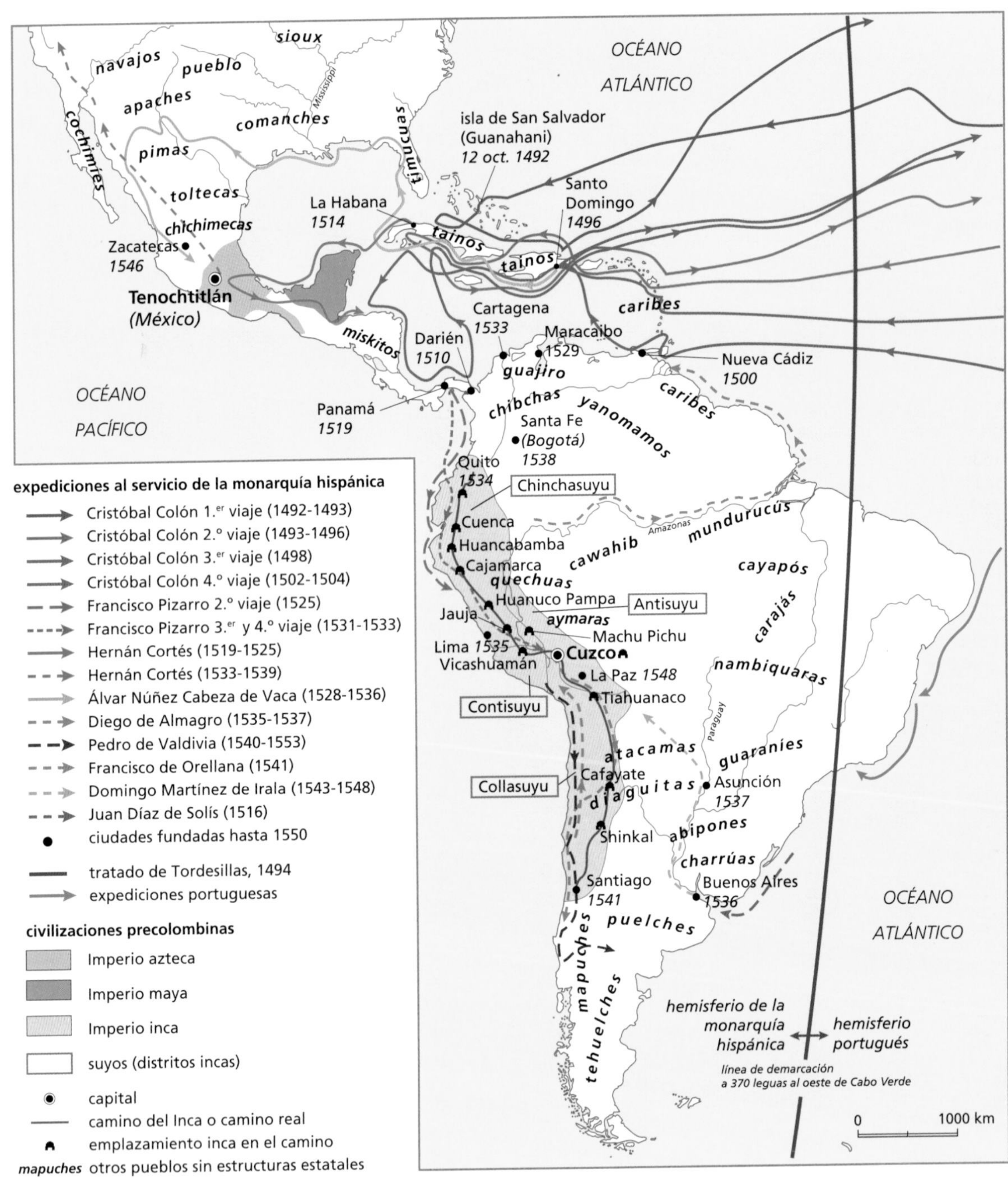

El descubrimiento de América. A lo largo del siglo XV, Portugal, de la mano del príncipe Enrique el Navegante y de los reyes Alfonso V y Juan II, tiene como objetivo conseguir una ruta marítima directa por el Atlántico hacia el mercado de especias de Asia, alternativa a la tradicional marítima y terrestre a través del Mediterráneo oriental, ahora en manos otomanas. Cristóbal Colón, un navegante de origen controvertido y grandes conocimientos geográficos, presenta a los Reyes Católicos un proyecto que antes había rechazado Portugal: llegar a Asia avanzando hacia el oeste, según la teoría de la redondez de la Tierra. Los reyes aceptan financiar la aventura de Colón. El 12 de octubre de 1492, tres meses después de haber partido de Palos, Colón desembarca en unas lejanas tierras situadas al oeste de Europa: América, un continente desconocido por los europeos. Aunque los vikingos ya habían explorado anteriormente zonas de América del Norte, a partir de Colón que se establece una conexión real entre los dos continentes, un acontecimiento que cambia radicalmente la historia de la humanidad.
La primera expedición de Colón alcanza tierra en una isla de las Bahamas. El mismo Colón realiza

tres viajes más a esas tierras hasta 1502, y murió convencido de haber llegado a Asia. Desde entonces, llegan a América miles de colonizadores y militares castellanos, puesto que el dominio de los territorios descubiertos queda reservado a los súbditos de Castilla. Ávidos de riqueza y gloria, y gracias a su aplastante superioridad militar, se apoderan con facilidad de unos territorios en los que no existen estructuras estatales. Las únicas excepciones son el Imperio azteca, que conquista Hernán Cortés en 1519, el Imperio maya, dominado entre 1525 y 1536, y el Imperio inca, sometido por Francisco de Pizarro en 1532. Los Reyes Católicos obtienen del papa Alejandro VI el derecho a colonizar los nuevos territorios, pero, para respetar los derechos portugueses sobre Cabo Verde o las Azores, el tratado de Tordesillas de 1494 sitúa un límite entre la zona de dominio de los reyes de Portugal y la de la monarquía hispánica, un acuerdo que deja Brasil en la órbita portuguesa.

La explotación y colonización de América proporciona grandes riquezas, especialmente nuevos productos agrícolas (patata, maíz, tomate, cacao, tabaco...) e inmensas cantidades de oro y plata (se calcula que hasta mediados del siglo XVII llegaron a Europa unas 180 toneladas de oro y unas 17000 de plata) que transforman en especial la economía de la Europa noroccidental, adonde eran enviadas por la monarquía hispánica para pagar sus deudas.

Desde el punto de vista americano, la perspectiva es muy distinta. Los conquistadores imponen a sus habitantes la religión católica y la lengua castellana y una forma de gobierno a semejanza de la de Castilla, con los virreyes en la cima del poder. Los indios son forzados a trabajar en las minas o en las plantaciones agrícolas.

La explotación que sufren, unida a las persecuciones y al impacto de enfermedades que traen los colonizadores (viruela, sarampión, tifus...), causa una catástrofe demográfica.

La llegada a América

El almirante llamó a los dos capitanes y a los demás que saltaron en tierra, y a Rodrigo de Escobedo, escribano de toda la armada, y a Rodrigo Sánchez de Segovia, y dijo que le diesen por fe y testimonio como él por ante todos tomaba, como de hecho tomó, posesión de la dicha Isla por el Rey y por la Reina sus señores [...]. Luego se juntó allí mucha gente de la Isla. Esto que se sigue son palabras formales del almirante, en su libro de su primera navegación y descubrimiento de estas Indias: «Yo (dice él), porque nos tuviesen mucha amistad, porque conocí que era gente que mejor se libraría y convertiría a Nuestra Santa Fe con Amor que no por fuerza, les di a algunos de ellos unos bonetes colorados y unas cuentas de vidrio que se ponían en el pescuezo, y otras cosas muchas de poco valor, con que tuvieron mucho placer [...]. Los cuales después venían a las barcas de los navíos adonde nos estábamos, nadando. Y nos traían papagayos e hilo de algodón en ovillos y azagayas [...] Mas me pareció que era gente muy pobre de todo. Ellos andan todos desnudos como su madre los parió. [...] Ellos no traen armas ni las conocen, porque les mostré espadas y las tomaban por el filo, y se cortaban con ignorancia. No tienen algún hierro. Sus azagayas son unas varas sin hierro [...] Y creo que ligeramente se harían cristianos, que me pareció que ninguna secta tenían».

Cristóbal Colón, *Diario* (11 de octubre de 1492)

La situación de la población americana

En la isla Española [...] comenzando los cristianos a tomar las mujeres e hijos a los indios para servirse y para usar mal de ellos y comerles sus comidas, [...] no contentándose con lo que los indios les daban de su grado, conforme a la facultad que cada uno tenía [...] y otras muchas fuerzas y violencias y vejaciones que les hacían, comenzaron a entender los indios que aquellos hombres no debían de haber venido del cielo; y algunos escondían sus comidas; otros sus mujeres e hijos; otros huían a los montes. [...] si su Majestad con tiempo no lo manda remediar [...] se acabará en poco de tiempo que no haya indios ningunos para sostener la tierra y quedará toda yerma y despoblada. [...] Y para que más compasión cualquiera cristiano haya de aquellas inocentes naciones y de su perdición y condenación más se duela, y más culpe y abomine y deteste la codicia y ambición y crueldad de los españoles, tengan todos por verdadera esta verdad, con las que arriba he afirmado: que después que se descubrieron las Indias hasta hoy, nunca en ninguna parte de ellas los indios hicieron mal a cristiano, sin que primero hubiesen recibido males y robos y traiciones de ellos. Antes siempre los estimaban por inmortales y venidos del cielo, y como a tales los recibían, hasta que sus obras testificaban quiénes eran y qué pretendían.

Bartolomé de las Casas, *Brevísima relación de la destrucción de las Indias* (mediados del siglo XVI)

EL DOMINIO AMERICANO: LOS VIRREINATOS (DEL SIGLO XVI AL XVIII)

El dominio americano: los virreinatos. Las leyes de Burgos de 1512 son la primera normativa aprobada por la monarquía hispánica sobre el gobierno de América. En 1523 Carlos I, nieto de los Reyes Católicos, crea el Consejo de Indias para coordinar, desde la corte, la colonización de América y la actividad de la Casa de Contratación de Sevilla, que controla todas las relaciones comerciales entre América y la península con el objetivo de evitar la presencia de navegantes de otros reinos. En América, la máxima autoridad es el virrey, como representante personal del monarca. El virreinato surge, con la unión dinástica de los reinos peninsulares, de la necesidad de cubrir el absentismo del monarca, que reside en Castilla. En la Corona de Aragón o en Navarra, el virrey tenía limitadas sus atribuciones por las leyes de esos territorios, pero en América ejercía un poder casi absoluto. Los Reyes Católicos otorgan a Cristóbal Colón y a sus sucesores el cargo de virrey de los territorios descubiertos, pero en 1537 el nieto de Colón renuncia al título de virrey y la monarquía divide América en dos virreinatos: el de Nueva España, creado en 1535, y el de Perú, de 1543. De este último se disgregan en el siglo XVIII Nueva Granada y Río de la Plata. Los primeros virreyes, miembros de la nobleza española cercana al monarca, son a la vez gobernadores, capitanes generales, presidentes de la Audiencia y administradores de la hacienda pública. En el siglo XVIII, con los Borbones, pasan a ser funcionarios de carrera llegados de España. Mientras, la elite de los criollos, hijos de españoles pero ya nacidos en América, pese a disfrutar de la preeminencia económica lograda con el control de la actividad comercial y las explotaciones agrícolas, son apartados de los cargos públicos. Además, el sistema de comercio en monopolio con España excluye a mercados con más potencial, como Inglaterra. Ante esta situación, el contrabando o la corrupción son habituales, a la vez que se lucha por el libre comercio (no obtenido hasta 1778). Por todo ello, los criollos se alejan progresivamente de los asuntos de la metrópoli y finalmente, en el contexto propicio de las guerras de independencia del siglo XIX, además de detentar el poder económico consiguen el político. Una de las más importantes atribuciones de los virreyes es la concesión de las encomiendas, una prestación que los indios debían pagar a un colonizador o encomendero en forma de trabajo personal o tributo a cambio de su protección y evangelización. Esta figura, esencial en la estructura económica de la América colonial, no deja de ser un equivalente a la prestación personal del feudalismo europeo. La aprobación de las Leyes Nuevas (1542) suprime la encomienda, aunque las condiciones de los indios no cambiaron sustancialmente. Sobre todo en el Caribe, donde los indios son exterminados, las plantaciones agrícolas se explotan con esclavos llegados de África. En la cuenca del Paraná, entre otros lugares, la Compañía de Jesús aplicó un tipo específico de misión evangelizadora, respetuosa con la lengua autóctona, el guaraní, y adaptada a las creencias indígenas. Estas comunidades no estaban sometidas a la encomienda, y prosperaron económicamente. Las reducciones desaparecieron con la expulsión de los jesuitas de España, en 1767.

El decreto de libre comercio de 1772

Como desde mi exaltación al Trono de España fue siempre el primer objeto de mis atenciones y cuidados la felicidad de mis amados Vasallos de estos Reinos y los de Indias [...] Y considerando Yo (Carlos III) que solo un Comercio libre y protegido entre Españoles Europeos, y Americanos, puede restablecer en mis Dominios la Agricultura, la Industria, y la Población a su antiguo vigor [...] he mandado formar un Reglamento [...] con el fin útil de que en la presente Real Cédula se hallen unidas todas las reglas que se deben observar para la libre navegación a las Indias. [...] Todas las Naves que se destinaren a este Comercio han de pertenecer enteramente a mis Vasallos, sin participación alguna de extranjeros [...].

Reglamento y aranceles reales para el comercio libre de España a Indias, 12 de octubre de 1778

El trabajo personal de los indios

[...] ha sido común en toda la provincia y particularmente en estas dos gobernaciones de Tucumán y Paraguay el padecer [...] muy graves persecuciones por la verdad y justicia, defendiendo con más fervor que nunca la libertad de los indios y apoyando con sermones, pareceres y en pláticas particulares la mucha justificación con que la majestad del Rey católico, nuestro señor manda quitar el servicio personal y desagraviar a los indios cristianos para que ellos vivan como tales y los infieles se reduzcan a la fe y reciban el Evangelio. [...] en ellos ha querido la divina bondad aventajar a los nuestros, haciéndoles el demonio más cruel guerra, como si le fuesen los principales enemigos, mirándoles y tratándoles como a tales los principales interesados en este negocio [los encomenderos], y no sólo negando las cortas limosnas que solían hacer, sino estorbando a los pocos que las han querido hacer y aún enojo [de] los sermones y misas de los nuestros, los cuales dicen han sido la principal causa de que se quite el servicio personal, y aunque de los trabajos, testimonios y persecuciones que en todas partes se han padecido pudiera decir mucho, lo dejo porque no es posible decirlo sin descubrir faltas de nuestros prójimos, si bien es verdad que acá son comunes, públicas y generales, y rarísimos los que no nos ejerciten en cuanto pueden... Lo primero para tratar de esto, [es] que el servicio personal es un modo de esclavitud que en los indios impusieron contra la voluntad de los reyes de España los conquistadores primeros, sirviéndose de ellos y de sus mujeres e hijos, desde que saben andar hasta que mueren y aprovechándose de ellos en cuantos ministerios y granjerías ha podido inventar el demonio.

Texto del sacerdote jesuita Diego de Torres Bollo, 1610

LA EXPANSIÓN POR OCEANÍA (1520-1600)

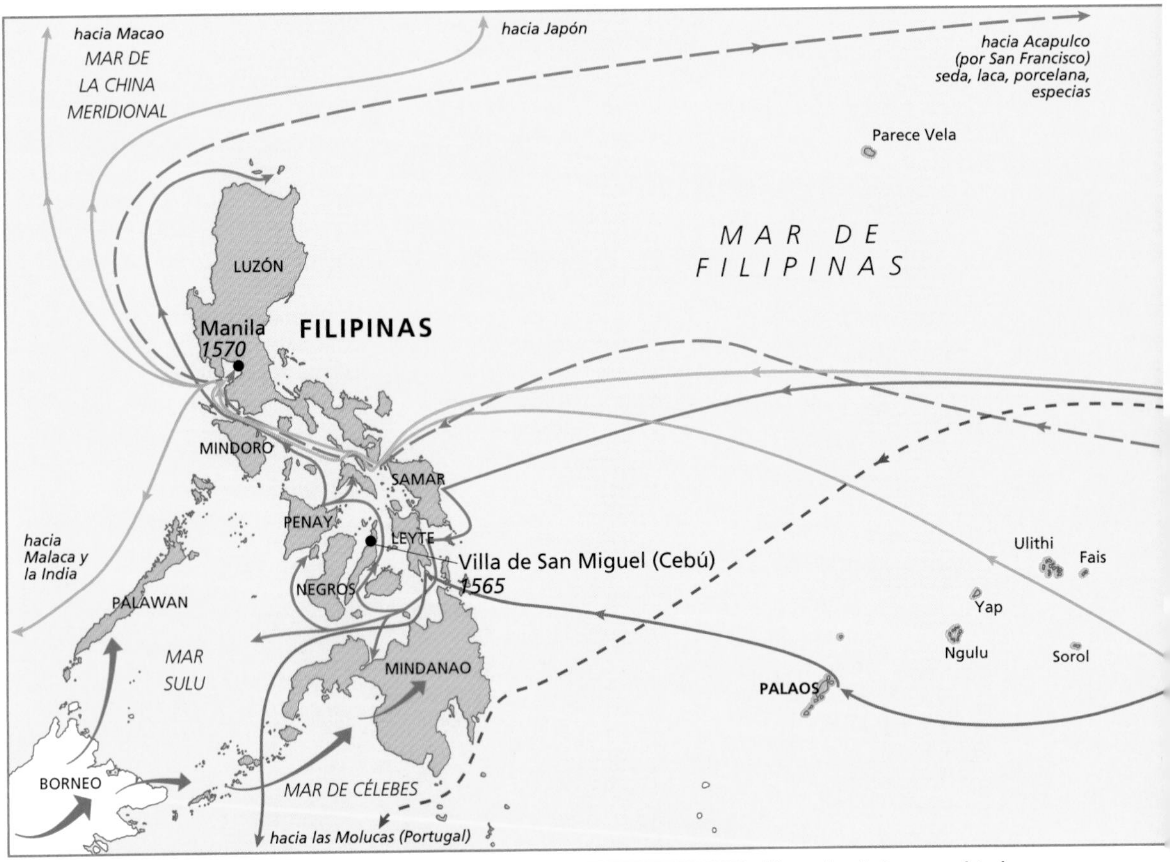

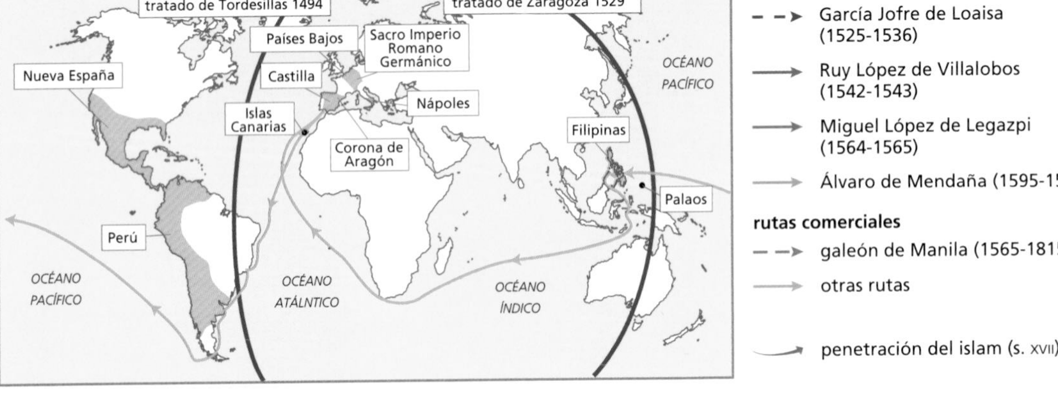

itinerarios de los conquistadores

- García Jofre de Loaisa (1525-1536)
- Ruy López de Villalobos (1542-1543)
- Miguel López de Legazpi (1564-1565)
- Álvaro de Mendaña (1595-1596)

rutas comerciales

- galeón de Manila (1565-1815)
- otras rutas
- penetración del islam (s. XVII)

- posesiones de Carlos I (1516-1558)
- itinerario de Fernando de Magallanes y Juan Sebastián Elcano (1519-1522)

La expansión por Oceanía. A mediados del siglo XVI, después del descubrimiento de América, cuya explotación queda de momento bajo el control exclusivo de castellanos y portugueses, las economías europeas se lanzan a la exploración del océano Pacífico, el llamado Mar del Sur. Uno de los objetivos es establecer un contacto directo con los preciados mercados de las especias de las Molucas y la seda de China. Lo hacen primero desde la península, y más tarde desde las colonias americanas. De hecho, el objetivo es llegar adonde Cristóbal Colón quería, es decir, Asia, navegando todavía más hacia el oeste. Por este motivo, la monarquía hispánica tendrá un gran protagonismo en la exploración del Pacífico. Sobresale entre todas la expedición que completa la primera circunnavegación del mundo. Al mando del portugués Fernando de Magallanes, al servicio de Carlos I, zarpa de Sevilla en agosto de 1519. Tras doblar por el sur el continente americano y cruzar el Pacífico, Magallanes muere en Filipinas, pero Juan Sebastián Elcano completa el periplo al llegar a Sevilla en 1522. Como sucede en América, la exploración del Pacífico enfrenta a la monarquía hispánica y Portugal, que en 1529 fijan sus áreas de influencia

mediante el tratado de Zaragoza, que deja las preciadas islas Molucas bajo órbita portuguesa. En 1543, Ruy López de Villalobos llega a las Filipinas, que llama así en honor del primogénito de Carlos I, el futuro Felipe II. A pesar de encontrarse en el área portuguesa del mundo, Miguel López de Legazpi consolida la presencia castellana y funda en 1570 en este archipiélago la ciudad de Manila en un enclave musulmán, fruto de la expansión oriental, entre 1300 y 1600, del islam, que era ya entonces un activo centro de intercambio de mercaderes chinos, hindúes, malayos y árabes. Fue también el lugar de destino del galeón de Manila, el periplo comercial que realiza una flota entre Acapulco y Manila. Lleva a Filipinas plata y regresa a Acapulco cargada de especias y manufacturas chinas. Pese a su importancia comercial, el número de colonos en Filipinas fue escaso. Además del archipiélago filipino, otras islas del Pacífico pasaron a dominio castellano en el transcurso del siglo XVI, entre ellas las Carolinas y las Marianas. La colonización fue siempre superficial, primero con una voluntad evangelizadora y después más comercial, aunque sin llegar a ser explotadas regularmente. Si a finales del siglo XVI el Imperio hispánico llega a su máxima expansión, y por ello Felipe II, que fue asimismo soberano de Portugal y su imperio, pronuncia la célebre frase «en mis dominios nunca se pone el Sol», a partir del XVII las economías, mucho más dinámicas comercialmente, de la Europa noroccidental dejan a España en una posición marginal. Finalmente, las colonias del Pacífico occidental se perderán en el siglo XIX por venta a Alemania, en el caso de las Carolinas y las Marianas, o, en el caso de las Filipinas, por salir derrotadas las tropas españolas ante los insurgentes tagalos, hábilmente apoyados por Estados Unidos.

Nombramiento del gobernador de las islas Molucas

Por cuanto Nos mandamos ir al presente una armada a la continuación y contratación de la especiería a las nuestras islas de Maluco, donde habemos mandado que se haga el asiento y casas de contratación [...].
Fray García de Loaísa, comendador de la orden de S. Juan, [...] es nuestra merced y voluntad de vos nombrar, y por la presente vos nombramos por nuestro capitán general de la dicha armada, desde que con la bendición de nuestro Señor se haga a la vela en la ciudad de La Coruña, hasta llegar a las dichas islas, porque a la vuelta que venga la dicha armada ha de venir por nuestro capitán general de ella la persona que por Nos fuere mandado, y vos habéis de quedar en las dichas islas para tener la gobernación de ellas: y asimismo vos nombramos por nuestro gobernador y capitán general de las dichas islas del Maluco, y hayáis y tengáis la nuestra justicia civil y criminal en la dicha armada, y en las dichas islas y tierras de Maluco, así de naturales de ellas, como de otras cualesquier personas, así de nuestros reinos y señoríos, como de fuera de ellos.

Carlos I (abril de 1525)

Diario de la circunnavegación del mundo

6 de septiembre de 1522. Llegamos diez y ocho a Sanlúcar gracias a la Providencia, entramos el sábado 6 de septiembre en la bahía de Sanlúcar, y de sesenta hombres que componían la tripulación cuando salimos de las islas Malucco, no quedábamos más que dieciocho, la mayor parte enfermos. Los demás, unos se escaparon a la isla de Timor, otros fueron condenados a muerte por los crímenes que cometieron, y otros, en fin, perecieron de hambre. Longitud del viaje, desde nuestra salida de la bahía de Sanlúcar hasta el regreso. Calculamos que recorrimos más de catorce mil cuatrocientas sesenta leguas, dando la completa vuelta al mundo, navegando siempre del este al oeste.

8 y 9 de septiembre de 1522. Llegada a Sevilla
El lunes 8 de septiembre echamos anclas junto al muelle de Sevilla y disparamos toda la artillería. El martes saltamos todos a tierra, en camisa y descalzos, con un cirio en la mano, y fuimos a la iglesia de Nuestra Señora de la Victoria y a la de Santa María de la Antigua, como lo habíamos prometido en los momentos de angustia. Desde Sevilla fui a Valladolid, donde presenté a la sacra majestad de don Carlos V, no oro ni plata, sino algo más grato a sus ojos. Le ofrecí, entre otras cosas, un libro, escrito de mi mano, en el que día por día señalé todo lo que nos sucedió.

Antonio Pigafetta, *Primer viaje en torno al globo* (1519-1522)

LAS COMUNIDADES DE CASTILLA (1520-1522)

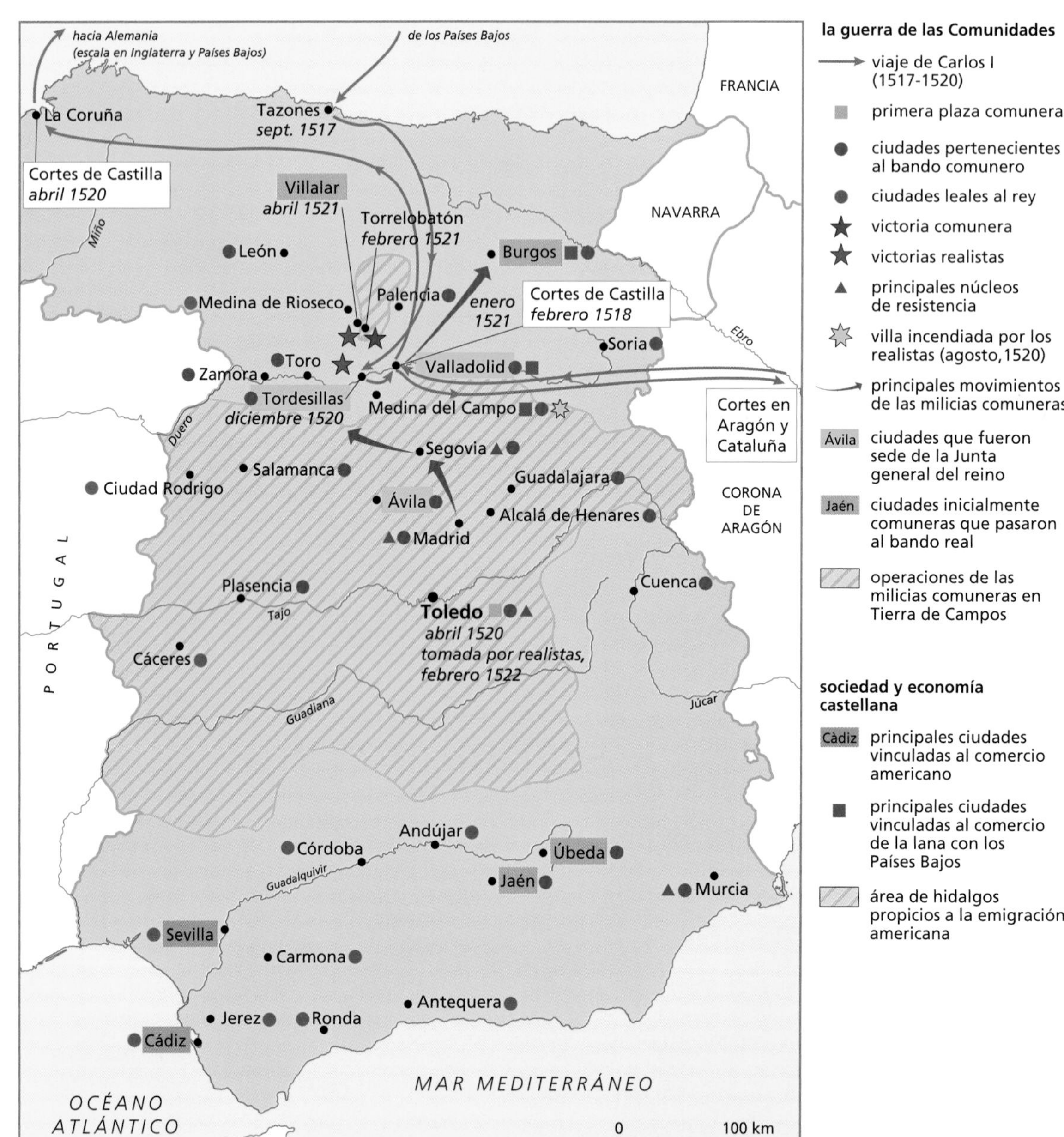

Las Comunidades de Castilla (1520-1522). Hijo de Juana la Loca y de Felipe el Hermoso y nieto de los Reyes Católicos, Carlos I es proclamado rey por las cortes de Castilla en Valladolid, en 1518. Educado en Flandes, llega a la península con una corte extranjera que desagrada a la hidalguía castellana. Por su herencia, Carlos es soberano de Castilla, la Corona de Aragón, Borgoña y la casa de Habsburgo, aunque incrementa todavía más su poder al convertirse en 1519 en emperador del Sacro Imperio Romano Germánico. Para satisfacer los gastos de la elección imperial, en 1520 decide reunir en Santiago de Compostela las cortes de Castilla y recaudar fondos. Ante la negativa de las ciudades castellanas, que desean más protagonismo político, exponen que el rey debe regir los destinos del país de acuerdo con sus súbditos y piden más protección para un sector manufacturero en alza, convoca de nuevo cortes en La Coruña. Lejos de una problemática meseta, se celebran en abril de 1520 y casi a la fuerza obtiene el deseado servicio. Emprende luego viaje hacia Alemania, dejando atrás un territorio que inicia una revuelta contra su rey, al desatender sus peticiones. En Toledo se forma una primera comunidad, cuya reivindicación acaba por convertirse en conflicto entre las clases medias urbanas (artesanos, mercaderes, hidalgos) y la monarquía. Enseguida se unen a ella otras ciudades castellanas, mientras que el movimiento en las zonas periféricas del reino es menor o nulo. Aliadas las ciudades sublevadas, se forma una Junta de Comunidades en Ávila, que recluta un ejército con el que defenderse de las tropas reales. Llega dicha milicia a Tordesillas y pide a la madre del rey, que se encuentra allí recluida, que se proclama soberana y encabece el movimiento, pero no quiere aceptar el envite y posicionarse contra su hijo. Mientras, la alta nobleza, dudosa al principio, permanece fiel al monarca, deseosa de mantener sus privilegios, sus señoríos y el negocio de la exportación de la lana, que marcha del país para ser manufacturada en Flandes o Italia. Prepara un ejército que consigue, en diciembre de 1520, que la milicia ciudadana tenga que dejar Tordesillas. La junta comunera instala entonces su cuartel general en Valladolid, y desde allí hostiga la ciudad de Burgos, que pasa a manos reales, y a toda la comarca de Tierra de Campos, y obtiene una victoria en la batalla de Torrelobatón, en febrero de 1521. Pero las fuerzas reales preparan un poderoso ejército que vence, en abril de 1521, a los comuneros en la batalla de Villalar, la más conocida de las del episodio. A partir de entonces las ciudades van cayendo a manos reales una tras otra, hasta la toma de Toledo, en febrero de 1522. Carlos I consolida definitivamente su soberanía y la alta nobleza su posición preeminente; los cabecillas del movimiento ciudadano, Juan Padilla, Juan Bravo y Francisco Maldonado, los más conocidos entre otros muchos, son ajusticiados; desde entonces las cortes pierden prerrogativas políticas para pasar a tratar solo la cuantía y oportunidad de los servicios solicitados para sufragar los monarcas. Castilla, en definitiva, deja paso a un futuro en el que dicha alta nobleza, amparada por la monarquía, acapara el poder social y político, mientras que la incipiente burguesía, que con la colonización americana y el incremento de las relaciones comerciales tiene una opción de iniciar una acumulación de capital parecida a la de otras zonas de Europa, entra en decadencia e intenta, como último remedio, detener su descenso con la compra de tierras y el afán de hidalguía.

La situación de Castilla en el siglo XVI

El comerciante, para probar la dulzura del beneficio seguro de los censos, deja su comercio, el artesano menosprecia su oficio, el labrador abandona el cultivo, el pastor su rebaño, el noble vende sus tierras para cambiar los centenares que estas le proporcionan por los cinco centenares del juramento [...]. Un hombre que trabaja tiene que bastarse él mismo, proveer el señor del dominio, el de la renta, el beneficio del diezmo, el preceptor del censo; todos los que tienen algo que reclamar [...] y la proporción entre las gentes que trabajan y las que nada hacen es de uno a treinta [...]. Los censos son disipadores de las propiedades, corruptores de la fuerza, destructores del tiempo, ahogan la virtud, se hacen dueños del vicio, son fuente de todo mal. Por ellos se pierde el labrador, se corrompe el noble, el caballero se desanima, el grande queda humillado y el reino sufre.

Martín González de Cellorigo, *Memorial de la política necesaria y útil restauración de España y estados de ella, y desempeño universal de estos reinos* (1600)

Las reivindicaciones de los comuneros

Que, en conformidad con las leyes y ordenanzas del reino y con las antiguas costumbres, Su Majestad no acuerda ni oficio ni beneficio ni mando ni pensión ni carga a los extranjeros, sino solo a los castellanos nacidos y residentes en el reino. (...)
Que de ningún modo se paga a los extranjeros tipo alguno de suma en sus reinos, ya que cada uno de los demás y principales posee su Estado, susceptible de mantener a sus connacionales; que Su Majestad empieza por atribuir las cargas y las pensiones de sus reinos a los castellanos antes de utilizarlas con algún otro fin. (...)
Que las ciudades que disponen de derecho de voto en Cortes tienen la posibilidad de reunirse cada vez que lo desean y como mínimo una vez al año. (...)
Prohibir la exportación de la lana reporta enormes ventajas a los habitantes de estos reinos (...).
Si no se exporta la lana se fabricarán en los propios lugares ropa (...).
Instrucciones de la Comunidad de Burgos enviadas a sus representantes en la Junta de Ávila, agosto de 1520

LAS GERMANÍAS VALENCIANAS Y MALLORQUINAS (1521-1523)

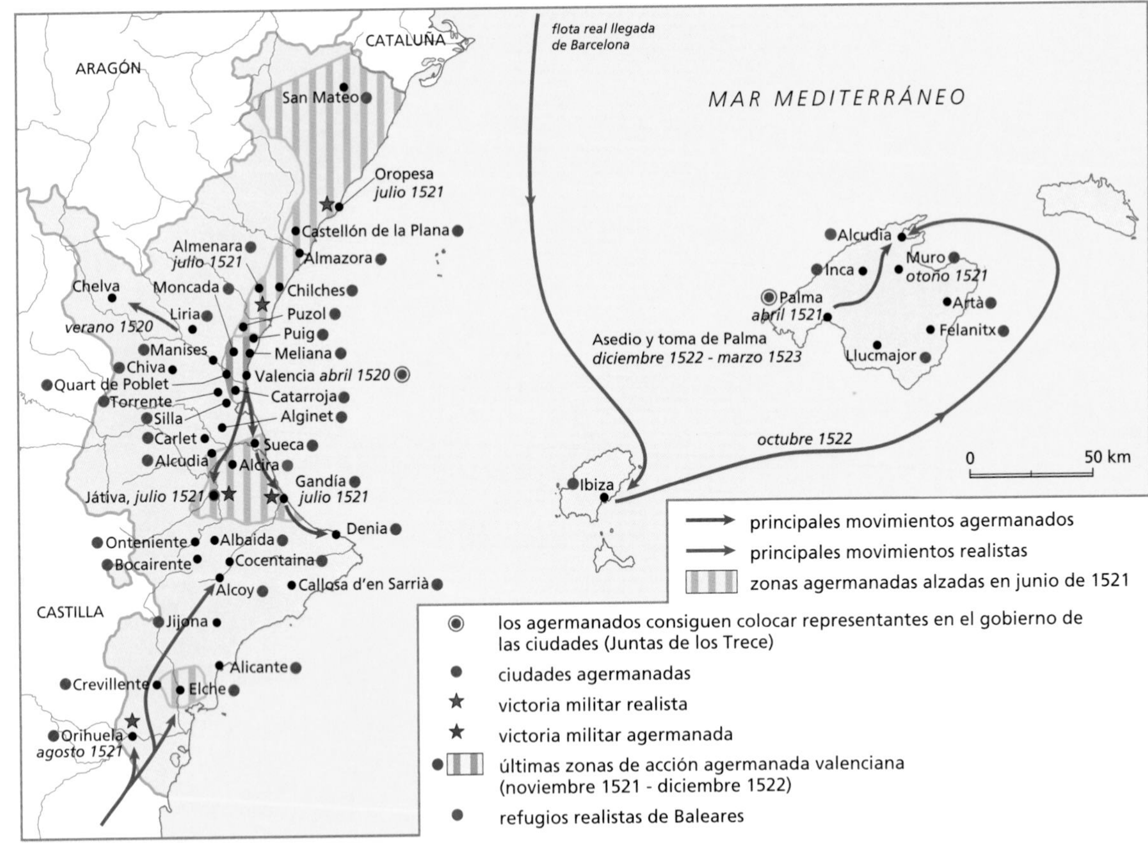

Las Germanías valencianas y mallorquinas. En el Reino de Valencia se produce, paralelamente a las Comunidades de Castilla, un episodio de características similares. Es protagonizado por los *agermanats* (pertenecientes a la *germania* o hermandad), representantes de las clases gremiales manufactureras y comerciales de los principales núcleos de población, seguidos a continuación por el campesinado de las tierras de la corona, cuyo objetivo es incrementar la participación popular en los asuntos públicos y mejorar los arrendamientos en el campo. La peste asuela en 1519 la ciudad de Valencia, centro urbano y comercial con gran empuje en el transcurso del siglo XV, y en verano de dicho año sus autoridades salen de ella para resguardarse en otras localidades. Los gremios, que obtienen el permiso de armarse contra las incursiones berberiscas, llenan el vacío de poder y forman en abril de 1520 una *Junta dels Tretze* (Junta de los Trece), de la que destaca Joan Llorenç, cuyo ideal para Valencia es un régimen comunal de estilo genovés o veneciano. El movimiento se radicaliza con alzamientos generalizados tanto en el norte como en el sur del territorio valenciano. Culminan en julio de 1521 con la victoria de las fuerzas agermanadas sobre la aristocracia en Gandía y Játiva, aunque en Oropesa, ese mismo mes, se imponen las tropas leales a la nobleza y el alto clero. Atajada la revuelta en el norte, en el sur adquiere un carácter resueltamente antiseñorial, que vuelve a repetirse durante la guerra de Sucesión, a principios del siglo XVIII. A la vez, es contrario a la presencia de los moriscos, que permanecen fieles a los nobles y estos los reclutan para combatir a los sublevados; por ello son denostados y bautizados a la fuerza por los agermanados. Finalmente, la potencia militar de la nobleza, apoyada por nobles procedentes de Castilla y Andalucía, se impone, y toma Valencia en octubre de 1521. Las bolsas de resistencia se apagan en diciembre de 1522, con la toma de Játiva y Alcira. Influida por los hechos de Valencia, se produce otra germanía en Mallorca, iniciada al formarse otra *Junta dels Tretze* en Palma, en 1521. El movimiento, también de marcado carácter antiseñorial, desborda la ciudad y diversas localidades foráneas se adhirieren a él, causando el repliegue aristocrático en Alcudia y en Ibiza. Es en esa isla donde se forma un ejército realista, llegados contingentes desde Barcelona, que ataca a Palma en octubre de 1522, aunque los agermanados logran repeler el ataque. A partir de diciembre, empieza un asedio sistemático de la ciudad, que acaba con su toma en marzo de 1523.

LA INQUISICIÓN (1478-1834)

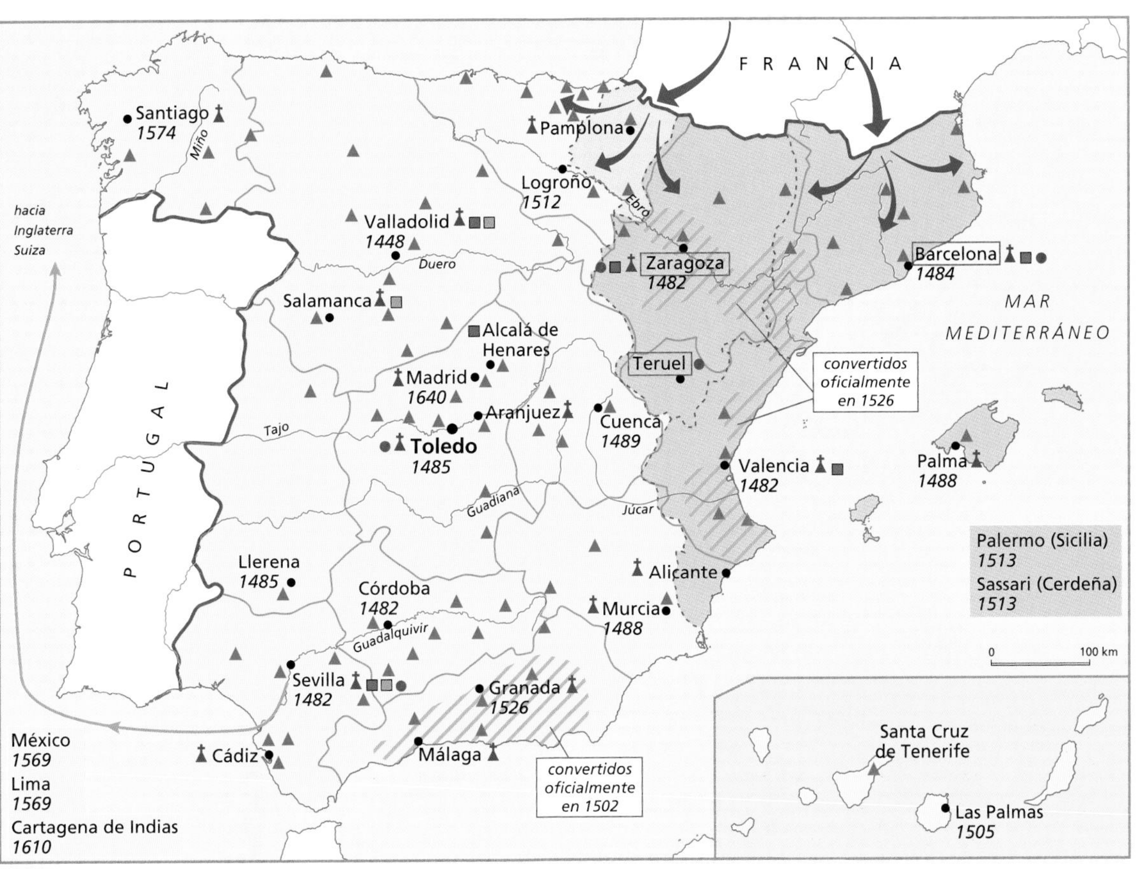

la Inquisición

- Granada *1526* — tribunales permanentes y fecha de constitución
- límite de distrito de la Inquisición
- ciudades que protestan contra la Inquisición
- Teruel — principales focos de resistencia
- principales centros de arte barroco
- establecimientos de los jesuitas (a partir de 1540)

la heterodoxia religiosa

- propagación de ideas calvinistas (hugonotes)
- núcleos de ideas erasmistas
- núcleos protestantes
- exilio de protestantes
- áreas de mayor concentración morisca

La Inquisición. El papado crea en el siglo XIII un tribunal, confiado a los dominicos, para luchar contra la herejía. Le permite al juez (inquisidor) buscar pruebas y perseguir al presunto delincuente sin previa denuncia. En el siglo XV pierde fuerza y se limita a velar por la fe y la moral. El órgano papal ejerce desde 1238 en la Corona de Aragón, pero a finales de la edad media es inoperante. Los Reyes Católicos, al obtener en 1478 de Sixto IV la autorización para crear una Inquisición autónoma, revitalizan la institución, convirtiéndola en una poderosa arma político-religiosa. Con el objetivo de dar cohesión social a sus estados a través de la unidad confesional, acaban con la coexistencia religiosa anterior (conquista del reino nazarí de Granada y expulsión de los judíos, 1492), pero los conversos, judíos o musulmanes mayoritariamente forzados a convertirse a la fe cristiana, ponen a menudo en cuestión la nueva situación. La Inquisición opera en Castilla desde 1480 y al año siguiente se celebra el primer auto de fe (ajusticiamiento en la hoguera). Se extiende a la Corona de Aragón, a pesar de la oposición que suscita, y todos los tribunales se supeditan al Consejo de la suprema y general Inquisición, dirigido por el inquisidor general: fray Tomás de Torquemada es el primero en ocupar el cargo, y su nombre queda como sinónimo de persecución religiosa. En el siglo XVI, la Inquisición mitiga su celo, en sintonía con el humanismo reinante, pero más tarde, asumida la fractura de la Reforma, con la Contrarreforma en marcha, persigue cualquier heterodoxia: iluminismo, erasmismo, luteranismo, calvinismo y también bigamia, blasfemia, homosexualidad, brujería, libros prohibidos, etc. El procedimiento es secreto, lo que, añadido a la expropiación de los bienes de los acusados, estimula las denuncias. El tribunal es mixto (religioso y civil) y se permite la tortura. La institución se implanta en América a finales del siglo XVI, pero por entonces el objetivo de la unidad de la fe está cumplido, y la Inquisición se centra en los delitos ideológicos o sexuales. En el siglo XVIII decae, aunque aún ataca a jansenistas e ilustrados, hasta que es abolida definitivamente en 1834. Es uno de los pilares sobre los que se forja la «leyenda negra» contra España en la edad moderna.

LOS DOMINIOS EN EUROPA (SIGLO XVI)

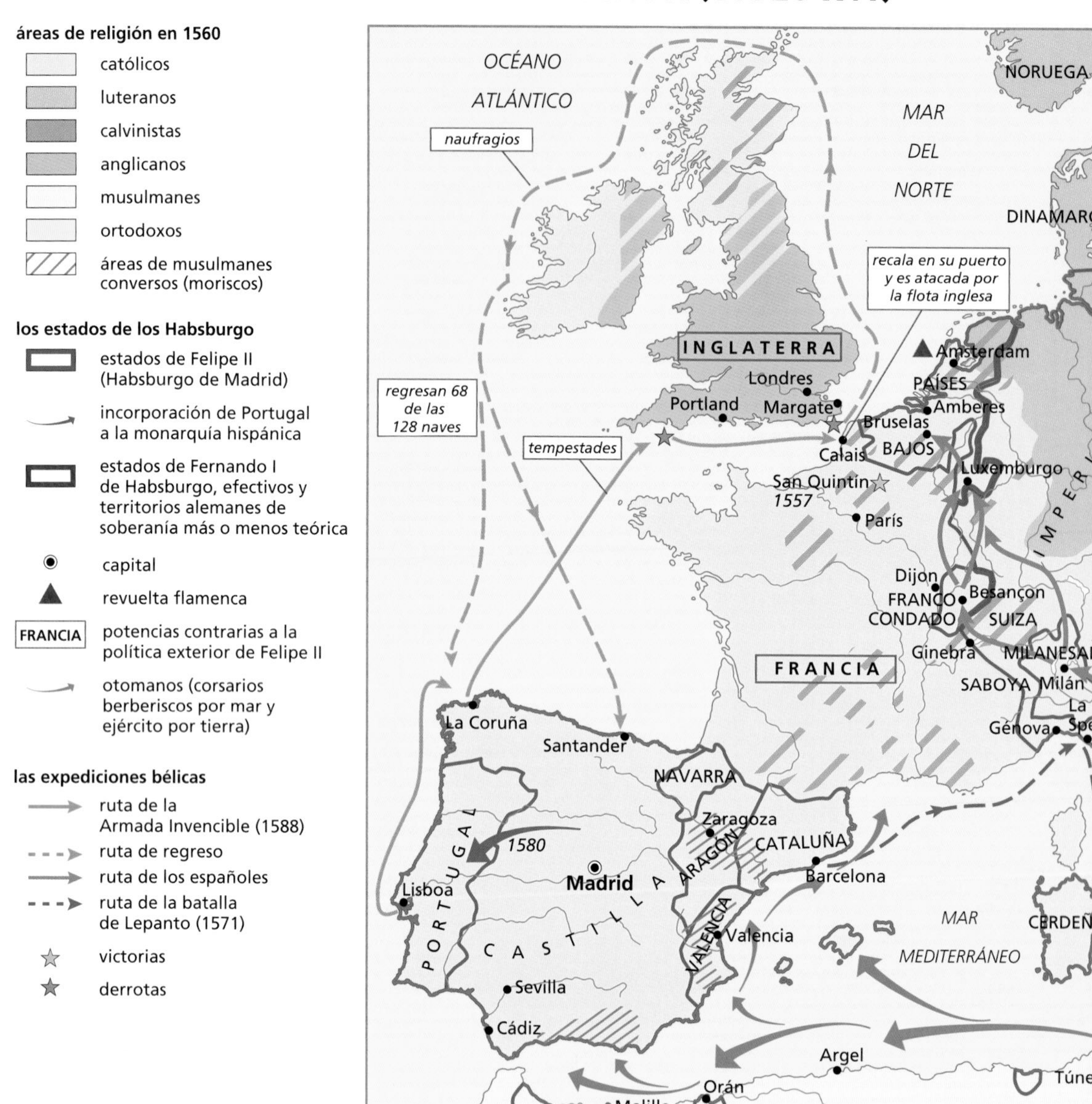

Los dominios en Europa. Carlos de Habsburgo, además de heredar Castilla y la Corona de Aragón por ser nieto de los Reyes Católicos, hereda de su abuelo el emperador Maximiliano I Austria y los Países Bajos. En 1519, tras fallecer Maximiliano, accede al trono del Sacro Imperio Romano Germánico. Como nuevo emperador, se considera situado por encima de los demás soberanos y obligado a velar por los intereses de la cristiandad. Su poder despierta la animadversión de otros reyes, en especial el de Francia, que queda rodeado por territorios de los Habsburgo. La rivalidad con Francia tiene como escenario principal las guerras de Italia, que suponen la victoria de Carlos y la confirmación de su hegemonía en Europa, política y militar, con sus famosos ejércitos profesionales, los *tercios*. Lucha contra los musulmanes en Austria, hacia donde pretendían extenderse los turcos otomanos, y en el Mediterráneo. Por último, lucha contra la reforma protestante que se impone en Europa central, intentando mantener la unidad religiosa y política de su Imperio. Sin lograrlo, reconoce a los príncipes alemanes el derecho a escoger confesión (paz de Augsburgo, 1555). Carlos abdica en 1555 y deja Castilla, la Corona de Aragón y los Países Bajos a su hijo Felipe, y el Sacro Imperio y Austria a su hermano Fernando. Felipe II hace suyos los ideales imperiales de su padre, acentuando el carácter hispánico de la empresa. Prosigue la lucha contra Francia (victoria en San Quintín, 1557, en cuyo honor se erige el monasterio de El Escorial) y los musulmanes (victoria en Lepanto, 1571), aunque la hegemonía turca en el Mediterráneo oriental continúa. Felipe blande su defensa a ultranza de la religión católica al intervenir activamente en los Países Bajos, donde cala el

LA EDAD MODERNA

Reconocimiento de la libertad religiosa en Alemania

Artículo 14. Como quiera que en muchos estados imperiales y libres han sido practicadas y usadas las dos religiones, es decir, nuestra antigua Fe y la de la Confesión de Augsburgo [profesión de fe luterana], siendo en lo Futuro, y los ciudadanos y todos los habitantes religiosos o seculares tendrán libertad y paz para vivir dentro de la una o de la otra.

Paz de Augsburgo (1555)

Instrucciones de Carlos I a Felipe II sobre política exterior (1548)

Cuanto a Francia, yo he hecho siempre todo lo que se ha podido desde que comencé la reinar por vivir en paz con el rey Francisco difunto, y muchas buenas obras y por ello y su consideración y pasado muchos tratados de paz y tregua, los cuales nunca ha guardado; como es notorio, sino por el tiempo que no ha podido renovar guerra o ha querido esperar de hallar oportunidad de dañarme con disimulación; ni han aprovechado mis grandes oficios hechos. A lo que se ha podido imaginar y entender del rey moderno, su hijo, y las pláticas que lleva en todas partes, se comprende que está puesto en seguir las pisadas y heredar la dañada voluntad de su padre y que los pasados reyes de Francia han tenido a los nuestros. [...] Si vuestros pasados han sostenido lo de Nápoles y Sicilia, y también las tierras de Flandes contra los franceses con la ayuda de Dios, asimismo debéis fiar en Él que ayudará a guardarlos cuando los heredéis, y os pertenecerán con sobrado derecho, como dicho es [...]

Carta del embajador de Felipe II en Venecia (1559)

Gran dificultad ha habido entre el Rey y los señores de los Países Bajos; el Rey quiere dejar 3.000 españoles en las plazas de la frontera y aquellas gentes no les quieren a ningún precio y si se quedan los destruirían o enajenarían al Rey los ánimos de aquellos pueblos y podían ser causa de algunos problemas para su majestad.

protestantismo (calvinismo) en las provincias del norte, acorde, al prestigiar el esfuerzo personal, con su naciente capitalismo comercial y financiero. En 1566, los nobles flamencos inician una revuelta que, ante la intransigencia del monarca, conduce a un conflicto generalizado. El territorio se delimita entre las provincias protestantes del norte (Unión de Utrecht, 1579), que se declaran independientes en 1581, y las católicas del sur. En la península, Felipe invade Portugal, reivindicando sus derechos al trono, y es nombrado rey; ello supone reunir bajo un único cetro la antigua Hispania, objetivo secular de la monarquía castellana, y acrecentar sus dominios con las colonias portuguesas. Felipe II, además, intenta invadir las islas Británicas, por ser un foco protestante (anglicano), por ayudar a los rebeldes flamencos y por atacar con corsarios las colonias españolas. Prepara en 1588 una poderosa escuadra, la Armada Invencible, pero fracasa. Castilla, vivero del expansionismo durante el siglo XVI, pierde pie en la disputa por la hegemonía mundial, situación sentenciada en 1648 con la paz de Westfalia, que dará protagonismo continental a Francia y ultramarino a Inglaterra. Con la supremacía de la nobleza terrateniente, menospreciado y marginado cualquier estímulo productivo; con unos metales preciosos llegados de América que salen inmediatamente para pagar los enormes dispendios de las guerras imperiales, y con un absoluto control ideológico, la monarquía hispánica se adentra en la edad moderna con gran fragilidad, a pesar de las glorias del Siglo de Oro literario y artístico, situándose finalmente en la periferia de una Europa que ya prepara el salto hacia el capitalismo y el liberalismo.

LOS MORISCOS HASTA SU EXPULSIÓN (1492-1609)

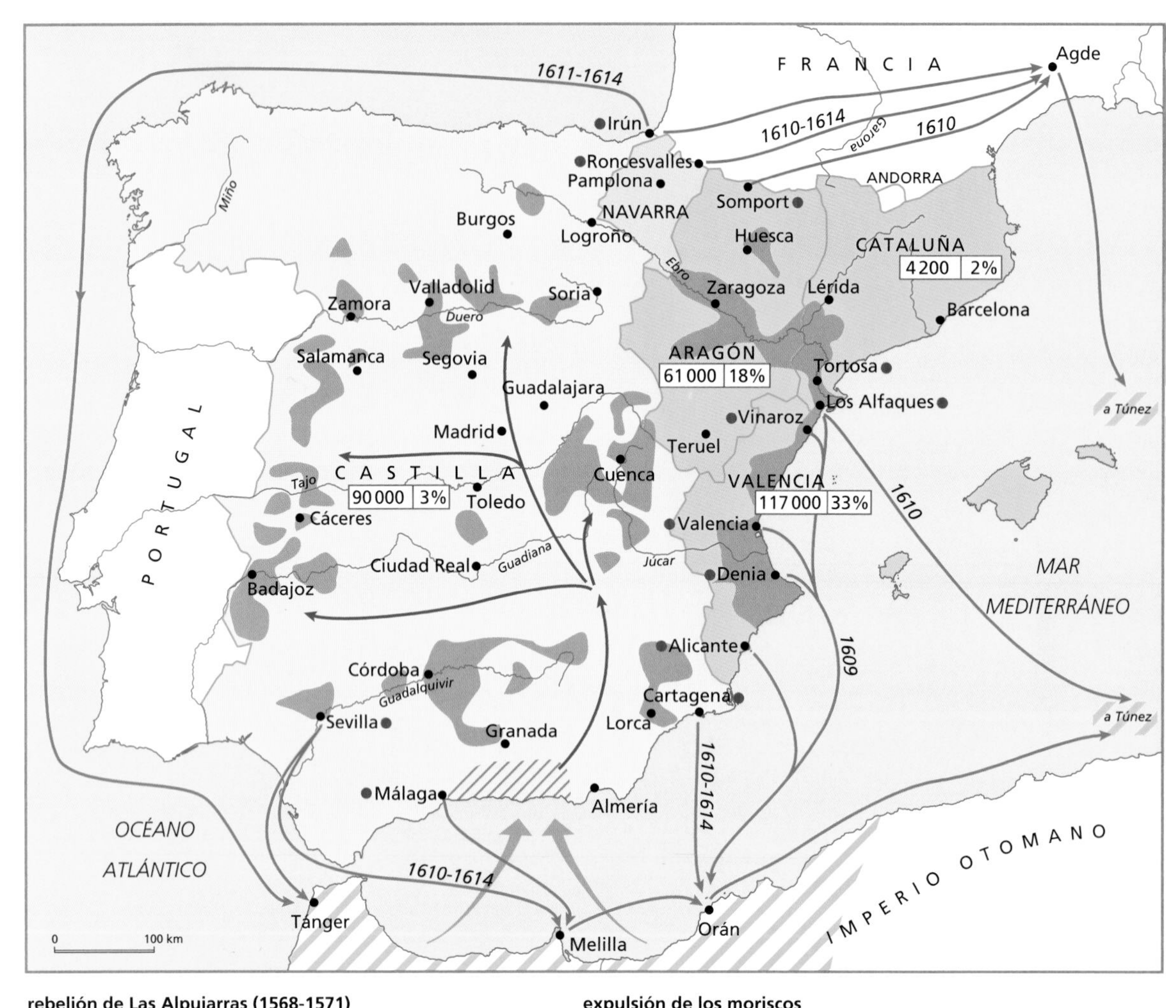

rebelión de Las Alpujarras (1568-1571)

- zona de conflicto
- ayuda otomana y berberisca
- posterior diseminación de los moriscos por Castilla
- áreas de población morisca (1571-1609)

expulsión de los moriscos

- 4.200 | 2% población morisca y porcentaje sobre el total
- ciudades de expulsión
- principales destinos
- principales áreas de refugio de los moriscos

Los moriscos hasta su expulsión. En la baja edad media, los mudéjares son los musulmanes que permanecen en áreas conquistadas por cristianos conservando su religión. El paso de mudéjares a moriscos (cristianos nuevos de origen musulmán) es escalonado: a las conversiones individuales de los siglos XII-XIV le siguen las masivas en los siglos XV-XVI. En la capitulación de Granada (1492) se establecen unas condiciones honrosas para los vencidos: la monarquía consideraría a los musulmanes súbditos libres, respetaría sus propiedades, religión, lengua y formas de vida. Pero la realidad será muy distinta: los repartos de las tierras conquistadas entre la aristocracia castellana convierten a los musulmanes en una masa sometida a un régimen semicolonial. Además, el cardenal Cisneros, enviado a Granada en 1499, emprende una intensa campaña evangelizadora, lo que provoca una primera insurrección, tras la cual se ordena la conversión de los musulmanes de la Corona de Castilla so pena de expulsión (1502). La inmensa mayoría decide quedarse y convertirse. Conversiones forzadas se producen también en Navarra (1515-16), Valencia (alrededor de 1520, durante las Germanías) y en toda la Corona de Aragón (1525-26). Los moriscos viven agrupados en el campo o en barrios segregados (morerías o aljamas). Se dedican al pequeño comercio, la artesanía y, sobre todo, la agricultura. Forman una mano de obra barata y diligente para los terratenientes. Hablan árabe (*algarabía*), conservan hábitos de su antigua fe y costumbres propias en el vestir, la higiene, la comida, etc., que los mantienen apartados y despiertan la animadversión del pueblo llano. Desde 1526, la Inquisición interviene de manera creciente contra los moriscos, aunque se cuestione que puedan considerarse realmente herejes. Durante el reinado de Felipe II, con la amenaza turca y las incursiones de corsarios berberiscos, la presión sobre los moriscos crece. En 1567, un edicto prohíbe a los del antiguo Reino de Granada el uso de su lengua y cualquier expresión de sus costumbres. Es el detonante de la rebelión de Las Alpujarras, que dura tres años (1568-1571). Los moriscos reciben el apoyo del norte de África, pero finalmente son sofocados y se decreta su deportación al interior peninsular. Por entonces, el dilema entre asimilación (opción de los nobles) y expulsión (postura dominante en la Iglesia) se resuelve. Su creciente peso demográfico, el temor a que constituyan una «quinta columna» para turcos y berberiscos, la desconfianza eclesial hacia su dudosa conversión y el odio que despiertan entre los cristianos viejos son factores determinantes a favor de la expulsión, de modo que en 1609-10 se promulga el decreto de Felipe III y aquella comienza por Valencia. Operación rápida y secreta para evitar el peligro de una sublevación, en 1614 se da por concluida: alrededor de 275 000 moriscos han sido expulsados. Entre los destinos, numerosos moriscos recalan en Salé (costa atlántica de Marruecos), que convertirán en una pujante república. La expulsión de los moriscos comporta graves consecuencias económicas en los reinos de la Corona de Aragón, sobre todo en Valencia —que pierde entre un tercio y una cuarta parte de su población, la más activa económicamente—, y constituye para la sociedad un sonoro fracaso al no haber sido capaz de integrar una parte de la población que era plenamente hispánica.

La situación de los moriscos en Granada

Aben-Jahuar, hombre de gran autoridad y de consejo maduro, entendido en las cosas del reino y de su ley [...] viendo que la grandeza del hecho [el levantamiento morisco de Granada, en 1568] traía miedo, dilación, diversidad de casos, mudanzas de pareceres, los juntó en casa de Zinzán, en el Albaicín, y les habló:

«Poniéndoles delante la opresión en que estaban, sujetos a hombres públicos y particulares, no menos esclavos que si lo fuesen. Mujeres, hijos, haciendas y sus propias personas en poder y arbitrio de enemigos, sin esperanza en muchos siglos de verse fuera de tal servidumbre: sufriendo tantos tiranos como vecinos, nuevas imposiciones, nuevos tributos [...] echados de la inmunidad y franqueza de las iglesias, donde por otra parte los mandaban asistir a los oficios divinos con penas de dinero; hechos sujetos de enriquecer clérigos; no tener acogida a Dios ni a los hombres; tratados y tenidos como moros entre los cristianos para ser menospreciados y como cristianos entre los moros para no ser creídos ni ayudados [...]»

Diego Hurtado de Mendoza: *Guerra de Granada* (crónica editada póstumamente en 1610)

Justificación de la expulsión

Mande vuestra Majestad que a esta intrínseca pestilencia se ponga remedio, ordenando que pues a toda España tanto toca este caso, todos den su parecer por escrito y para curar su enfermedad cada uno diga la medicina, para que se escoja la mejor y esa se aplique. Y si alguno dijere: que este es daño universal en toda España, adonde hay muchos reinos, y que cada uno busque remedio; a esto se responde: que la enfermedad está repartida por todos los miembros de España, de tal manera que tiene todo el cuerpo doliente [...] Así como cuando en un cuerpo humano hay enfermedad en un pie, pierna, brazo o lado, que procede de humor, lo que más conviene es purgar todo el cuerpo, así también conviene purgar toda España de esta mala semilla, y tomándose por resolución, se ponga en ejecución: que esto es lo que más conviene. Pensar que con la predicación se ha de remediar el daño es pensar lo imposible.

Fray Marcos de Guadalajara y Xavier: *Memorable expulsión y justísimo destierro de los moriscos de España* (1613)

LA GUERRA DE SEPARACIÓN DE CATALUÑA (1640-1652)

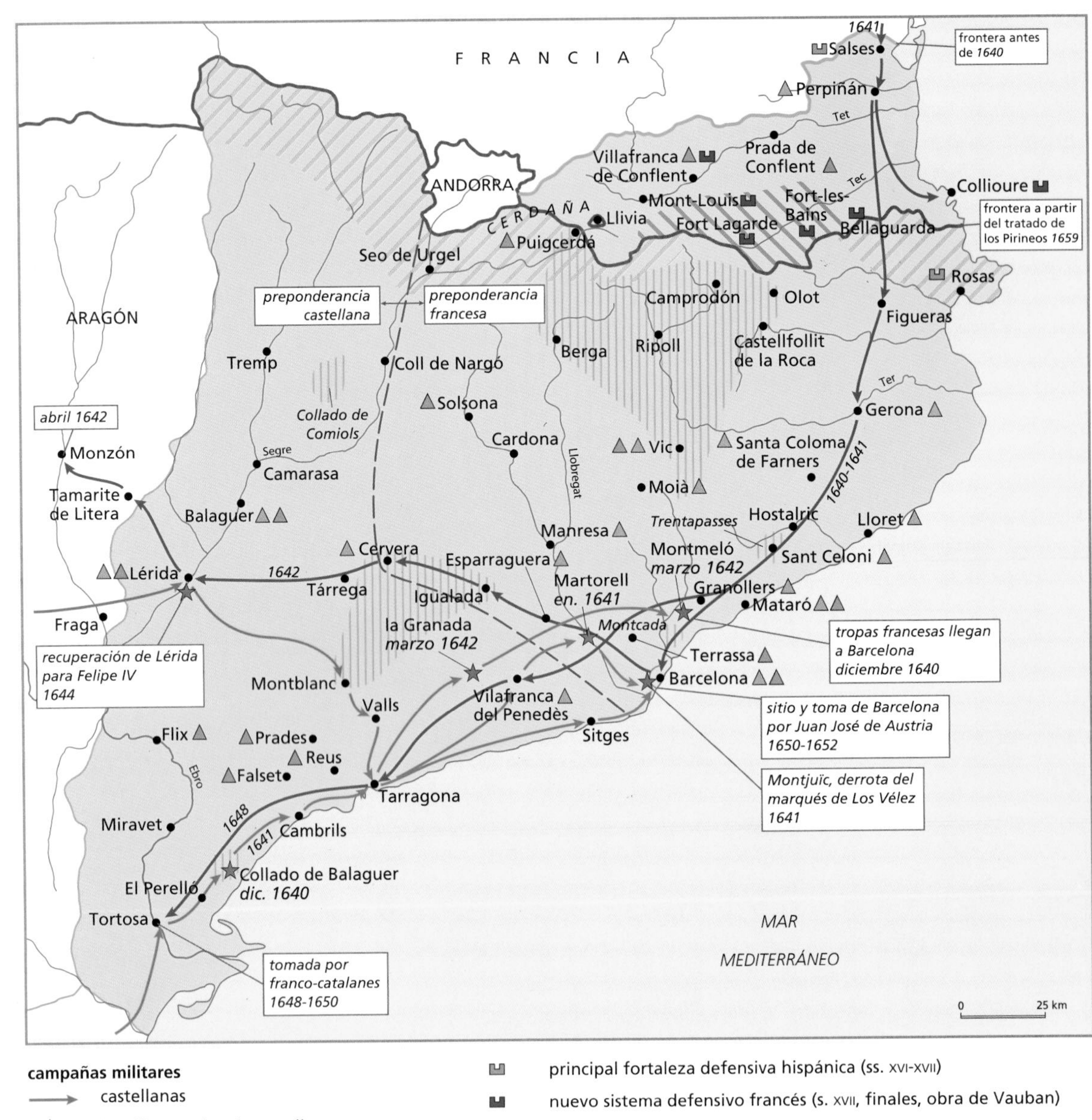

La guerra de Separación (o de los Segadores) de Cataluña. La política imperial castellana representa un abundante gasto para las arcas de la corona, que la caída de la llegada de los metales preciosos americanos pone en jaque. Para compensarlo, el conde-duque de Olivares, valido del rey Felipe IV entre 1624 y 1653, propone la Unión de Armas, por la que todos los reinos de la monarquía hispánica, y no solo Castilla, contribuirían económicamente y con hombres a la agenda militar, con el objetivo final de una unión política en la que el rey no quedaría limitado por leyes particulares. A pesar de tener el mismo jefe de estado, es decir, el mismo rey, los territorios distintos de Castilla tienen ejército, moneda, instituciones y leyes propias, siendo, de hecho, independientes. Por otro lado, la monarquía hispánica se encuentra en guerra contra la Francia del cardenal Richelieu, en el marco de la guerra de los Treinta años (1618-1648), y los tercios de Felipe IV atraviesan Cataluña sin el permiso de las instituciones propias y creando graves tensiones con el campesinado. Ambos factores contribuyen a suscitar en 1640 un alzamiento popular, con un marcado carácter social, contra las tropas castellanas, durante el cual es asesinado en Barcelona el representante del rey o virrey. Pau Claris, presidente de la Diputación del General o

Generalidad, proclama la República Catalana a principios de 1641. Pero ante el más que probable choque bélico con el profesional y preparado ejército castellano, pide inmediatamente ayuda a Francia: Luis XIII es coronado conde de Barcelona y soberano del Principado, y en 1643 pasa a serlo su hijo Luis XIV, el rey Sol. Las huestes francesas detienen a los tercios castellanos, pero la presión de la nueva soldadesca borbónica sobre las gentes del país es igual o superior a la de los tercios. Cataluña, ya débil por economía y población, queda exhausta al ser campo de batalla entre España y Francia. Finalmente, se impone un arbitraje entre los dos reyes: Felipe IV recupera Cataluña en 1652 y Luis XIV se queda, según el tratado de los Pirineos de 1659, con su parte septentrional: el Rosellón y parte de la Cerdaña. El rey francés aumenta las ganancias territoriales conseguidas por el tratado de Westfalia de 1648 y da un paso más para dominar lo que considera que por derecho le pertenece: la antigua Galia romana, entre las fronteras naturales de los Pirineos y el Rin. De hecho, Cataluña, cuyo origen histórico se encuentra ligado a los francos, está a caballo entre Francia y España durante un siglo y medio, desde 1640 hasta las guerras napoleónicas, último episodio en el que toda ella queda integrada en Francia. La nueva frontera es enseguida coronada por nuevas construcciones militares francesas, mientras que las fortalezas castellanas de la antigua frontera quedan obsoletas. Cataluña inicia un ciclo de crecimiento económico que se consolida durante el siglo XVIII, pero sus instituciones, mantenidas por Felipe IV a pesar de la rebeldía, continúan su decadencia, iniciada en el siglo XVI al dejar de ser Barcelona la sede de la monarquía: no admiten la división consagrada en el tratado de los Pirineos, pero de hecho no tienen papel alguno en las negociaciones, y ya no cuentan en las relaciones internacionales, al contrario que Portugal, que con la ayuda y el interés de las potencias europeas en su imperio oceánico logra la independencia.

Sobre la uniformidad política de acuerdo con las leyes de Castilla

Tenga Vuestra Majestad [Felipe IV] por el negocio más importante de su Monarquía el hacerse rey de España; quiero decir, señor, que no se contente con ser rey de Portugal, de Aragón, de Valencia, conde de Barcelona, sino que trabaje y procure, con consejo maduro y secreto, por reducir estos reinos de que se compone España al estilo y leyes de Castilla, sin ninguna diferencia [...], que si Vuestra Majestad lo alcanza será el príncipe más poderoso del mundo. [...] conociendo que la división presente de leyes y fueros enflaquece su poder y le estorba conseguir fin tan justo y glorioso [...] se procure el remedio por los caminos que se pueda, honestando los pretextos por excusar el escándalo, aunque en negocio tan grande se pudiera atropellar por este inconveniente, asegurando el principal [...].

Conde-duque de Olivares *Gran Memorial* (1624)

Llamamiento de Pau Claris a la resistencia de los catalanes

¿Cuánto tiempo hace, señores, que sufrimos? Desde 1626 este nuestro país sirve de cuartel de soldados. Pensamos que en 1632, con la presencia de nuestro príncipe [en las cortes catalanas celebradas en Barcelona], las cosas mejorarían, y nos dejó con mayor confusión y tristeza: en suspenso la república, imperfectas las cortes. Antes de finalizar los suaves medios, largos días rogamos, lloramos y escribimos. Pero ni los ruegos encontraron clemencia, ni las lágrimas consuelo, ni respuesta las cartas [...]. Decidme: si es verdad que en toda España son comunes las fatigas de este Imperio, ¿cómo dudaremos que también sea común el dolor de todas sus provincias? Una tiene que ser la primera que se queje y una la primera que rompa los lazos de la esclavitud; a esta seguirán las otras [...]. Castilla, soberbia y miserable, no consigue un pequeño triunfo sin largas opresiones [...] ¿Qué es lo que os falta, catalanes, si no es la voluntad? [...] ¿No guardáis, todavía, reliquias de aquella sangre famosa de vuestros antepasados, que vengaron las injurias del Imperio oriental que subyugaba Grecia? ¿Y de los mismos que después, contra la ingratitud de los Paleólogos, en reducido número os extendisteis dando por segunda vez leyes a Atenas? [...] Pienso que sois los mismos y que no tardaréis a parecerlo que lo que tarde la fortuna a dar justa ocasión a vuestro enfado. ¿Y cuál más justa podéis esperar que la de redimir vuestra Patria?

Discurso de Pau Claris (1640)

Nueva frontera en los Pirineos

[...] Por cuanto se convino en la negociación comenzada en Madrid el año 1656, en que se funda el presente tratado, que los montes Pirineos, que habían dividido antiguamente las Galias de las Españas, harían también en adelante la división de estos dos mismos reinos [...]

Tratado de los Pirineos (1659)

UNIÓN Y SEPARACIÓN DE PORTUGAL (1580-1668)

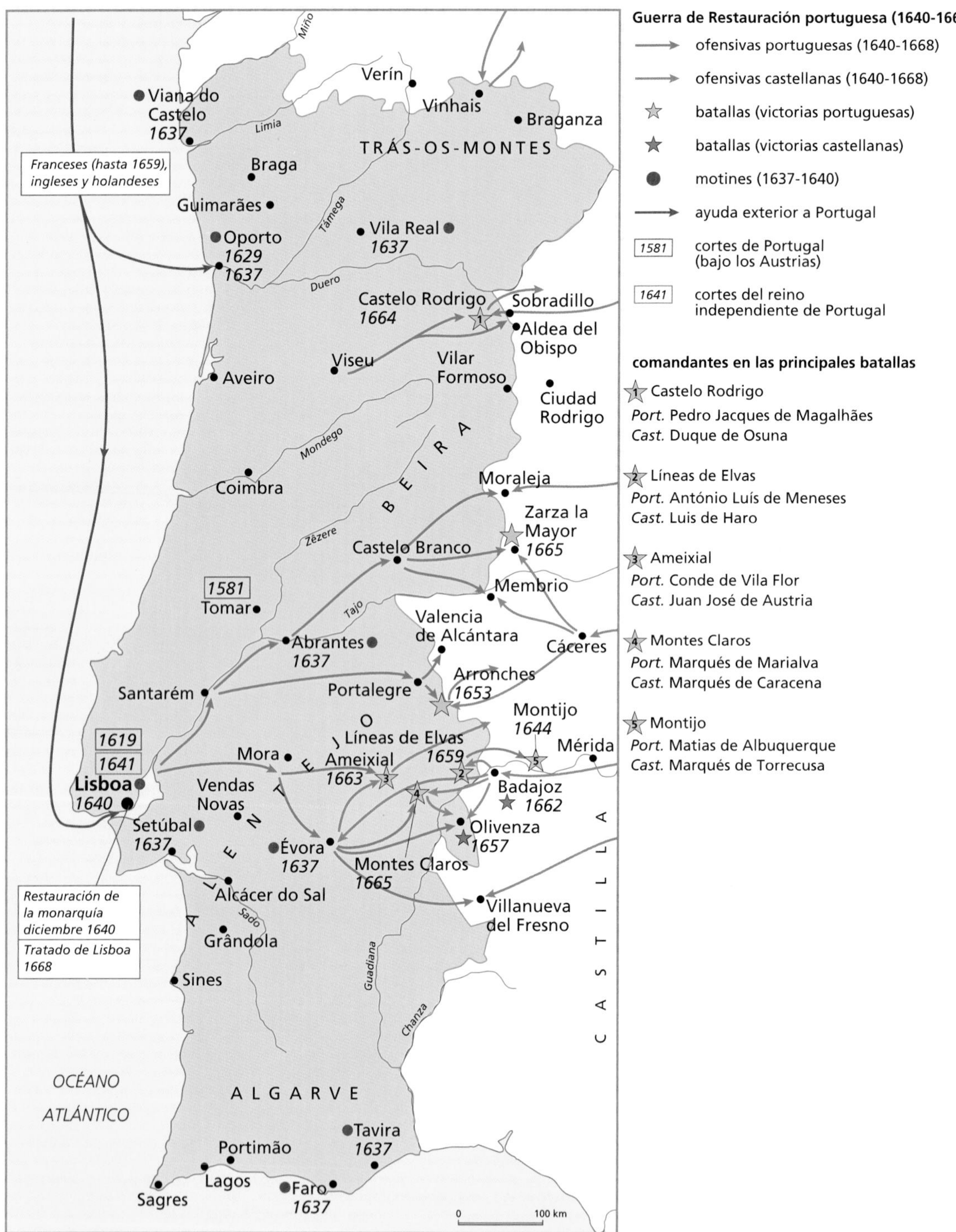

Unión y separación de Portugal. Fallecido en 1580 el cardenal-rey Enrique I de Portugal, se plantea la cuestión de la sucesión. Felipe II hace valer sus derechos para ser coronado rey portugués en las cortes de Tomar, en 1581, puesto que es nieto del rey Manuel I (1495-1521), después de que sus ejércitos entren en el país y venzan a otro nieto de Manuel I, António de Portugal, que pretende también la corona. En Tomar, las cortes aceptan al nuevo soberano, Felipe II, que de esta manera consigue no solo la unión de la península Ibérica sino también el inmenso imperio portugués, mientras que él declara solemnemente que Portugal continuaría con sus propias instituciones y leyes, de la misma manera que otros de sus territorios. La nobleza portuguesa se pone enseguida al lado del nuevo rey, y el país, hasta entonces situado al margen de la política europea, entra en la órbita de la monarquía hispánica, enfrentada a Francia y a las nuevas potencias marítimas protestantes (Inglaterra, Países Bajos). Hasta 1605, la unión ibérica tiene en Portugal más adeptos que contrarios, pero eso varía al declinar la situación económica de Castilla, por la cada vez menor entrada de plata americana y la consiguiente presión para aumentar la carga tributaria, mientras que en ultramar los ataques de franceses, ingleses y holandeses contra las posesiones de los Habsburgo, muchas de ellas portuguesas, se intensifican. La actitud inicial de respeto por la independencia administrativa de Portugal varía y a la presión fiscal se añade la política, ya más tendente a la asimilación, nombrándose nobles castellanos para ejercer cargos en tierras portuguesas. La revuelta de Cataluña de 1640 es aprovechada en Portugal por un grupo de la nobleza para conspirar y restaurar, en diciembre, la monarquía en la persona de Juan IV, de la casa de Braganza, quien acepta no sin antes dudarlo por sus relaciones con la corte de Madrid. Se adhieren a la sublevación comerciantes, burgueses, el pueblo e incluso los funcionarios de la administración felipista, que el nuevo rey mantendrá en sus puestos. Convocadas las cortes, se teme una guerra inevitable contra los ejércitos de Felipe IV y se piden elevados subsidios, mayores que los exigidos desde la corte de Madrid, pero no provocan protestas. De hecho, la guerra no se activa hasta la finalización de la guerra de los Treinta años (1648) y de la confrontación que mantiene Felipe IV con Francia (tratado de los Pirineos, 1659). A partir de entonces, Felipe IV concentra tropas para atacar Portugal, y Francia deja de prestar apoyo a Portugal: es el momento más peligroso para el mantenimiento de la restauración de la independencia portuguesa. Pero las inmensas colonias portuguesas, que habían dotado de máximo poder territorial a los Austrias (Habsburgos hispánicos), se ponen ahora en su contra, al ser un elemento clave para conseguir apoyos a la causa independentista. En ese sentido, Inglaterra, para conseguir la supremacía marítima, apoya la causa portuguesa y obtiene como contrapartida el predominio económico sobre Portugal. Tras diversas derrotas del ejército felipista, en 1668 Madrid reconoce la independencia de Portugal y la posesión de todas sus colonias, excepto Ceuta, que queda bajo soberanía de Carlos II.

Relato de lo sucedido en Lisboa por parte de un clérigo de Badajoz

El primero de los autores del levantamiento de Portugal fue el montero mayor del Reino porque Vuestra Majestad le había quitado ser señor de los cotos y por no poderse vengar se aconsejó con su hermano, el cual [...] habló con el obispo [...] Manuel de Acuna, el cual fue a Villaviciosa y persuadió y propuso al duque de Berganza si quería ser rey de Portugal y sacarlos de cautiverio de sesenta y dos años [...]

Padre Fray Antonio de Herrera (enero de 1641)

Agravios al gobierno de Felipe IV de Castilla

Y por lo que respecta al juramento de obediencia y fidelidad, que habían dado las dichas cortes [de Tomar, en 1581] a los dichos Reyes Católicos de Castilla, no las unía, ni obligaba a no poder eximirse de su dominio y sujeción. Por ello, la manera con la que el Rey Católico Felipe IV, al iniciar su mandato, gobernó este reino estaba acorde con sus necesidades y utilidades, pero era contrario al bien común; podría hablarse casi sin equivocarse, como los sabios apuntan, de un rey indigno de reinar.

Porque no guardaba los fueros, libertades y privilegios del Reino [...]. No acudía a la defensa y recuperación de sus conquistas, que eran tomadas por los enemigos de la corona de Castilla. Afligía y condenaba a los pueblos con tributos insoportables, sin ser aprobados en Cortes y solo con la fuerza lograba que los municipios del Reino los consintiesen. Gastaba las rentas comunes del propio Reino, no solo en guerras ajenas, sino también en cosas que no pertenecían a su bien común. Aniquilaba la nobleza, vendía por dinero los oficios de Justicia y hacienda. Colocaba en ellos a personas indignas e incapaces. El estado eclesiástico, y las iglesias, estaba oprimido por los tributos [...]; y finamente ejercitaba estas y otras cosas contra el bien común por ministros insolentes, y enemigos de la patria, de la que se servían, siendo las peores personas de la República.

Cortes del Reino de Portugal (Lisboa, 1641)

LA GUERRA DE SUCESIÓN (1700-1715)

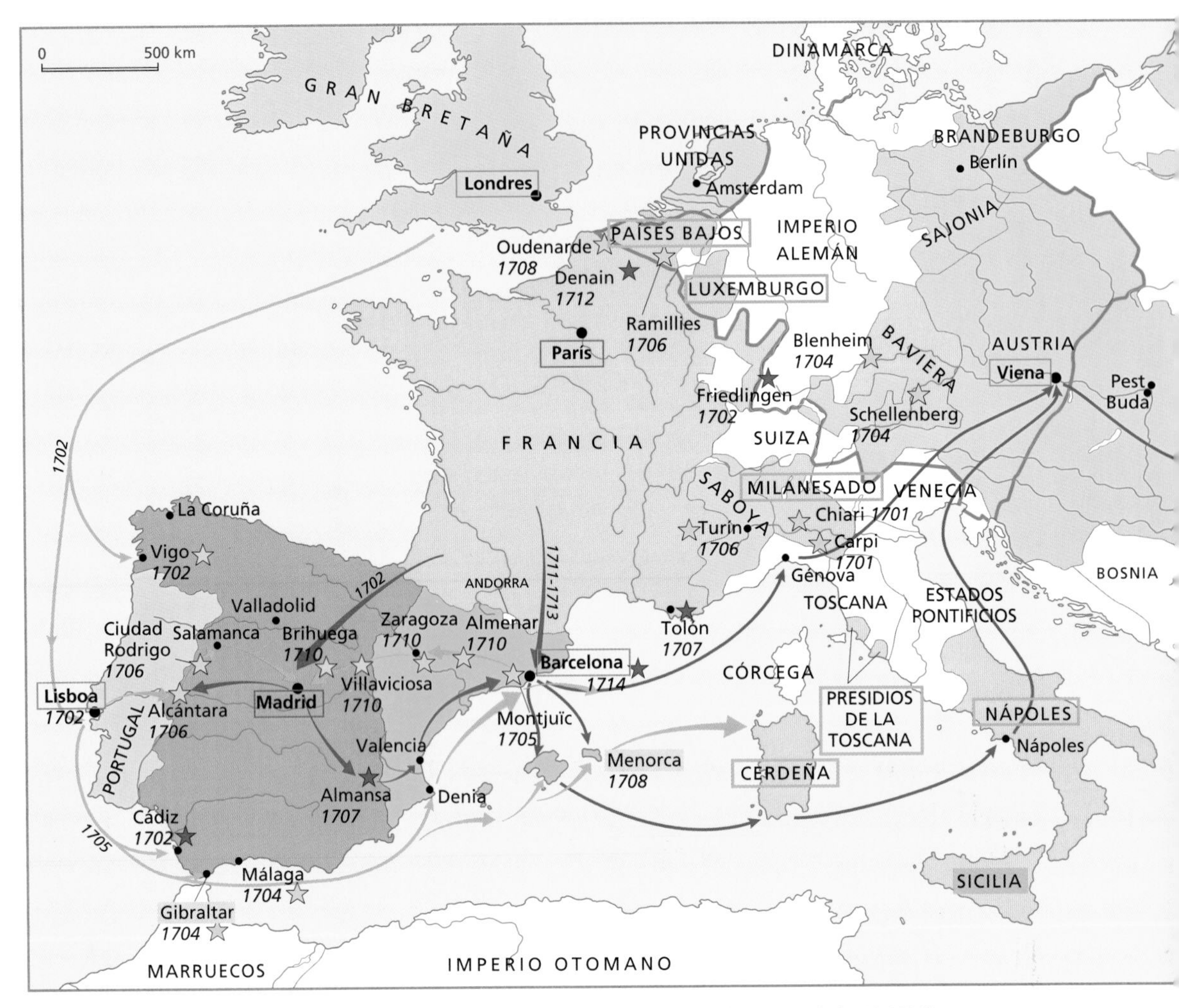

las ofensivas en la península

- borbónicas
- aliadas (austriacistas)
- territorios mayoritariamente partidarios de Felipe V de Borbón
- aliados internacionales de Felipe V
- territorios mayoritariamente partidarios del archiduque Carlos de Austria
- aliados de Carlos de Austria (alianza de La Haya)

tratados de Utrecht y Rastadt (1713-1714)

- NÁPOLES — territorios que pasan a soberanía de los Habsburgo
- SICILIA — territorio que pasa a Saboya
- Menorca — territorios que pasan a soberanía británica
- exilio de austriacistas
- asentamiento creado por exiliados

La guerra de Sucesión. A finales del siglo XVII, la dinastía de la casa de Austria languidece. El rey Carlos II fallece en 1700 sin descendencia. Su sucesor es Felipe de Anjou, nieto del rey de Francia Luis XIV de Borbón. Pero las potencias europeas temen que los Borbones, si gobiernan en París y Madrid, acaparen demasiado poder. Además, Luis XIV, al casarse en 1660 con María Teresa, hija de Felipe IV, había pactado la renuncia a reinar sobre los estados hispánicos por parte de sus descendientes. La diplomacia de la época pretende el equilibrio entre las grandes potencias, por lo que Inglaterra, Países Bajos y el Sacro Imperio Romano Germánico se alían y buscan un rey para las coronas de Castilla y Aragón que no sea un Borbón. El archiduque Carlos, bisnieto de Felipe III y miembro de la casa de Austria (Habsburgo), es el candidato escogido. Pero Castilla toma partido enseguida y de manera mayoritaria por Felipe, y la corte ve más factible, con él en el trono, realizar la unidad política de la monarquía, deseada por el conde-duque de Olivares hacía 80 años. Los estados de la Corona de Aragón, tras apoyar inicialmente a Felipe, se decantan, también mayoritariamente, por Carlos, que creen claro vencedor al tener los aliados a su lado. Cataluña, en plena dinamización económica, vuelve a dar señales de presencia diplomática internacional y pacta en Génova (1705) con Inglaterra, con el objetivo de colocar en el trono a un rey, Carlos, favorable a sus intereses mercantiles y manufactureros y al mantenimiento de la pluralidad de

Lisboa	capitales aliadas
París	capitales borbónicas
★	victorias borbónicas
☆	victorias aliadas
—	límite del Sacro Imperio Romano Germánico

los estados hispánicos, mientras que Felipe es visto como representante del centralismo y el absolutismo, además de traer el mal recuerdo dejado por la soldadesca francesa en las guerras del siglo anterior. La guerra en Europa es favorable a Carlos y desde Barcelona va a Madrid, donde es recibido fríamente, incluso de manera hostil, para retirarse de nuevo a Cataluña. Las tornas cambian en 1711: Carlos es escogido, al morir su hermano José, emperador germánico, y esa circunstancia, similar a la ocurrida 200 años atrás cuando Carlos I pasa a ser monarca hispánico y emperador, es ahora vista como desequilibradora, esta vez a favor de los Habsburgo. Inglaterra echa tierra sobre sus pactos anteriores y firma los de Utrecht y Rastadt (1713-1714), por los que adquiere ventajas en el comercio hispanoamericano y consolida su preponderancia marítima (consigue Gibraltar y Menorca) y por los que se reconoce como rey a Felipe, que cede sus territorios de Italia y Europa central a Austria. Contra los Borbones quedan los catalanes con sus propios medios, y el día 11 de septiembre de 1714 cae Barcelona tras un largo asedio. Mallorca se rinde en 1715.

Instrucciones para la toma de Barcelona

Debiendo prometerme muy en breve la rendición de la plaza de Barcelona, he juzgado conveniente advertiros de mis intenciones. Estos rebeldes como tales están y son incursos en el mayor rigor de la guerra. Cualquiera gracia que experimenten será un mero efecto de piedad y conmiseración, por lo cual, si arrepentidos de su error, recurrieren antes de abrir la trinchera, pidiendo misericordia, no se la concederéis prontamente, pero les oiréis, y haciéndoles presente su rebeldía, y cuán indignos son de misericordia, los esperanzaréis de ella, ofreciendo interponeros conmigo para que logren a lo menos sus vidas, exceptuando si se puede de esta gracia (que será solo lo que ofreceréis y nada más) los cabos principales. Si no se dieren por entendidos y dejaren levantar tierra, y abrir brecha, ya en este caso no los oiréis más capitulación que la de rendirse a discreción. Y si todavía aún en este caso mantuvieren precitos y llegare el caso de asalto, ya en él no son dignos, como comprenderéis, de la menor piedad, y deben experimentar el último rigor de la guerra a que deben quedar sujetos [...].

Carta de Felipe V al duque de Berwick, comandante en jefe del ejércrito borbónico durante la toma de Barcelona (julio de 1714)

Gibraltar y Cataluña en el Tratado de Utecht (1713)

Artículo X

El Rey Católico [Felipe V], por sí y por sus herederos y sucesores, cede por este Tratado a la Corona de la Gran Bretaña la plena y entera propiedad de la ciudad y castillos de Gibraltar, juntamente con su puerto, defensas y fortalezas que le pertenecen, dando la dicha propiedad absolutamente para que la tenga y goce con entero derecho y para siempre, sin excepción ni impedimento alguno. Pero, para evitar cualesquiera abusos y fraudes en la introducción de las mercaderías, quiere el Rey Católico, y supone que así se ha de entender, que la dicha propiedad se ceda a la Gran Bretaña sin jurisdicción alguna territorial y sin comunicación alguna abierta con el país circunvecino por parte de tierra. [...] Si en algún tiempo a la Corona de la Gran Bretaña le pareciere conveniente dar, vender, enajenar de cualquier modo la propiedad de la dicha Ciudad de Gibraltar, se ha convenido y concordado por este Tratado que se dará a la Corona de España la primera acción antes que a otros para redimirla.

Artículo XIII

Visto que la reina de la Gran Bretaña [Ana] no cesa de instar con suma eficacia para que todos los habitadores del Principado de Cataluña, de cualquier estado y condición que sean, consigan, no solo entero y perpetuo olvido de todo lo ejecutado durante esta guerra y gocen de la íntegra posesión de todas sus haciendas y honras, sino también que conserven ilesos e intactos sus antiguos privilegios, el Rey Católico por atención a su Majestad británica concede y confirma por el presente á cualesquiera habitadores de Cataluña, no solo la amnistía deseada juntamente con la plena posesión de todos sus bienes y honras, sino que les da y concede también todos aquellos privilegios que poseen y gozan, y en adelante pueden poseer y gozar los habitadores de las dos Castillas, que de todos los pueblos de España son los más amados del Rey Católico.

LOS BORBONES Y LA CENTRALIZACIÓN POLÍTICA (1715-1750)

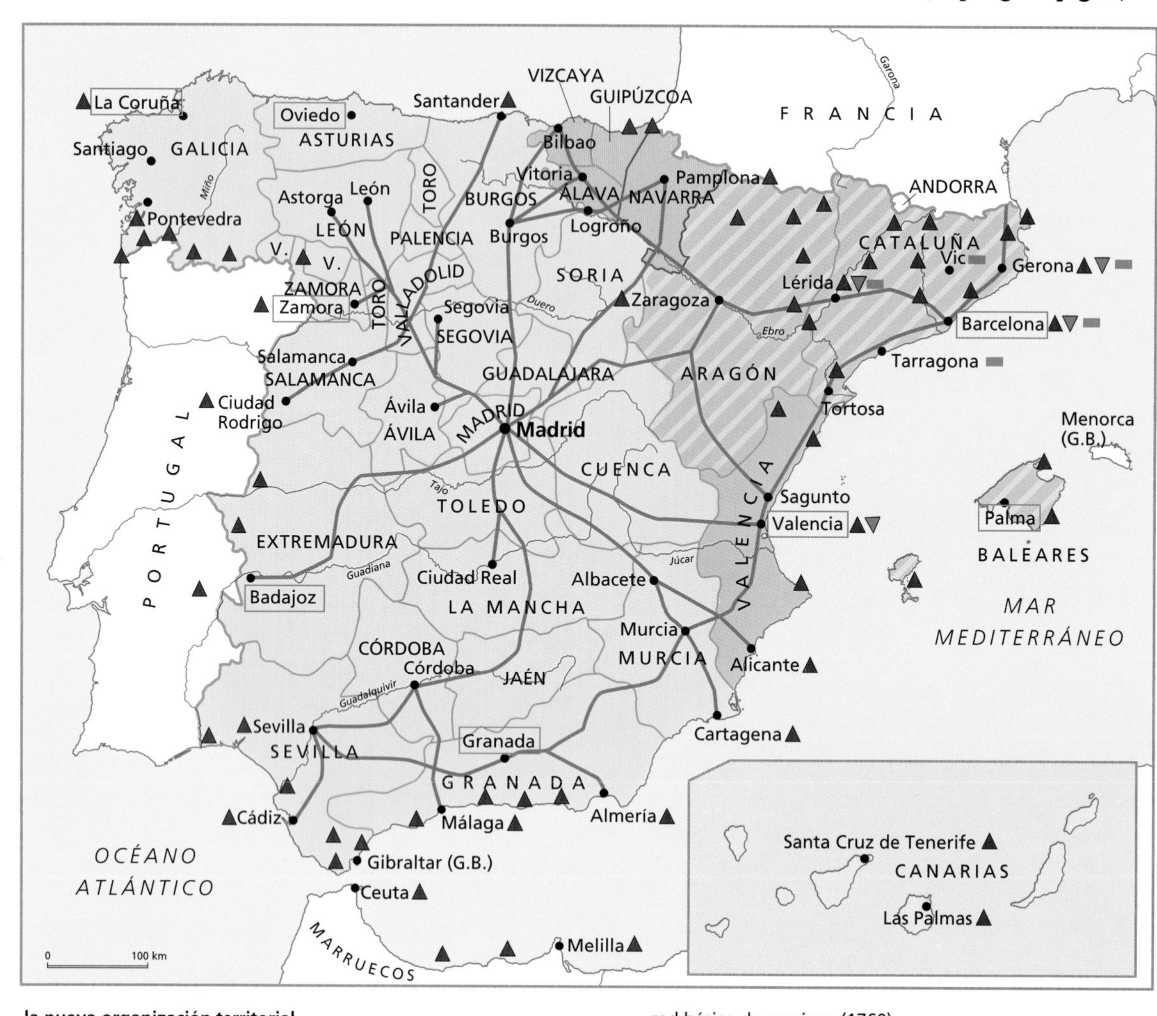

la nueva organización territorial

- territorios que mantienen instituciones forales
- territorios incorporados a Castilla tras la guerra de Suceción (1707-1715)
- territorio incorporado a Castilla que mantiene derecho civil propio
- límites de provincia (1749) [V. : Valladolid]
- límites interiores con aduanas
- red básica de caminos (1760)
- Badajoz — capitanías generales
- ▲ plazas o castillos con artillería
- ▼ organismos bancarios (*taules de canvi*) suprimidos (1707-1714)
- universidades catalanas suprimidas

Los Borbones y la centralización política. Finalizada la guerra de Sucesión en 1715 con la victoria de Felipe V de Borbón, su gobierno inicia un periodo caracterizado por el absolutismo regio y la centralización política. Si bien ya desde los Reyes Católicos la monarquía emprende un proceso hacia su soberanía suprema, este se consolida con la instauración de la dinastía borbónica. Sin duda, el sistema feudal, en el que los nobles ostentan el poder en el territorio que dominan, continúa, pero las prerrogativas reales cada vez son mayores, y los resortes del estado para el dominio y la efectiva administración del territorio, de manera unificada, son mucho más eficaces. El incremento del peso de las instituciones estatales es un fenómeno propio de la época, aunque en el caso español, muy influenciado por el modelo centralista borbónico francés (un rey, una ley, un estado), tiene un factor añadido, puesto que los reinos de la Corona de Aragón, contrarios a Felipe V durante la guerra, pierden su independencia política y son, de hecho, conquistados y anexionados a Castilla. Solo Navarra y las provincias vascongadas mantienen sus instituciones. Felipe V firma una serie de decretos de Nueva Planta en los que estipula unos nuevos criterios de gobierno para los reinos de la antigua Corona de Aragón: los nombramientos directos y las personas de confianza en el mando dan un rotundo vuelco al pacto entre las clases privilegiadas y el monarca, vigente hasta entonces. Más allá de dichos cambios políticos, el empeño puesto desde la corte de Madrid, con los recursos públicos, en la articulación estatal se basa en el incremento de las dotaciones militares y en la implantación de nuevas fortalezas, con el fin de reforzar la defensa del territorio pero también de controlarlo, especialmente en áreas sensibles como Cataluña. Se basa también en una jerarquización funcionarial, burocrática y administrativa de carácter provincial, siempre subordinada al mando militar, en cuya cúspide hay los intendentes y los capitanes generales. Y por último, toma importancia la red de comunicaciones, que pone las bases de un sistema de carácter radial centralizado en Madrid, diferente de la red descentralizada que desde época romana hasta entonces prevalecía y sin tener presente las zonas de la periferia cuya economía está en plena dinamización. Es también el momento de la creación, fundamentalmente en Madrid, de instituciones públicas (reales academias) en todos los ámbitos de las actividades intelectuales (lengua, 1713; farmacia, 1734; medicina, 1734; historia, 1738), con el objetivo de incentivar sus estudios, pero, una vez más, bajo un criterio unificador y control gubernamental. Todas estas reformas son el prólogo a unas actuaciones más profundas que durante la segunda mitad del siglo desplegará el estado: las propias del despotismo ilustrado.

Reducción de Aragón y Valencia a las leyes de Castilla

Considerando haber perdido los reinos de Aragón y Valencia y todos sus habitadores por la rebelión que cometieron, faltando enteramente al juramento de fidelidad que me hicieron como a su legítimo Rey y Señor, todos los fueros, privilegios, exenciones y libertades que gozaban y que con tan liberal mano se les habían concedido así por mí como por los señores reyes mis predecesores, particularizándolos en esto de los demás reinos de esta Corona; y tocándome el dominio absoluto de los referidos reinos de Aragón y de Valencia, pues a la circunstancia de ser comprendidos en los demás que tan legítimamente poseo en esta monarquía se añade ahora la del justo derecho de conquista que de ellos han hecho últimamente mis armas con el motivo de su rebelión; y considerando también que uno de los principales atributos de la soberanía es la imposición y derogación de las leyes, las cuales, con la variedad de los tiempos y mudanza de costumbres, podría Yo alterar aun sin los grandes y fundados motivos y circunstancias que hoy concurren para ello en lo tocante a los de Aragón y Valencia. He juzgado por conveniente, así por esto como por mi deseo de reducir todos mis reinos de España a la uniformidad de unas mismas leyes, usos, costumbres y tribunales, gobernándose igualmente todos por las leyes de Castilla tan loables y plausibles en todo el Universo, abolir y derogar enteramente como desde luego doy por abolidos y derogados todos los referidos fueros y privilegios, prácticas y costumbres hasta aquí observadas en los referidos reinos de Aragón y Valencia siendo mi voluntad que estos se reduzcan a las leyes de Castilla, y al uso, práctica y forma de gobierno que se tiene y ha tenido en ella y en sus tribunales sin diferencia alguna en nada [...].

Decreto de Felipe V (junio 1707)

Memorial de Agravios dirigido al rey por los representantes de la antigua Corona de Aragón en las cortes de Castilla de 1760

[...] Al principio de este siglo el señor Felipe V, que esté en gloria, tuvo por conveniente derogar las leyes con que hasta entonces se habían gobernado los reinos de la Corona de Aragón, mandando que en adelante se gobernasen con las de Castilla, sin duda con el recto fin y con la inteligencia de que esta igualdad y uniformidad entre las partes había de ceder en gran beneficio del cuerpo de la monarquía. [...] Es muy regular, Señor, que los hombres pensemos que todas las cosas de nuestra tierra son las mejores. Y así se observó que aquellos ministros aboliendo de golpe todas las leyes civiles y económicas de los reinos de la Corona de Aragón introdujeron todas las de Castilla, juzgando que esto convenía al real servicio y al bien público. [...] Antes gobernaban las ciudades de la Corona de Aragón cinco o seis jurados o *consellers* que en cada año se elegían por suerte entre los ciudadanos de diferentes clases [...]. Ahora gobiernan las ciudades capitales veinticuatro y a las otras más de seis regidores, y perpetuos, que Vuestra Majestad elige a consulta de la Cámara. Y aunque no nos detengamos a considerar si aquel antiguo gobierno, el mismo que vemos en todas o casi todas las ciudades de Europa, es más provechoso que el nuevo al bien común y al real servicio, no podemos dejar de confesar que los regidores están menos atendidos y venerados del pueblo que estuvieron los jurados y, por consiguiente, son menos útiles al mismo pueblo.

Representación o Memorial de Agravios, documento presentado por los diputados de Barcelona, Palma, Valencia y Zaragoza

DESARROLLO COMERCIAL Y AGRÍCOLA (SIGLO XVIII)

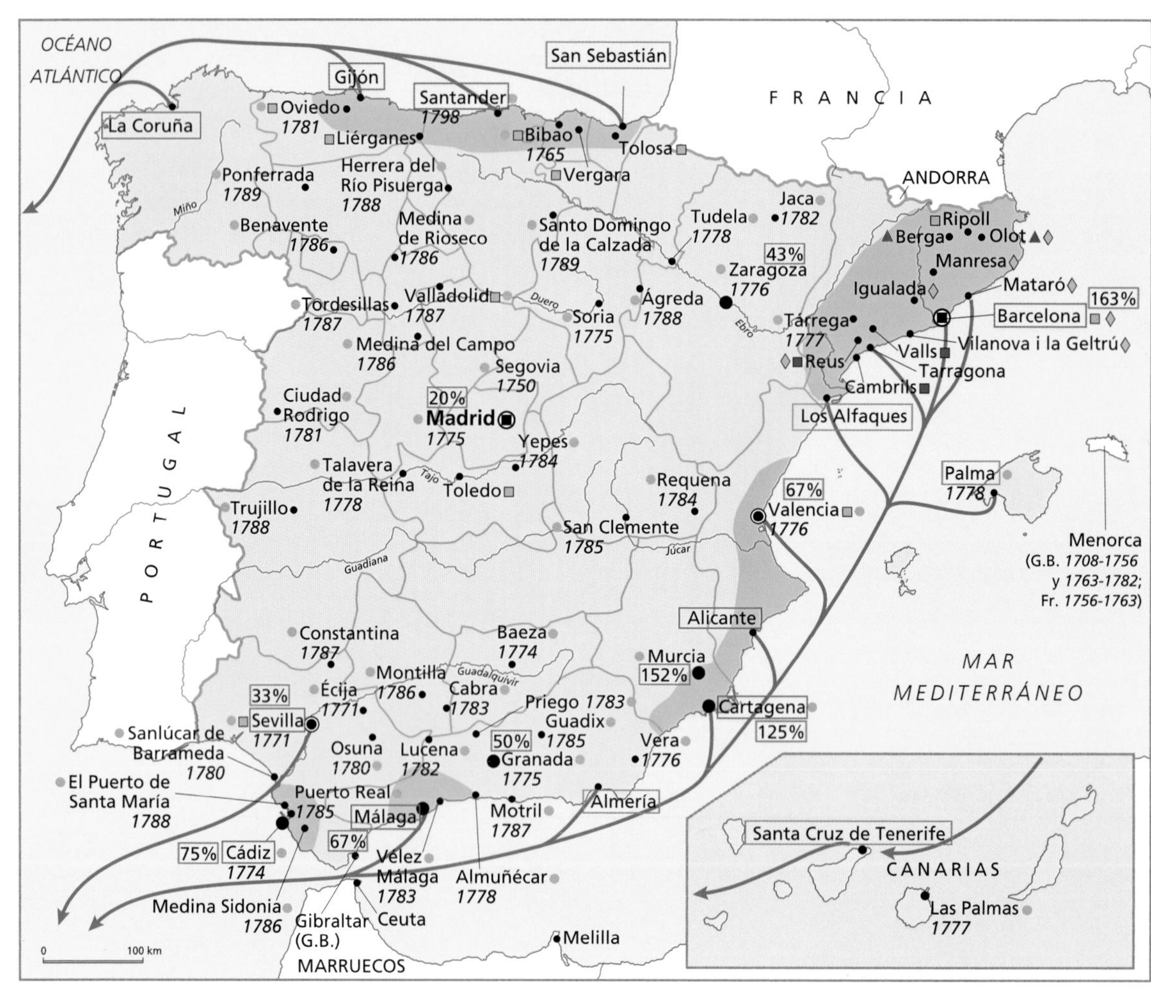

la dinamización de la economía

- núcleos abiertos a nuevas perspectivas comerciales y productivas
- líneas de comercio marítimo con las colonias americanas
- siderurgia
- indianas
- algodón
- aguardiente
- sociedades económicas de amigos del país (año de fundación)

puertos que obtienen permiso para comerciar con las colonias americanas

- 1765
- 1778

límites de provincia

principales ciudades (1790)

- menos de 40 000 habitantes
- de 40 000 a 70 000 habitantes
- de 70 000 a 100 000 habitantes
- más de 100 000 habitantes

20% aumento de la población entre 1715 y 1790

Desarrollo comercial y agrícola. Durante el siglo XVII, la monarquía hispánica queda postrada por una grave crisis. Si bien en la primera mitad de dicho siglo casi toda Europa sufre las penurias provocadas por la guerra de los Treinta años, desde mediados de siglo se inicia un despegue económico (construcción naval, manufacturas, comercio) y urbano, sobre todo en la fachada atlántica (Holanda, Inglaterra), que crea las condiciones para el nacimiento del capitalismo industrial y financiero y la eclosión de la revolución industrial en el siglo XVIII. La economía castellana, en cambio, arrostra en lo que queda de centuria las consecuencias de la costosa y prolongada política imperial: escalada fiscal, hundimiento de la pañería, redistribución de la tierra en provecho de terratenientes y ganaderos, a costa de una economía productiva y mercantil. Tras la guerra de Sucesión, España vive un largo periodo de relativa paz y estabilidad que impulsa la economía, situación que, en general, es también aplicable al conjunto de Europa y América. Aumenta la producción agrícola, el comercio y la población, aunque este fenómeno es mucho más acusado en la periferia peninsular, distribución geoeconómica que se ha venido manteniendo desde entonces. A mediados del siglo XVIII, más de la mitad de las tierras productivas (la agricultura aporta el grueso de la riqueza) está en manos de la nobleza o la Iglesia, y el sistema habitual es el cultivo del campo por arrendamiento o enfiteusis, pero mientras que la persistencia de latifundios impide el desarrollo de una clase de pequeños propietarios en el centro y el sur, en el norte y el este el suelo está mejor repartido y la agricultura es más productiva, con la difusión del maíz y los cultivos intensivos, en la cornisa cantábrica, y de cultivos comerciales (regadío, vid, frutales) en el litoral mediterráneo. En Cataluña, además, desde la sentencia de Guadalupe, a finales del siglo XV, existen las condiciones para la aparición de una clase campesina cuya producción agrícola puede entrar en el circuito comercial, lo que genera una activación del comercio y de las manufacturas, ya importante desde 1670. Las dificultades que las clases acomodadas catalanas encuentran tras la guerra de Sucesión para colocarse en el ejército o en una lejana corte redundan en incrementar el tejido productivo, como única opción de enriquecimiento, al que, además, ayuda el derecho civil propio, no suprimido por Felipe V. Por otro lado, la centralización adoptada por la nueva dinastía borbónica comporta la supresión de las aduanas interiores (excepto en Navarra), por lo que el comercio valenciano y catalán, tradicionalmente orientado hacia el Mediterráneo, pasa a dirigirse hacia el interior peninsular y la América colonial, y reclama medidas proteccionistas. Por su parte, en el País Vasco, resurgen la ferrería y la siderurgia tradicionales. Bilbao se impone sobre el resto de puertos cantábricos y aparecen importantes instituciones: Real compañía guipuzcoana de navegación de Caracas (1728), Real Sociedad Económica Vascongada de Amigos del País (1764, primera de las sociedades de amigos del país). Surgen también otros núcleos dinámicos, comerciales y manufactureros, especialmente en la costa andaluza, aunque de recorrido menor. Mientras se cimenta el despegue económico de la periferia, que derivará en industrial en el siglo XIX catalán y vasco, las regiones del interior se hallan depauperadas, y su lenta recuperación solo empieza a apreciarse avanzado el siglo XVIII. La agricultura sigue atrasada, poniendo de manifiesto la gran cantidad de terreno improductivo en manos de las clases feudales o de la Mesta. Al desarrollo periférico contribuye en el siglo XVIII de modo relevante la reactivación del comercio con América. La corona busca recuperar la explotación colonial que había cedido en beneficio de los criollos y las potencias extranjeras. El traslado de la Casa de Contratación de Sevilla a Cádiz (1717) y, más tarde, el fin del monopolio de esta (decretos de libertad de comercio en 1765 y 1778) comportan un rápido aumento del comercio ultramarino.

La dinamización económica de Cataluña

Los catalanes son los pueblos más industriosos de España. Manufacturas, pescas, navegación, comercio, asientos son cosas apenas conocidas en otras provincias de la península. [...] Los campos se cultivan, la población aumenta, los caudales crecen, y en suma parece estar aquella nación a mil leguas de la gallega, andaluza y castellana.

José Cadalso: *Cartas marruecas* (1789)

Los nuevos ideales económicos

No nos engañemos. La grandeza de las naciones ya no se apoyará, como en otro tiempo, en el esplendor de sus triunfos, en el espíritu marcial de sus hijos, en la extensión de sus límites ni en el crédito de su gloria, de su probidad o de su sabiduría. Estas dotes bastaron a levantar grandes imperios cuando los hombres estaban poseídos de otras ideas, de otras máximas, de otras virtudes y de otros vicios. Todo es ya diferente en el actual sistema de la Europa. El comercio, la industria y la opulencia, que nace de entrambos, son, y probablemente serán por largo tiempo, los únicos apoyos de la preponderancia de un estado, y es preciso volver a estos el objeto de nuestras miras.

Gaspar Melchor de Jovellanos: *Informe sobre el libre ejercicio de las artes* (1785)

La libertad de comercio con América

Pudiendo comerciar libremente, e ir a Indias todo el que quisiere, irán sin duda muchos, se abaratarán los géneros, se llevarán mercancías para toda clase de compradores, y de todos gustos, de lo que se seguirá el gran consumo, que, dando ocupación a los vasallos, fomentará la industria y enriquecerá la nación: esta es una cadena de causas y efectos precisos [...] No dudo que algunos desaprobarán esta plena libertad, sea por sus fines particulares o sea por no comprehender bien la materia: dirán que tanto en España como en América están las gentes hechas al presente método, que toda la máquina del comercio está armada con arreglo a él, y que introducir una novedad como esta sería trastornarlo todo. Pero estos no son argumentos, sino palabras: ello y todo cuanto se puede oponer está respondido con decir que un método que ha reducido a casi nada un comercio como el de América, y ha transferido a los enemigos de España los tesoros de México y del Perú no puede ser bueno; y que el bueno ha de ser precisamente el opuesto, que ha hecho felices a las naciones que lo siguen.

Bernardo Ward: *Proyecto económico* (1779)

EL DESPOTISMO ILUSTRADO (1750-1808)

El despotismo ilustrado. El reinado de Carlos III (1759-1788) coincide con el apogeo del reformismo llamado despotismo ilustrado. Es una variante del absolutismo monárquico, que prima la modernización del estado y la prosperidad de sus súbditos mediante una política dirigida por el propio monarca y sus ministros, según la máxima «todo para el pueblo, pero sin el pueblo». Parte de las ideas de los filósofos enciclopedistas franceses (Voltaire, Diderot) y se difunde sobre todo en regiones de Europa donde la ausencia de una burguesía fuerte y de un campesinado libre de servidumbres se suple con el impulso desde la corona. En España, la relativa paz exterior permite al nuevo monarca centrarse en la reforma de la política interior. El desarrollo económico promovido por el estado fija como prioridad el fomento de la agricultura, lastrada por los bienes vinculados, las «manos muertas» eclesiásticas y los privilegios de la ganadería trashumante. La ampliación y los mayores rendimientos de las tierras cultivables tienen, empero, un alcance limitado (repoblación de Sierra Morena por familias campesinas, 1767), y la reforma agraria propuesta entonces por ministros ilustrados seguirá constituyendo una reivindicación en los siglos XIX y XX. Igualmente, la teoría del liberalismo económico establecida por el coetáneo economista inglés Adam Smith halla un eco particular en la promoción del comercio y la industria: se otorga libertad de comercio con América y acaba el régimen de flotas de Indias, lo que abre nuevas rutas de navegación y recupera de manera espectacular el tráfico con América (al que contribuye un mayor rendimiento de las minas de plata de México gracias al establecimiento de escuelas técnicas). A su vez, se crea una actividad productiva desde la corona, con manufacturas reales cerca de la corte para abastecer a las clases adineradas, de escasos resultados, y, sobre todo, una hacienda pública estable (Banco de San Carlos, 1782). Los ministros que forjan la estrategia reformista de la corona, procedentes de la pequeña nobleza, muestran pericia y laboriosidad; a los primeros, de origen extranjero (marqués de Grimaldi, marqués de Esquilache), les suceden españoles (conde de Aranda, conde de Campomanes, conde de Floridablanca, Gaspar Melchor de Jovellanos). Estos expertos administradores se apoyan en las Sociedades económicas de Amigos del país como nexo entre los programas del gobierno y las realidades locales, configurando una naciente burguesía. Sin embargo, el despotismo ilustrado muestra sus límites: la estructura social del Antiguo Régimen sigue intacta; la iniciativa privada y la agricultura especializada comercial y el auge manufacturero no se desarrollan salvo en la periferia peninsular; en cambio, se mantiene el régimen señorial. A ello se unen las carestías cíclicas, acompañadas de motines, un mercado poco estructurado y la férrea oposición antirreformista de la alta nobleza (motín de Esquilache, 1766, que comporta al año siguiente la expulsión de los jesuitas, acusados de connivencia con la insurrección). Finalmente, el aviso que supone la Revolución francesa de 1789 precipita el fin de la experiencia reformista. Las monarquías europeas vuelven al absolutismo en vista de la deriva que las ideas ilustradas toman en Francia, y la España de Carlos IV, de la mano del valido Manuel Godoy, entra en una espiral bélica de la que no saldrá hasta el final del primer tercio del siglo XIX, con la emancipación de las colonias y el fin de la primera guerra carlista, y que se lleva por delante a los promotores de las reformas.

Beneficios de las juntas y sociedades de amigos del país

Gran cosa, y digna, por cierto, de las mayores alabanzas es promover y erigir Juntas y Sociedades donde cada uno exponga sus pensamientos favorables, para que florezca la industria hasta el término de que sus productos no solamente suministren al reino cuanto exijan la necesidad y el lujo, sino que presten para hacer un comercio efectivo y activo con las otras naciones, imitando a las más adelantadas en esta parte; y últimamente para transportarlas a los delimitados dominios de su majestad en América, mediante su comercio libre y una navegación segura.

Antonio Ponz: *Viaje de España* (1772-1794)

Comparación entre la agricultura de propiedad y la de manos muertas

Cotéjese el estado actual de Leganés con el de Arganda, pueblos ambos de los contornos de Madrid. Se hallará que el primero, donde todo vecino, o en sus propiedades o en las arrendadas, cultiva, está decente y vive sin miseria; que en el segundo, siendo más rico de producciones, por haber adquirido dos tercios de la hacienda raíz las manos muertas, se ha reducido a notable decadencia y despoblación. Parece reprehensible achacar a carácter de la nación, con calumnia e injuria suya, lo que ha sido tolerancia y disimulo de las granjerías y adquisiciones de manos muertas. Nunca el mal es más incurable que cuando el médico toma una enfermedad por otra. ¿Quién labra y cava las viñas en Arganda, de cuenta propia las suyas y a jornal las ajenas, sino los mismos vecinos? ¿Son por ventura los religiosos granjeros a imitación de los monjes antiguos en las tierras del manso de su monasterio? Luego el mal no está en que sean los vecinos, como se supone, perezosos, sino en que cultivan las tierras de su suelo para manos muertas, las cuales sacan de allí el producto, que jamás vuelve al círculo y masa de aquel común.

Conde de Campomanes: *Los males originados por la acumulación de propiedades por las «manos muertas»* (1765)

Contra la propaganda revolucionaria francesa

Prohíbo la introducción y curso en estos mis reinos y señoríos de cualesquiera papeles sediciosos, y contrarios a la fidelidad y a la tranquilidad pública [...] No contentos los partidarios de la independencia de todas las potestades con imprimir papeles incendiarios, hechos expresamente para el fin, siembran también sus ideas y máximas en aquellas obras cuyos objetos no tienen conexión alguna con la religión, la moral y la política, cuales son las de observaciones físicas, historia natural y artes, con cuyo pretexto declaman a favor de sus máximas y de una filosofía anticristiana; y se ha observado que así lo ejecutan en los dos tomos del *Diario de Física de París*, correspondientes al año de 1790 [...] Prohíbo la introducción y curso en estos mis reinos de los dos citados tomos, y de los que en adelante se publiquen de ella, y de cualquiera otra en francés, sin licencia expresa mía.

Carlos IV, orden circular y cédula de 1791

El estado liberal

1800-1931

Grabado que ilustra la aparición de los **primeros ferrocarriles** (1850)

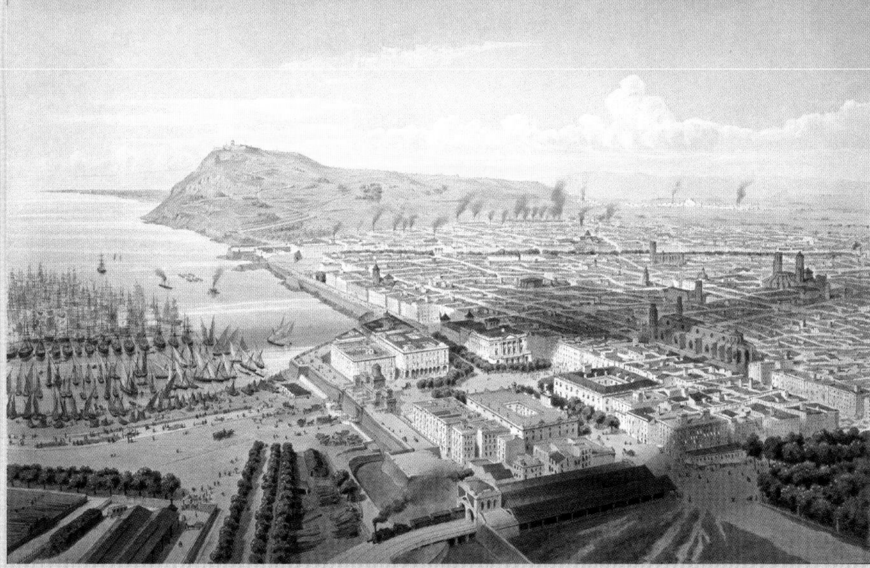

Panorámica de la ciudad de **Barcelona** hacia 1852, según Alfred Guesdon

CRONOLOGÍA DE 1800 A 1875

España

1800

1801 **27 feb.-6 jun.** Guerra de las Naranjas con Portugal

1805 **21 oct**. Batalla de Trafalgar: victoria británica sobre la flota francoespañola

1807 **27 oct.** Tratado de Fontainebleau con Francia

1808 **18 mar.** Motín de Aranjuez

19 mar.-29 sept. 1833 Reinado de Fernando VII

2 mayo-17 abril 1814 Guerra de la Independencia

2 de mayo Levantamiento contra los franceses en Madrid

6 jun.-11 dic. 1813 Reinado de José I Bonaparte

7 jul. Estatuto de Bayona

19 jul. Batalla de Bailén: derrota del ejército napoleónico

ago.-ago. 1825 Guerras de independencia hispanoamericana

25 sept. Se crea una Junta Suprema Central

1810 **16 sept.** México se declara independiente

1812 **26 ene.-10 mar. 1814** Cataluña es incorporada a Francia y dividida en departamentos

19 mar. Constitución liberal de Cádiz

1813 **11 dic.** Tratado de Valençay: retirada de las fuerzas bonapartistas

1814 **12 abril** Manifiesto de los Persas: se solicita al rey el retorno al abolutismo

4 mayo Fernando VII regresa a España y restablece el absolutismo

1816 **9 jul.** Argentina se declara independiente

1820

1820 **1 ene.** Pronunciamiento de Rafael de Riego: Se inicia el Trienio Liberal

1821 **22 feb**. Tratado por el que España cede Florida a Estados Unidos

1822 **mar.** Los liberales exaltados al poder y movimiento antiliberales catalanes y vascos

1823 **7 abr.-30 sept.** Expedición francesa contra el régimen liberal: los Cien mil hijos de san Luis

oct. Fernando VII anula la legislación del Trienio Liberal

1824 **9 dic.** Batalla de Ayacucho en Perú, definitiva derrota de España en América

1830 **mar.** Pragmática Sanción: se elimina la ley sálica

Contexto mundial

1800

1803 Gran Bretaña conquista Delhi (India)

1804 Napoleón coronado emperador

1806 Disolución del Sacro Imperio Romano Germánico

1806 Francia establece un bloqueo continental económico contra Gran Bretaña

1812 El ejército de Napoleón conquista Moscú pero se retira a la llegada del invierno

1814 Congreso de Viena

1815 Francia: fin del Imperio napoleónico y restauración monárquica

1820

1820 Sublevaciones liberales en Nápoles, Oporto, etc.

1822 Grecia se independiza del Imperio otomano

1822 Brasil se independiza de Portugal

1823 Doctrina del presidente de EUA James Monroe: «América para los americanos»

1828 Portugal: Miguel I impone un régimen absolutista

1830 Revoluciones liberales en París, que se extienden a Europa central

1830 Bélgica se independiza de los Países Bajos

CRONOLOGÍA DE 1800 A 1875

España

1833	**29 sept.-30 sept. 1868** Reinado de Isabel II
	29 sept.-17 oct. 1840 Regencia de María Cristina
	2 oct.-6 jul. 1840 Primera guerra carlista
	29 nov. En Barcelona, primera máquina de vapor industrial
	30 nov. División provincial
1835	**25 sept.-15 mayo 1836** Juan Álvarez Mendizábal, progresista, presidente del gobierno
1836	**19 feb. y 8 de mar.** Desamortización de Mendizábal
1839	**29 ago.** Convenio (abrazo) de Vergara entre Baldomero Espartero (liberal) y Rafael Maroto (carlista)

Contexto mundial

1833	Egipto se independiza del Imperio otomano
1834	Unión aduanera alemana (Zollverein) creada por Prusia
1834	Abolición de la esclavitud en las colonias británicas

1840

España

1840	**17 oct.-23 jul. 1843** Regencia de Baldomero Espartero
1842	**3 dic.** Espartero bombardea Barcelona tras el alzamiento que sigue a una crisis del sector algodonero
1843	**9 dic.-19 jul. 1854** Gobiernos del Partido Moderado (destaca Ramón Narváez) [Década moderada]
1846	**dic.-25 abr. 1849** Segunda guerra carlista, desarrollada fundamentalmente en cataluña («guerra dels Matiners»)
1848	**28 oct.** Barcelona-Mataró: primer ferrocarril peninsular
1854	**19 jul.-14 jul. 1856** Bienio progresista (Espartero)
1855	**3 mayo** Desamortización de Pascual Madoz
1856	**14 jul-30 sept. 1868** Gobiernos de la Unión Liberal (Leopoldo O'Donnell) y el Partido Moderado (Narváez)
1859-1860	Guerra de África: campañas de Juan Prim en Marruecos

Contexto mundial

1845	Guerra entre EUA y México, que pierde Texas
1848	Revoluciones liberales en París, Viena, etc.
1857	Garibaldi funda una asociación para la unificación de Italia

1860

España

1868	**28 sept.** Revolución gloriosa: pronunciamiento militar que derroca a Isabel II (exilio en Francia). Se constituyen juntas revolucionarias
	oct. El gobierno provisional de Francisco Serrano y Juan Prim disuelve las juntas revolucionarias
1869	**15 ene.** Elecciones con sufragio universal masculino
	sept.-oct. Levantamiento federal
1870	**16 nov.-11 feb. 1873** Reinado de Amadeo I de Saboya
	19 jun. Federación española de la Asociación Internacional de Trabajadores
1872	**21 abr.-28 febr. 1876** Tercera guerra carlista
1873	**11 feb.-29 dic. 1874** Primera República
	12 jul.-13 ene. 1874 Revolución cantonal

Contexto mundial

1861	Unificación de Italia
1861-1865	Estados Unidos: guerra de secesión
1862	Prusia: Bismarck canciller
1864	Primera Internacional (Asociación Internacional de Trabajadores)
1867	EUA compra Alaska a Rusia
1868	Japón: inicio de la era Meiji (modernización)
1870	Derrota francesa ante Prusia: Francia pierde Alsacia y Lorena
1871	Unificación de Alemania (II Reich)
1871	Comuna de París

CRONOLOGÍA DE 1875 A 1930

España

1874

1874	**3 ene.** Golpe de estado de Pavía
	29 dic. Pronunciamiento monárquico de Martínez-Campos
	29 dic.-25 nov. 1885 Reinado de Alfonso XII
1876	**30 jun.** Constitución liberal monárquica
	21 jul. Supresión de los fueros de Álava, Guipúzcoa y Vizcaya: queda una autonomía administrativa
1879	**2 mayo** Fundación en Madrid del Partido Socialista Obrero Español (PSOE)
1880	**17 feb.** Abolición de la esclavitud en Cuba
1885	**24 nov.** Pacto de El Pardo: turno pacífico de gobierno entre conservadores (Antonio Cánovas) y liberales (Práxedes Mateo Sagasta)
	26 nov.-17 mayo 1902 Regencia de María Cristina de Habsburgo-Lorena
1888	**12 ago.** Fundación en Barcelona de la Unión General de Trabajadores (UGT)
	8 abr. Exposición Universal en Barcelona

1890

1890	**26 jun.** Sufragio universal masculino
1893	**3 oct.-25 abr. 1894** Primera guerra del Rif
1895	**11 abr.** Cuba: desembarco de José Martí e inicio de la guerra de independencia
	31 jul. Fundación del Partido Nacionalista Vasco (PNV)
1897	**8 ago.** Antonio Cánovas del Castillo muere en un atentado anarquista
1898	**25 abr.-12 ago.** Guerra hispano-norteamericana: España sale derrotada ante EUA
	10 dic. Tratado de París: acaba la soberanía española sobre Cuba, Puerto Rico y Filipinas
1899	**12 feb.** Tratado Germano-Español: las islas Marianas y Carolinas (Oceanía) son vendidas a Alemania

1900

1901	**25 abr.** Fundación de la catalana Lliga Regionalista
1902	**17 mayo-14 abr. 1931** Reinado de Alfonso XIII
1906	**16 ene.** Conferencia de Algeciras: se reconoce la influencia española en Marruecos

Contexto mundial

1874

1879	Guerra del Pacífico: Bolivia pierde su salida al mar
1881	Pogroms contra los judíos en Rusia
1882	Gran Bretaña ocupa Egipto
1884	Conferencia de Berlín: reparto de África entre las potencias coloniales
1885	Fundación del Congreso Nacional Indio
1889	Fundación de la Segunda internacional (socialista)

1890

1891	Inicio de la construcción del ferrocarril transiberiano
1894	Francia: caso Dreyfus
1898	Incidente de Fashoda: Gran Bretaña consigue unir sus colonias africanas de norte a sur por Sudán
1899	Guerra de los bóers

1900

1900	Rebelión de los bóxers en China
1901	Australia obtiene autonomía
1903	Panamá se independiza de Colombia; se cede el canal a EUA
1904	Entente cordial entre Francia y Gran Bretaña

CRONOLOGÍA DE 1875 A 1930

España

1907 **21 jul.** Cataluña: Solidaritat Catalana consigue una gran mayoría en las elecciones

1909 **28 jul.** Victoria de la guerrilla rifeña cerca de Melilla

26-31 jul. Semana trágica en Cataluña

1910

1910 **30 oct.** Fundación en Barcelona de la Confederación Nacional del Trabajo (CNT)

1911 **feb.-27 mayo 1927** Segunda guerra del Rif

1912 **27 nov.-7 abr. 1956** Protectorado de Marruecos

1914 **6 abr.** Mancomunidad de Cataluña, constituida al unir las cuatro diputaciones provinciales catalanas

1917 **13 ago.** Huelga general revolucionaria (UGT y CNT)

1918 **22 mar.** Primer gobierno de concentración nacional presidido por Antonio Maura

1918-1921 Trienio Bolchevique: conflictividad social en el campo andaluz

1920

1921 **8 mar.** Eduardo Dato, presidente del gobierno y líder del Partido Conservador, muere en un atentado a manos de anarquistas

13 abr. Fundación en Madrid del Partido Comunista de España

29 jul.-2 ago. Desastre del Annual

1923 **13 sept.** Golpe de estado de Primo de Rivera y régimen dictatorial

1924 **7 abr.** Creación de la Unión Patriótica, partido oficial del régimen

1925 **20 mar.** Disolución de la Mancomunidad de Cataluña

1926 **27 mayo** Victoria franco-española sobre las tribus rifeñas (Marruecos) dirigidas por Abd el-Krim

24 jun. Intento de golpe de estado (Sanjuanada) contra la dictadura

30 oct. Intento armado, liderado por Francesc Macià, de independizar Cataluña desde Prats de Molló

1927 **sept.** Se forma una Asamblea Nacional consultiva, sin poder legislativo

1929 **20 mayo-15 ene. 1930** Exposición internacional en Barcelona

Contexto mundial

1904-1905 Japón vence a Rusia y se expande por Asia oriental

1910

1910 Portugal: proclamación de la república

1910-1920 Revolución mexicana

1911 China: proclamación de la república

1914-1918 Primera guerra mundial

1917 Rusia: los bolcheviques toman el poder, bajo el liderazgo de Lenin

1919 Tercera internacional (comunista)

1919 Tratado de Versalles: sanciones a Alemania, derrotada

1920

1920 Creación de la Sociedad de Naciones

1922 Italia: dictadura fascista de Mussolini

1922 Creación de la Unión de Repúblicas Socialistas Soviéticas

1923 Alemania: golpe frustrado de Hitler

1923 Turquía: Mustafá Kemal Atatürk presidente

1927 Stalin toma el poder en la URSS

1928 Portugal: Salazar, ministro de finanzas

1929 Crack de Wall Street (bolsa de Nueva York)

LA GUERRA DE LA INDEPENDENCIA (1807-1814)

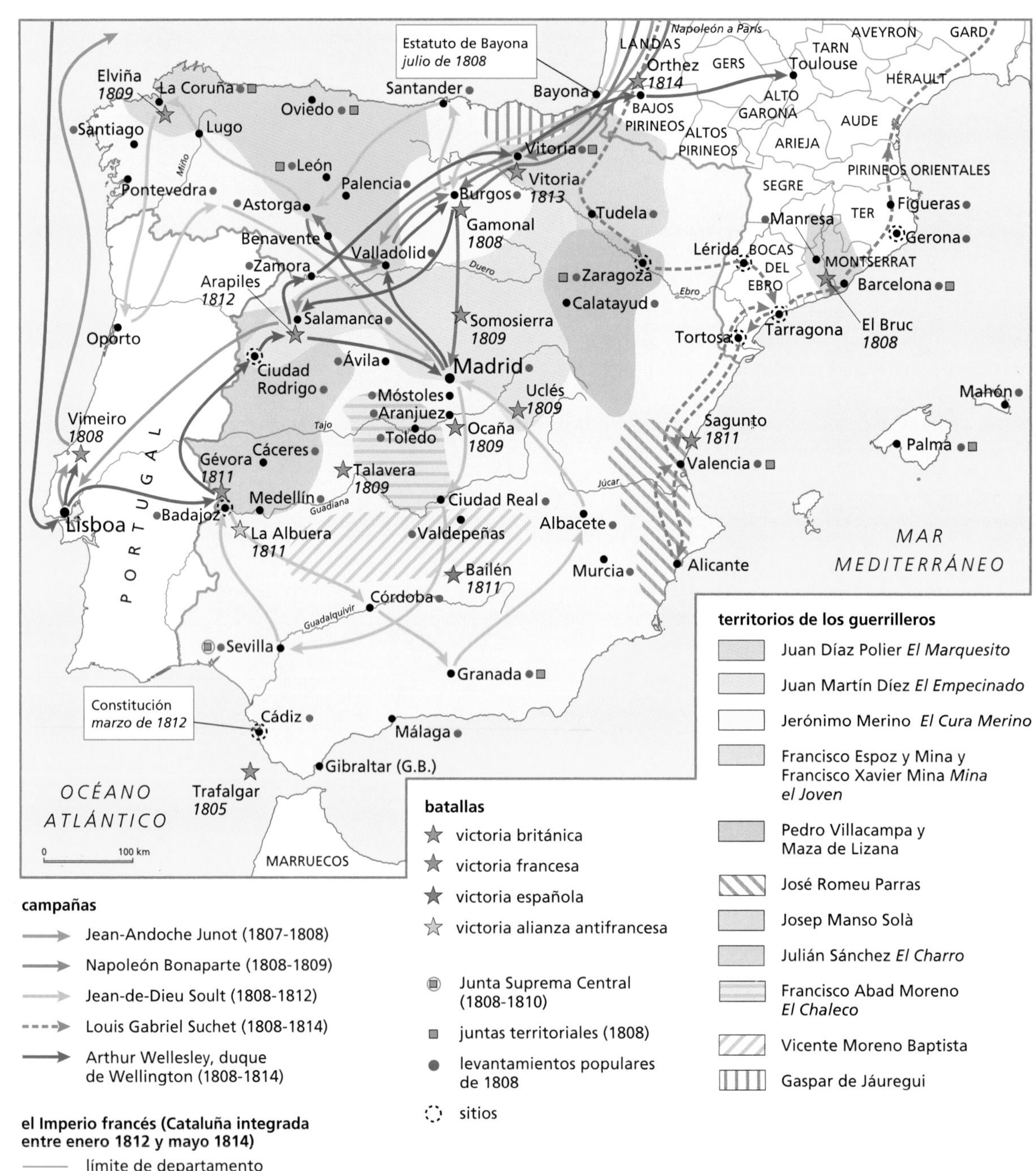

La guerra de la Independencia. A finales de noviembre de 1807, las tropas napoleónicas, al mando del general Jean-Andoche Junot, entran en territorio español.

Lo hacen según el contenido del tratado de Fontainebleau que el Imperio francés firma con España, con el fin de llegar a Portugal para garantizar el bloqueo marítimo contra Inglaterra decretado por Napoleón. Pero las tropas no solo pasan: ocupan las principales ciudades españolas y se apoderan del gobierno. La población muestra su descontento contra el dominio francés, pero también con la política dubitativa ante Napoleón del primer ministro español, Manuel Godoy. Después de un intento de motín en Aranjuez, en marzo de 1808, Napoleón fuerza en Bayona la renuncia al trono del rey español Carlos IV, y de su hijo Fernando, inmersos en una disputa sobre el trono, y entrega la corona a su hermano, José Bonaparte. Como reacción, en Madrid se produce un levantamiento popular contra los franceses el 2 de mayo, sofocado con dureza por las tropas napoleónicas comandadas por Joachim Murat. Al mismo tiempo, se pone de manifiesto una división interna de la sociedad española entre los absolutistas, partidarios de Fernando VII, y los sectores reformistas e ilustrados. Entre

estos últimos hay que distinguir a los que se oponen a la dominación francesa y los llamados afrancesados, que ven en la renuncia de Carlos IV y Fernando VII un paso para la modernización de España.
La oposición a los franceses, cada vez más firme, se concreta en la creación de una serie de juntas territoriales de carácter popular. El 25 de mayo, la Junta de Asturias declara oficialmente la guerra a Francia. Entre mayo y noviembre de 1808, los franceses consiguen el control de las ciudades estratégicas, a excepción de, entre otras, Zaragoza y Gerona, que vivieron largos asedios. Después de la victoria de las tropas regulares españolas sobre las francesas en la batalla de Bailén, en julio de 1808, el propio Napoleón se hace cargo de la dirección de su ejército y se apodera de Madrid, mientras que Jean-de-Dieu Soult conquista Andalucía, con la excepción de Cádiz. El movimiento juntista, cada vez más extendido, convoca cortes constituyentes en Cádiz en septiembre de 1810, y crea un Consejo de Regencia. A partir de mayo de 1811, el ejército francés reduce efectivos, que son enviados al frente ruso, lo que favorece la ofensiva de los dos principales opositores a la dominación francesa: las guerrillas populares y el ejército británico al mando del general Arthur Wellesley, duque de Wellington. Para ganarse el apoyo de algunos sectores en Cataluña, se decreta en enero de 1812 su integración a Francia y se divide en cuatro departamentos. Pero la posición francesa es cada vez más débil. Después de la batalla de Vitoria de junio de 1813, José I huye a Francia. El tratado de Valençay de noviembre de 1813, que no se hace público hasta abril de 1814, pone fin a la guerra. La Regencia y las Cortes manifiestan que no aceptarían el regreso de Fernando VII si este no firmaba la constitución aprobada en Cádiz en 1812, de corte liberal. Pero Fernando VII, con el apoyo de las tropas del general Francisco Javier de Elío, además de un sector de diputados, que firman el llamado Manifiesto de los Persas, restaura el absolutismo y entra en Madrid en mayo de 1814 en medio del entusiasmo popular.

Constitución de Cádiz de 1812

Art. 1. La Nación española es la reunión de todos los españoles de ambos hemisferios.
Art. 2. La Nación española es libre e independiente, y no es ni puede ser patrimonio de ninguna familia ni persona.
Art. 3. La soberanía reside esencialmente en la Nación, y por lo mismo pertenece a esta exclusivamente el derecho de establecer sus leyes fundamentales.
Art. 4. La Nación está obligada a conservar y proteger por leyes sabias y justas la libertad civil, la propiedad y los demás derechos legítimos de todos los individuos que la componen.
[...]
Art. 12. La religión de la Nación española es y será perpetuamente la católica, apostólica, romana, única verdadera. La Nación la protege por leyes sabias y justas y prohíbe el ejercicio de cualquiera otra.
Art. 14. El Gobierno de la Nación española es una Monarquía moderada hereditaria.
Art. 15. La potestad de hacer las leyes reside en las Cortes con el Rey.
Art. 16. La potestad de hacer ejecutar las leyes reside en el Rey.
Art. 17. La potestad de aplicar las leyes en las causas civiles y criminales reside en los tribunales establecidos por la ley.

Aspectos de la guerra

La guerra que hasta ahora hemos hecho en Cataluña ha sido una verdadera escuela de ferocidad y de desmoralización. [...] La conducta de nuestros generales Duhesme y Lechi no ha sido, ni es, la más conforme a la justicia y a la buena moral; los soldados sin sueldo desde largo tiempo, lo mismo los oficiales, mientras que hay que comer para vivir [...] Muchas circunstancias tan imponentes, como la sangre, el fuego, las devastaciones, los robos, la necesidad y el ejemplo de los jefes supremos han embrutecido y corrompido sobremanera a las milicias de la armada de observación. [...] Si prestáis atentos oídos, no escucharéis resonar otro ruido entre las colinas de S. Andrés, Horta, Gracia, S. Jerónimo y Sarriá, entre las riberas del Llobregat y las del Besós que las voces de robos y pillajes, pillajes y robos. Todo lo que se encuentra [...], todo viene descaradamente tomado y llevado a venderse en Barcelona para hacer dinero.

Fragmento de *Galimatías*, diario de guerra del general Gabriele Pepe, del ejército de Napoleón (1808)

Este intrépido caudillo [Francisco Espoz y Mina] había sufrido durante todo el estío la mas porfiada persecución de los franceses [...]. Y él, ceñido de un lado por los Pirineos, del otro por el Ebro, sin apoyo ni punto alguno de seguridad, sin mas tropas que las que por sí había formado, y sin más doctrina militar que la adquirida en la escuela de la propia experiencia, burló constantemente los intentos del enemigo y lo escarmentó muchas veces, algunas en la raya y aun dentro de Francia.
[...] Fatigados los franceses, ajado su orgullo militar y desesperanzados de destruir a Mina a mano armada, apelaron a los arbitrios de la baja intriga y de la cobarde desesperación, y pusieron a precio la cabeza del valiente y sagaz guerrero. [Ofrecieron] ascensos, honores y riquezas si abandonaba la causa de su patria y abrazaba la de Napoleón. Mina [...] concibió sospechas. Vinieron a confirmárselas cartas confidenciales que recibió de Pamplona, en las cuales le advertían se le armaba una celada.

Miguel Agustín Príncipe, *Guerra de la Independencia*, 1847

LA INDEPENDENCIA DE LAS COLONIAS AMERICANAS (1810-1824)

La independencia de las colonias americanas. En el primer cuarto del siglo XIX, España pierde la mayor parte de sus colonias americanas, que se convierten en estados independientes. El movimiento se ve alentado por el éxito de la independencia de los Estados Unidos (1776) y, en menor medida, por la difusión entre criollos de algunas ideas de la ilustración y la Revolución francesa. El proceso se inicia en 1808 con la renuncia al trono de España de Carlos IV y Fernando VII en Bayona, forzados por Napoleón, que nombra rey a su hermano José. Las elites criollas ven en este gesto un vacío de poder y forman juntas que no reconocen a José I y se proclaman fieles a Fernando VII. Más tarde, tampoco reconocen a la Junta Suprema Central ni a las Cortes de Cádiz, ya que se oponen al régimen liberal que dibuja la constitución de 1812, puesto que pone en cuestión su poder económico y social. Acabada la guerra en España, dichas elites constituyen repúblicas para conquistar también el poder político. Fernando VII niega legitimidad a las nuevas repúblicas y se forman en América los llamados ejércitos realistas, con elementos fieles a la metrópoli. La lucha por la independencia la encabezan diversos caudillos políticos y militares. Agustín de Iturbide proclama en 1821 la independencia del Imperio Mexicano, del que se escinden los estados de América Central. Simón Bolívar lidera la independencia de Gran Colombia, de la que surgirán Colombia, Venezuela y Ecuador. Y Francisco José de San Martín encabeza la liberación de Argentina, Chile y Perú, de la cual posteriormente se separa Bolivia. En 1824 se produce la última gran batalla: las tropas de San Martín derrotan a los realistas en Ayacucho. Bolívar intenta federar los nuevos estados, pero fracasa y se consolida una América fragmentada. De todo el imperio colonial americano, España solo conserva Cuba, Puerto Rico y la República Dominicana. América logra la independencia política, pero los nuevos estados no realizan ninguna reforma tendente a la igualdad social y económica de todos sus habitantes, y siguen basándose en las grandes haciendas agrícolas y la explotación y comercialización de materias primas, en manos de la misma elite criolla. Gran Bretaña, que apoya a los independentistas, se convierte en el gran socio comercial de los nuevos países. La independencia consolida una América Latina gobernada por los caudillos militares y sus clientelas, que ocupan los principales cargos de la administración. Los golpes de estado y los constantes cambios de gobierno que jalonan la historia latinoamericana a lo largo de los siglos XIX y XX no dejan de ser luchas por el poder entre facciones rivales, pero no suponen un riesgo para la preeminencia social y económica de los grandes terratenientes, cuyo origen se remonta a la época colonial.

Manifiesto de la Junta de Caracas a los cabildos de América

Convencidos los leales habitantes de esta capital de que por las pérfidas artes del usurpador de Francia, y por la fuerza enorme de sus ejércitos se hallaba la península en un estado de desesperación y desorden, que no permitía la menor esperanza de salud; poseído de una justa desconfianza con respecto al Gobierno central que habiéndose arrogado en su más alta extensión todas las funciones de la soberanía había abusado de ellas, [...] creyeron con unanimidad que había llegado el momento en que [...] diesen a sus hermanos habitantes del nuevo hemisferio otro testimonio ilustre de su acendrada fidelidad al soberano, tomando las medidas necesarias para asegurarle estos dominios y colocarse sobre un pie respetable de unión y de fuerza para reclamar, a nombre de la justicia y de la razón, aquella inestimable fraternidad con nuestros conciudadanos de Europa que nunca ha existido sino en el nombre, y que jamás podrá consolidarse sobre otra base que la igualdad de derechos. [...]

José de las Llamosas y Martín Tovar Ponte (abril 1810)

La América emancipada, según Simón Bolívar

Al desprenderse América de la Monarquía Española, se ha encontrado, semejante al Imperio romano, cuando aquella enorme masa cayó dispersa en medio del antiguo mundo. Cada desmembración formó entonces una nación independiente conforme a su situación o a sus intereses; pero con la diferencia de que aquellos miembros volvían a restablecer sus primeras asociaciones. Nosotros ni aun conservamos los vestigios de lo que fue en otro tiempo; no somos europeos, no somos indios, sino una especie media entre los aborígenes y los españoles. Americanos por nacimiento y europeos por derechos, nos hallamos en el conflicto de disputar a los naturales los títulos de posesión y de mantenernos en el país que nos vio nacer, contra la oposición de los invasores; así nuestro caso es el más extraordinario y complicado. [...] América todo lo recibía de España, que realmente la había privado del goce y ejercicio de la tiranía activa; no permitiéndonos sus funciones en nuestros asuntos domésticos y administración interior. Esta abnegación nos había puesto en la imposibilidad de conocer el curso de los negocios públicos; tampoco gozábamos de la consideración personal que inspira el brillo del poder a los ojos de la multitud, y que es de tanta importancia en las grandes revoluciones. Lo diré de una vez, estábamos abstraídos, ausentes del universo, en cuanto era relativo a la ciencia del gobierno. [...] Un pueblo pervertido si alcanza su libertad, muy pronto vuelve a perderla; porque en vano se esforzarán en mostrarle que la felicidad consiste en la práctica de la virtud; que el imperio de las leyes es más poderoso que el de los tiranos, porque son más inflexibles, y todo debe someterse a su benéfico rigor; que las buenas costumbres, y no la fuerza, son las columnas de las leyes; que el ejercicio de la justicia es el ejercicio de la libertad. Así, legisladores, vuestra empresa es tanto más ímproba cuanto que tenéis que constituir a hombres pervertidos por las ilusiones del error, y por incentivos nocivos. [...]

Discurso de Angostura, 1819

LA INSTAURACIÓN DEL ESTADO LIBERAL (1814-1868)

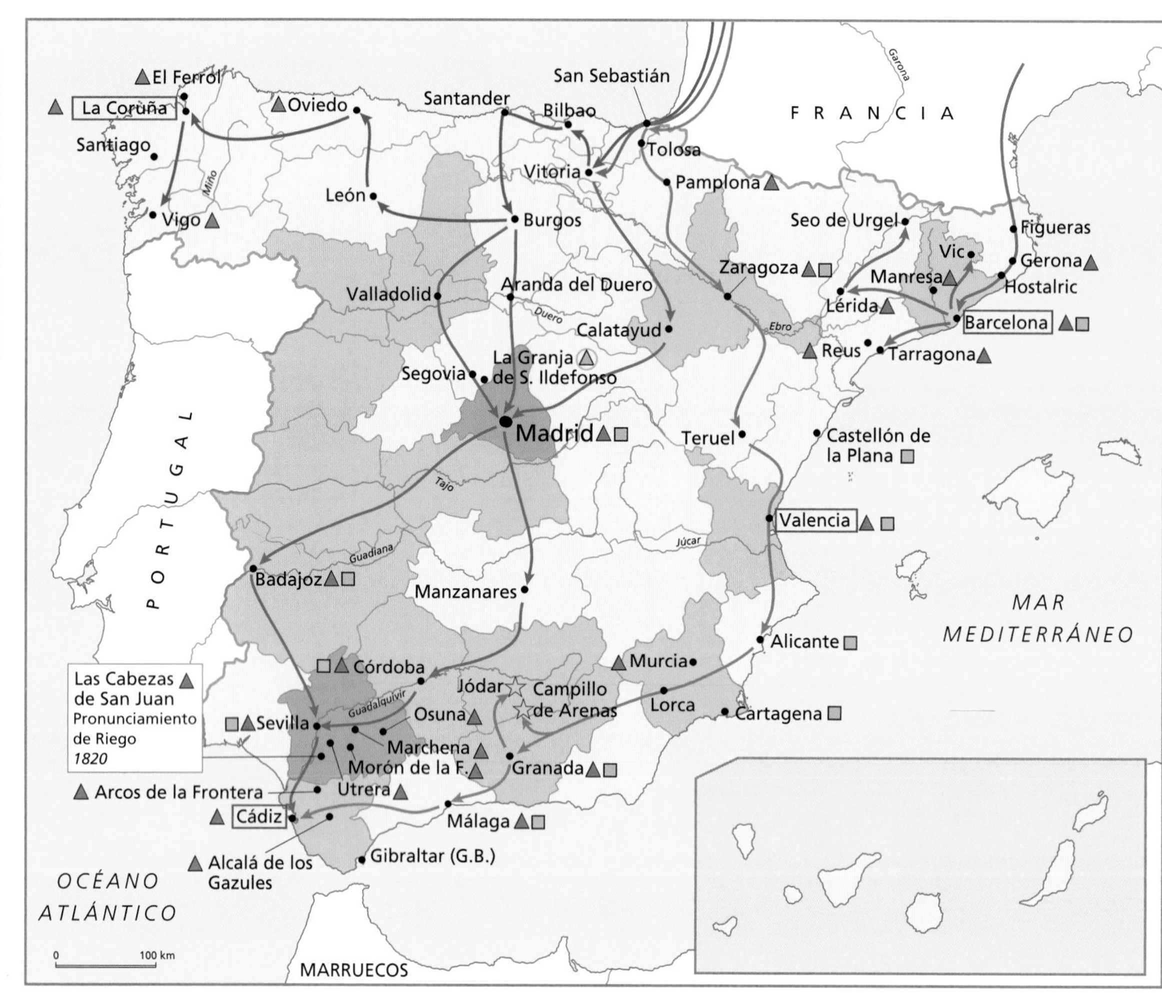

la revolución de 1820

- ▲ motines y levantamientos liberales

campañas francesas (1823)
invasión de los Cien Mil Hijos de San Luis

- Louis de France (duque de Angulema)
- Bon Adrien Jeannot de Moncey
- Gabriel Jean Joseph Molitor
- Jean Raymond Charles Bourke
- principales núcleos de resistencia
- ☆ batalla (victoria francesa)

la desamortización de Mendizábal (1836)

valor de venta de los bienes de la Iglesia (en millones de reales)

- hasta 100
- de 100 a 200
- más de 200

el motín de La Granja (1836)

- núcleo inicial
- revuelta posterior
- límites de provincia (1833)

La instauración del estado liberal. En 1814, Fernando VII ocupa el trono desoyendo las voces de reforma de las Cortes de Cádiz e impone un retorno al absolutismo hasta 1820, cuando el pronunciamiento del general Rafael de Riego da inicio a un trienio de signo liberal. En 1823, las potencias europeas, inquietas por el posible contagio de las reformas al resto de Europa, mandan a España un ejército francés, los Cien Mil Hijos de San Luis, y tras su victoria se restaura el absolutismo. Al fallecer el rey, en 1833, e iniciarse el levantamiento carlista, María Cristina, regente durante la minoría de edad de Isabel II, hija de Fernando VII, busca la complicidad de los liberales moderados. Estos, a lo largo reinado de Isabel II, comparten la necesidad de asegurar unos ingresos al estado, que el absolutismo impide, para que no quiebre, y de disponer de un régimen constitucional que consagre la libertad económica, fuera ya del marco gremial y estamental anterior, y el derecho a la propiedad. En 1834, la regente concede una carta otorgada muy moderada, el Estatuto Real, que en 1836 el motín de La Granja deroga para reinstaurar la constitución de 1812, pero en 1837 y en 1845 se aprueban constituciones liberales moderadas. También se aprueba, en 1833, una reforma territorial, ideada por el ministro Javier de Burgos y basada en el modelo francés de división departamental: la división provincial, que consolida la estructura centralizada del estado. Por otro lado, los ministros Juan Álvarez Mendizábal y Pascual Madoz, tendentes a intensificar las medidas liberalizadoras, impulsan las desamortizaciones para poner fin al régimen señorial a través de la venta de los bienes de manos muertas, es decir, que no se podían enajenar. Mendizábal, en 1836, expropia y subasta bienes de la Iglesia con la pretensión de sanear la deuda pública, ampliar la base social del liberalismo y disminuir el poder eclesiástico. Las tierras desamortizadas son compradas por la nobleza y la burguesía urbana, únicas clases con suficiente poder adquisitivo, lo que explica el apoyo de una parte importante de los nobles, que amplía sus propiedades, al liberalismo, y el apoyo de los campesinos, que no pueden acceder a la propiedad de la tierra, al carlismo o a las nuevas propuestas de carácter socialista. La reforma, sin embargo, pone las tierras en el mercado y abre las bases a una agricultura capitalista. En 1855, Madoz desamortiza las tierras de las órdenes militares y las comunales de los municipios, lo que perjudica a los campesinos pobres al ver convertidas las tierras comunales, de uso general, en propiedad privada. Excepto en determinados y breves episodios, los liberales moderados copan el poder los últimos años del reinado de Isabel II. Solo cabe destacar el Bienio Progresista, entre 1854 y 1856, iniciado por el pronunciamiento en Vicálvaro del general Leopoldo O'Donnell, la denominada Vicalvarada. Pero el alzamiento militar se ve desbordado por un movimiento popular, que en Barcelona adquiere dimensiones obreristas. El poder pasa a manos del progresista Baldomero Espartero, regente de 1840 a 1843 (año este último en que Isabel II, con trece años, es declarada mayor de edad), que en 1842 se había destacado por bombardear Barcelona tras una revuelta contra la política librecambista gubernamental. Finalmente, la reina pone fin al Bienio Progresista y restaura la constitución de 1845, aunque la presión de un creciente movimiento democrático, republicano u obrerista es cada vez más importante, en especial en los núcleos urbanos e industriales. El régimen termina abruptamente con la revolución de 1868.

Exposición de motivos de Juan Álvarez Mendizábal a la reina sobre la desamortización

Vender la masa de bienes que han venido a ser propiedad del Estado no es tan solo cumplir una promesa solemne y dar una garantía positiva a la deuda nacional por medio de una amortización exactamente igual al producto de las rentas, es abrir una fuente abundantísima de felicidad pública; vivificar una riqueza muerta; desobstruir los canales de la industria y de la circulación; apegar al país por el amor natural y vehemente a todo lo propio; enganchar la patria, crear nuevos y fuertes vínculos que liguen a ella; es en fin identificar con el trono excelso a Isabel II, símbolo de orden y de la libertad.

No es, Señora, ni una fría especulación mercantil, ni una mera operación de crédito, por más que este sea la palanca que mueve y equilibra en nuestros días las naciones de Europa: es un elemento de animación, de vida y de ventura para la España: Es, si puedo explicarme así, el complemento de su resurrección política.

El decreto que voy a tener la honra de someter a la augusta aprobación de V.M. sobre la venta de esos bienes adquiridos ya para la nación, así como en su resultado material ha de producir el beneficio de minorar la fuerte suma de la deuda pública, es menester que en su tendencia, en su objeto y aun en los medios por donde se aspire a aquel resultado, se enlace, se encadene, se funda en la alta idea de crear una copiosa familia de propietarios, cuyos goces y cuya existencia se apoya principalmente en el triunfo completo de nuestras actuales instituciones.

Gaceta de Madrid, 21 de febrero de 1836

Constitución de 1837

Siendo la voluntad de la Nación revisar, en uso de su soberanía, la Constitución promulgada en Cádiz el 19 de marzo de 1812; las Cortes [...] sancionan la siguiente Constitución.

[...]

Art. 2.º Todos los Españoles pueden imprimir y publicar libremente sus ideas sin previa censura, con sujeción a las leyes [....]

Art. 4.º Unos mismos códigos regirán en toda la monarquía, y en ellos no se establecerá más que un solo fuero para todos los españoles [...]

Art. 9.º Ningún español podrá ser procesado ni sentenciado sino por el juez o tribunal competente [...]

Art. 11.º La Nación se obliga a mantener el culto y los ministros de la Religión Católica que profesan los Españoles.

Art. 12.º La potestad de hacer leyes reside en las Cortes con el Rey.

Art. 13.º Las Cortes se componen de dos cuerpos colegisladores, iguales en facultades: el Senado y el Congreso de los Diputados.

[...]

Art. 69.º En cada provincia habrá una Diputación provincial, compuesta del número de individuos que determina la ley, nombrados por los mismos electores que los Diputados a Cortes.

LAS GUERRAS CARLISTAS Y EL CARLISMO (1833-1876)

Las guerras carlistas y el carlismo. En septiembre de 1833, tras la muerte de Fernando VII, el trono pasa a su única hija, Isabel, de solo tres años. El rey, en 1830, al no tener descendencia masculina, mediante la Pragmática Sanción abolió la ley Sálica de 1713, que solo permitía heredar el trono a las mujeres si el rey no tenía hijos, hermanos o sobrinos varones. Pero el hermano del rey, Carlos María Isidro reclama el trono (Carlos V), y recibe el apoyo de los sectores más tradicionalistas, encabezados por pequeños nobles rurales y parte del clero, con un amplio apoyo popular, fruto del descontento por la situación económica, el sistema de levas militares y el proceso de desamortización agraria, que beneficia a las clases adineradas y margina al campesinado. El carlismo, un movimiento fundamentalmente de base rural, arraiga en el área vasco-navarra, donde hizo hincapié en la defensa de los fueros ante la nueva uniformidad provincial, en la Cataluña rural y el Maestrazgo. Frente a los carlistas, la madre de Isabel II y regente, María Cristina, encuentra aliados en los sectores favorables a un régimen liberal moderado, en la jerarquía del ejército y del estado. La primera guerra carlista (1833-1840) estalla tras la muerte del rey Fernando VII con el levantamiento de partidas carlistas en el área vasco-navarra. Gracias al apoyo popular combaten mediante guerrillas, hasta que el general Tomás de Zumalacárregui organiza un ejército, y el general Ramón Cabrera unifica las partidas aragonesas y catalanas. Tras la muerte de Zumalacárregui, y la victoria en Luchana (1836) del general isabelino Baldomero Espartero sobre los carlistas, estos se dividen. Un sector, liderado por el general Rafael Maroto, es partidario de un acuerdo con el gobierno, mientras que otro, cercano a don Carlos, quiere continuar la guerra. La paz llega en 1839 mediante el Convenio o Abrazo de Vergara, que respeta los fueros vascos y contempla la incorporación de los militares carlistas en el ejército regular. El pretendiente Carlos pasa a Francia, mientras las partidas de Cabrera continúan la guerra en el Maestrazgo hasta su derrota, pocos meses después. Entre 1846 y 1849 estalla una segunda guerra carlista, la guerra *dels Matiners,* circunscrita a Cataluña, una insurrección antiliberal sofocada con facilidad por las tropas isabelinas. El pretexto de la revuelta son los intentos de casar a Isabel II con el pretendiente carlista, Carlos Luis (Carlos VI), hijo de Carlos María Isidro. Durante el Sexenio tiene lugar una tercera guerra carlista (1872-1876), en esta ocasión a favor del pretendiente Carlos María (Carlos VII), nieto de Carlos María Isidro. El conflicto se desarrolla en Cataluña y la zona vasco-navarra y acaba con la definitiva derrota del carlismo, ya bajo el reinado de Alfonso XII. Posteriormente, partidos como el Partido Católico Tradicional (1918) o la Comunión Tradicionalista (1931) toman el relevo del tradicionalismo carlista, que lucha en el bando franquista durante la guerra civil. En 1937 es integrado en el partido único FET y de las JONS, aunque determinados sectores no aceptan esta unificación y siguen reivindicando la herencia del ideario hasta la actualidad.

Manifiesto de don Carlos María Isidro *(Carlos V)*

No ambiciono el trono; estoy lejos de codiciar bienes caducos; pero la religión, la observancia y cumplimiento de la ley fundamental de sucesión y la singular obligación de defender los derechos imprescriptibles de mis hijos [...] me esfuerzan a sostener y defender la corona de España del violento despojo que de ella me ha causado una sanción tan ilegal como destructora de la ley que legítimamente y sin alteración debe ser perpetuada. Desde el fatal instante en que murió mi caro hermano [...] creí se habrían dictado en mi defensa las providencias oportunas para mi reconocimiento; y si hasta aquel momento habría sido traidor el que lo hubiese intentado, ahora será el que no jure mis banderas, a los cuales, especialmente a los generales, gobernadores y demás autoridades civiles y militares, haré los debidos cargos, cuando la misericordia de Dios me lleve al seno de mi amada Patria, a la cabeza de los que me sean fieles.

Abrantes (Portugal), octubre de 1833

Convenio (abrazo) de Vergara

Artículo 1.º El capitán general don Baldomero Espartero recomendará con interés al Gobierno el cumplimiento de su oferta de comprometerse formalmente a proponer a las Cortes la concesión o modificación de los fueros.

Art. 2.º Serán admitidos los empleos, grados y condecoraciones de los generales, jefes, oficiales y, demás individuos dependientes del ejército del teniente general don Rafael Maroto, [...] quedando en libertad de seguir sirviendo, defendiendo la Constitución de 1837, el Trono de Isabel II y la Regencia de su augusta madre; o bien retirarse a sus casas los que no quieran seguir con las armas en la mano.

Art. 3.º Los que adopten el primer caso de continuar sirviendo tendrán colocación en los cuerpos del ejército [...].

Vergara, agosto de 1839

Carta del infante Carlos María *(Carlos VII)* al infante Alfonso

Yo no puedo, mi querido Alfonso, presentarme a España como pretendiente a la Corona. Yo debo creer y creo que la Corona de España está ya puesta sobre mi frente por la santa mano de la ley. Con ese derecho nací [...] mas deseo que ese derecho mío sea confirmado por el amor de mi pueblo.

[...] Sabiendo, y no olvidando, que el siglo XIX no es el siglo XVI, España está resuelta a conservar a todo trance la unidad católica, símbolo de nuestras glorias, espíritu de nuestras leyes, bendito lazo de unión entre todos los españoles.

[...] Ama el pueblo español la descentralización y siempre la amó; y bien sabes, hermano mío, que si se cumpliera mi deseo, así como el espíritu revolucionario pretende igualar las provincias vascas a las restantes de España, todas estas semejarían o igualarían en su régimen interior con aquellas afortunadas y nobles provincias.

[...] Mi pensamiento fijo es [...] dar a esa España la amada libertad, que solo conoce de nombre; la libertad, que es hija del Evangelio; no el liberalismo, que es hijo de la protesta; la libertad, que es al fin el reinado de las leyes, cuando las leyes son justas, esto es, conformes al derecho de naturaleza, al derecho de Dios.

[...] aplicada a España, reputo por error muy funesto la libertad de comercio, que Francia repugna y rechazan los Estados Unidos. Entiendo, por el contrario, que se debe proteger eficazmente la industria nacional.

París, junio de 1869

LA REVOLUCIÓN DE 1868 Y EL SEXENIO (1868-1874)

La revolución de 1868 y el Sexenio. En septiembre de 1868, una sublevación, llamada La Gloriosa, destrona a la reina Isabel II de Borbón y da inicio al Sexenio Democrático (1868-1874), un periodo que incluye la primera experiencia republicana española. La revolución surge en un contexto de crisis económica, en especial por una etapa de malas cosechas y la falta de rentabilidad de las compañías ferroviarias, puesto que mayoritariamente unían puntos de escasa dinámica económica. El régimen de Isabel II es muy impopular entre las clases bajas, la clase política y los militares liberales, y se suceden, a partir de 1865, los intentos de acabar con él. Los progresistas, liberales y republicanos, sistemáticamente excluidos de los gobiernos de Isabel II, reunidos en Ostende (1866) y en Bruselas (1867), acuerdan aliarse para derrocarla. La muerte de los principales líderes moderados, Leopoldo O'Donnell en 1867 y Ramón María Narváez, en mayo de 1868, debilita aún más a la monarquía. En septiembre de 1868, las fuerzas navales de Cádiz, al mando del general Juan Bautista Topete, se amotinan contra el gobierno de Isabel II. Tienen el apoyo de los generales Juan Prim, progresista, y Francisco Serrano, liberal. Tras derrotar a los realistas del general Manuel Pavía en la batalla de Alcolea, la reina se exilia. El pronunciamiento militar pretende aprobar una nueva constitución y cambiar el monarca. Pero en las ciudades se instauran unas juntas revolucionarias cuyo objetivo es impulsar una verdadera revolución democrática. Por su parte, en Andalucía actúan unos movimientos campesinos que aspiran a una revolución social. Se forma un gobierno provisional presidido por Serrano, y en enero de 1869 se celebran en España las primeras elecciones con sufragio universal masculino, en las que una coalición de partidos monárquicos, progresistas y liberales, obtiene una amplia mayoría. Prim es nombrado jefe del gobierno, y Serrano ocupa la regencia a la espera de designar un nuevo monarca. Las Cortes aprueban una nueva constitución, considerada la primera carta magna española realmente democrática. Pero poco después los republicanos federales se levantan en distintas áreas del país, descontentos con la lentitud de los cambios del nuevo gobierno, a la vez que el naciente movimiento obrero hace sentir cada vez con mayor fuerza sus reivindicaciones. En el gobierno, la elección de un nuevo monarca genera tensiones. Finalmente, en noviembre de 1870, es proclamado rey el italiano Amadeo de Saboya. Pero antes de su llegada a España, Prim es asesinado. En un clima de inestabilidad provocado por los continuos cambios de gobierno y la agitación social obrerista, carlista y secesionista en Cuba, Amadeo abdica en febrero de 1873 y las Cortes de mayoría monárquica proclaman la república, al no encontrar un candidato con suficientes apoyos.

Proclama de los sublevados

Españoles: la ciudad de Cádiz puesta en armas con toda su provincia [...] niega su obediencia al gobierno que reside en Madrid, segura de que es leal intérprete de los ciudadanos [...] y resuelta a no deponer las armas hasta que la Nación recobre su soberanía, manifieste su voluntad y se cumpla. [...] Hollada la ley fundamental [...], corrompido el sufragio por la amenaza y el soborno, [...] muerto el Municipio; pasto la Administración y la Hacienda de la inmoralidad; tiranizada la enseñanza; muda la prensa [...]. Tal es la España de hoy. [...] Queremos que una legalidad común por todos creada tenga implícito y constante el respeto de todos. [...] Queremos que un Gobierno provisional que represente todas las fuerzas vivas del país asegure el orden, en tanto que el sufragio universal echa los cimientos de nuestra regeneración social y política. Contamos para realizar nuestro inquebrantable propósito con el concurso de todos los liberales [...]; con el apoyo de las clases acomodadas [...]; con los amantes del orden, si quieren ver lo establecido sobre las firmísimas bases de la moralidad y del derecho; con los ardientes partidarios de las libertades individuales, cuyas aspiraciones pondremos bajo el amparo de la ley; con el apoyo de los ministros del altar, interesados antes que nadie en cegar en su origen las fuentes del vicio y del ejemplo [...]. Españoles: acudid todos a las armas, único medio de economizar la efusión de sangre [...]. ¡Viva España con honra!

Firmado por Juan Prim, Domingo Dulce, Francisco Serrano, Ramón Nouvillas, Rafael Primo de Rivera, Antonio Caballero, Fernando de Rodas y Juan Topete (Cádiz, 19 de septiembre de 1868)

Constitución de 1869

Art. 16. Ningún español que se halle en el pleno goce de sus derechos civiles podrá ser privado del derecho de votar en las elecciones de Senadores, Diputados a Cortes, Diputados provinciales y Concejales.
Art. 17. Tampoco podrá ser privado ningún español:
Del derecho de emitir libremente sus ideas y opiniones, ya de palabra, ya por escrito, valiéndose de la imprenta o de otro procedimiento semejante.
Del derecho de reunirse pacíficamente.
Del derecho de asociarse para todos los fines de la vida humana que no sean contrarios a la moral pública.
[...]
Art. 21. La Nación se obliga a mantener el culto y los ministros de la religión católica. El ejercicio público o privado de cualquier otro culto queda garantido a todos los extranjeros residentes en España, sin más limitaciones que las reglas universales de la moral y del derecho.
Art. 22. No se establecerá ni por las leyes, ni por las Autoridades, disposición alguna preventiva que se refiera al ejercicio de los derechos definidos en este título. Tampoco podrán establecerse la censura, el depósito ni el editor responsable para los periódicos.

Discurso de renuncia de Amadeo de Saboya

Dos años largos ha que ciño la Corona de España, y la España vive en constante lucha, viendo cada día más lejana la era de paz y de ventura que tan ardientemente anhelo. Si fuesen extranjeros los enemigos de su dicha, entonces, al frente de estos soldados tan valientes como sufridos, sería el primero en combatirlos; pero todos los que con la espada, con la pluma, con la palabra agravan y perpetúan los males de la Nación son españoles, todos invocan el dulce nombre de la patria, todos pelean y se agitan por su bien, y entre el fragor del combate, entre el confuso, atronador y contradictorio clamor de los partidos, entre tantas y tan opuestas manifestaciones de la opinión pública, es imposible atinar cuál es la verdadera [...].

11 de febrero de 1873

LA PRIMERA REPÚBLICA (1873-1874)

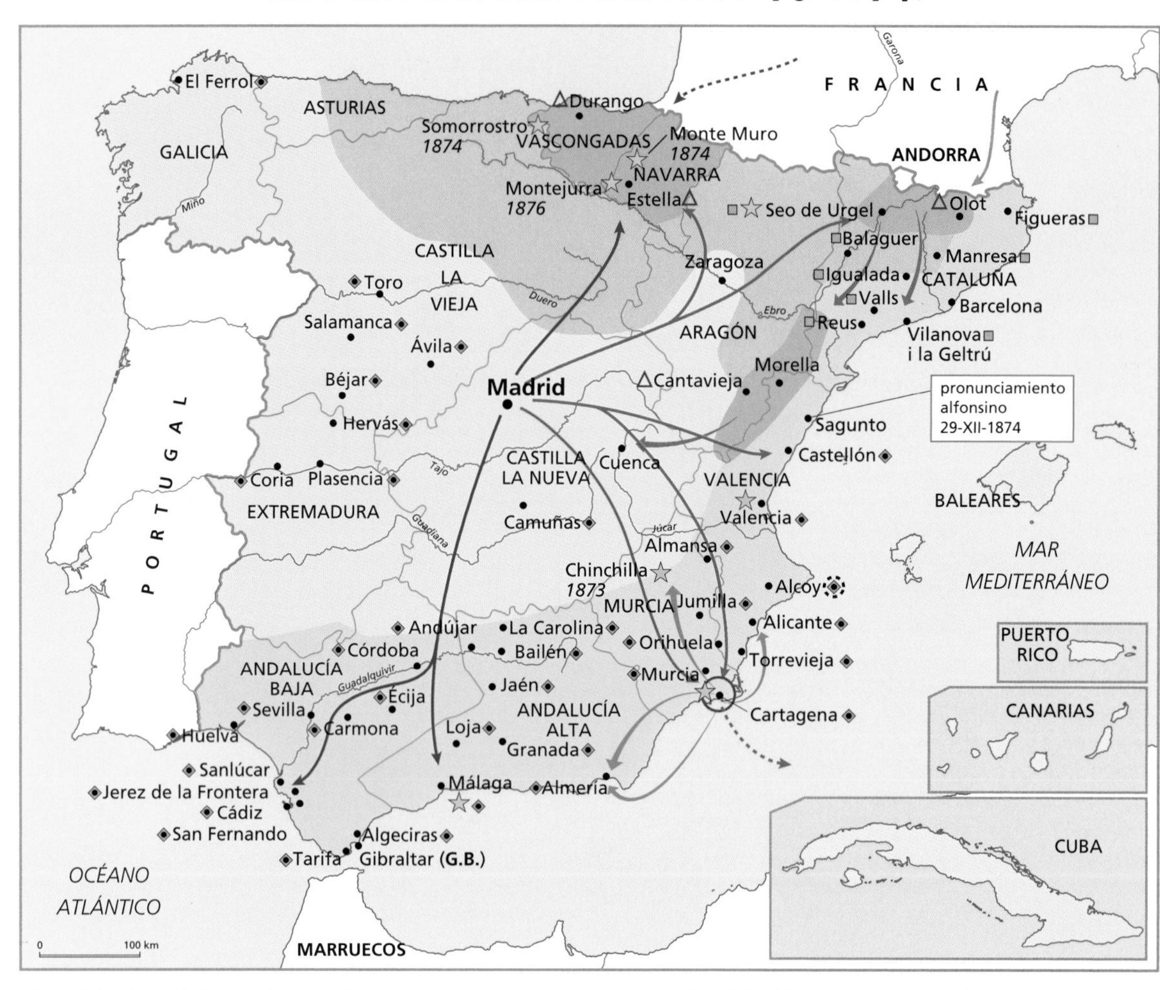

el republicanismo federal y el cantonalismo

- zona de predominio del republicanismo federal
- CUBA — estados federales (proyecto de julio de 1873)
- levantamientos federales en Cataluña (sept.-oct. 1869)
- revolución del petróleo (julio 1873)
- núcleos cantonalistas
- accciones militares del cantón de Cartagena (1873-1874)
- asedio
- exilio de los líderes cantonales (enero 1874) a Argelia
- batallas (victorias gubernamentales)

campañas del gobierno contra cantonalistas y carlistas

- Arsenio Martínez-Campos
- José López Domínguez
- Manuel Pavía

el carlismo

- zona de predominio carlista
- zona de influencia carlista
- acciones de las tropas carlistas (tercera guerra carlista 1872-1876)
- centro carlista
- entrada de Alfonso Carlos de Borbón (1872-1873)
- entrada de Carlos María de Borbón (Carlos VII) [1872-1873]

La Primera República. El día 11 de febrero de 1873, las Cortes españolas, ante la abdicación de Amadeo I, deciden proclamar la república. Estanislao Figueras es nombrado primer presidente. Forma un gobierno con republicanos federales y progresistas que, con una hacienda exhausta y pocas simpatías republicanas en el ejército, debe afrontar el tercer levantamiento carlista y la guerra de independencia iniciada en Cuba en 1868. Además, en Cataluña, donde en 1869 los grupos federalistas se insurreccionan y firman el pacto de Tortosa con los federalistas de los territorios de la antigua Corona de Aragón, Figueras también tiene que sofocar la proclamación, en marzo, de un estado catalán dentro de la federación española. En su corto mandato, Figueras promulga una amplia amnistía, decreta la abolición de la esclavitud en Puerto Rico y suprime las quintas. En mayo de 1873 se celebran elecciones constituyentes, en las que los republicanos consiguen una abrumadora mayoría, con 343 escaños por 31 el resto de fuerzas, aunque no participa la mayoría de grupos contrarios a la república, y tampoco las organizaciones obreras. Poco después, Figueras dimite y le sustituye Francisco Pi y Margall, que aprueba una serie de leyes de carácter social, entre las cuales el reparto de tierras desamortizadas, el restablecimiento del ejército regular con levas obligatorias, la separación de la Iglesia y el estado, la enseñanza obligatoria y gratuita o el derecho a la sindicación obrera. En junio, las Cortes proclaman la república federal y elaboran un proyecto de constitución que contempla la separación de poderes, el reconocimiento de la soberanía popular y la libertad religiosa, a lo que el Vaticano reacciona rompiendo relaciones diplomáticas con España. También organiza el territorio español en estados federados. En los meses siguientes, en Cartagena estalla una sublevación cantonalista que se extiende a otras ciudades. Pi y Margall dimite y le sustituye Nicolás Salmerón, republicano moderado. Ante el recrudecimiento del movimiento cantonalista, recurre a generales contrarios a la república federal, que someten los cantones, excepto el de Cartagena. Pero Salmerón renuncia al cargo para no tener que firmar penas de muerte contra los revolucionarios. Su sustituto, Emilio Castelar, da un giro a la derecha. Ante la necesidad de controlar la sublevación cantonal y la guerra carlista, pide plenos poderes a las Cortes, pero los federales fuerzan su dimisión en enero de 1874. En este momento, y para evitar que el poder recaiga en federalistas radicales, el general Manuel Pavía disuelve las Cortes y cede el poder al general Francisco Serrano, uno de los militares de la sublevación de 1868, que proclama la república unitaria, logra someter el cantón de Cartagena y concentra los esfuerzos en la guerra carlista. Aunque sentenciada desde el golpe de Pavía, el punto final de la república llega con el pronunciamiento del general Arsenio Martínez-Campos en Sagunto el 29 de diciembre de 1874, que lleva a la entronización de Alfonso XII como rey. Es el inicio de la Restauración.

Proyecto de constitución federal de la República Española de 1873

Título Primero. De la Nación Española
Artículo 1.º- Componen la Nación Española los Estados de Andalucía Alta, Andalucía Baja, Aragón, Asturias, Baleares, Canarias, Castilla la Nueva, Castilla la Vieja, Cataluña, Cuba, Extremadura, Galicia, Murcia, Navarra, Puerto Rico, Valencia, Regiones Vascongadas.
Los Estados podrán conservar las actuales provincias o modificarlas, según sus necesidades territoriales.
Artículo 2.º- Las islas Filipinas, de Fernando Poo, Annobón, Corisco, y los establecimientos de África, componen territorios que, a medida de sus progresos, se elevarán a Estados por los poderes públicos.

Carta de Arsenio Martínez-Campos a Juan Contreras, general de los defensores del Cantón de Cartagena

[...] hasta el día el curso de la política en Madrid podía dar ocasión a que usted creyese que la causa cantonal podía triunfar; mas hoy [...] la actitud del gobierno y de las Cortes tienen que alejar toda esperanza [...]. Tranquilizada Andalucía, la resistencia de Cartagena no tiene razón de ser, no hace más que aumentar las huestes carlistas, distrayendo fuerzas que, empleadas en su persecución, darían grandes resultados. [...]

Respuesta de Juan Contreras

[...] Extraño yo a la política de Madrid, que [...] bien comprendo hay solo en ella alfonsinos, monárquicos de varios reyes y republicanos descreídos que no cumplen con sus deberes, debo contestarle. [...] Sin tantos medios y más modesto, tengo hombres valientes, entusiastas republicanos federales, que esperan decididos defenderse, confiados en la bondad de su causa y en las simpatías del pueblo español, siempre liberal, siempre democrático.

Septiembre de 1873

Primera proclama del Cantón de Cartagena

Cartageneros: Los que por voluntad de la mayoría del pueblo republicano de esta localidad hemos constituido la Junta de Salud Pública de la misma tenemos el deber imprescindible de hacer una declaración categórica de nuestras miras, de nuestros principios y de los intereses que defendemos y que tratamos de resguardar para bien de la República y para la salvación de la Patria. Proclamada como forma de Gobierno para España la Republica Federal, el pueblo republicano en su inmensa mayoría reclamaba, como imperiosamente exigían las circunstancias, que se organizase la federación estableciendo inmediatamente la división regional, de los cantonales y dando a estos y al municipio la autoridad suspirada de tanto tiempo [...].
Pero el pueblo, ansiosísimo de estas reformas, sediento de esta redención tan deseada, veía prolongarse indefinidamente sus momentos de agonía, veía amenazada la República de un golpe de muerte, y no veía en el Gobierno ni en la Cámara Constituyente una predisposición positiva para la inmediata ejecución de estas reformas [...].
¡Viva la República Federal! - ¡Viva la Soberanía del Pueblo!

Julio de 1873

LA RESTAURACIÓN. TURNO PACÍFICO Y CACIQUISMO (1874-1923)

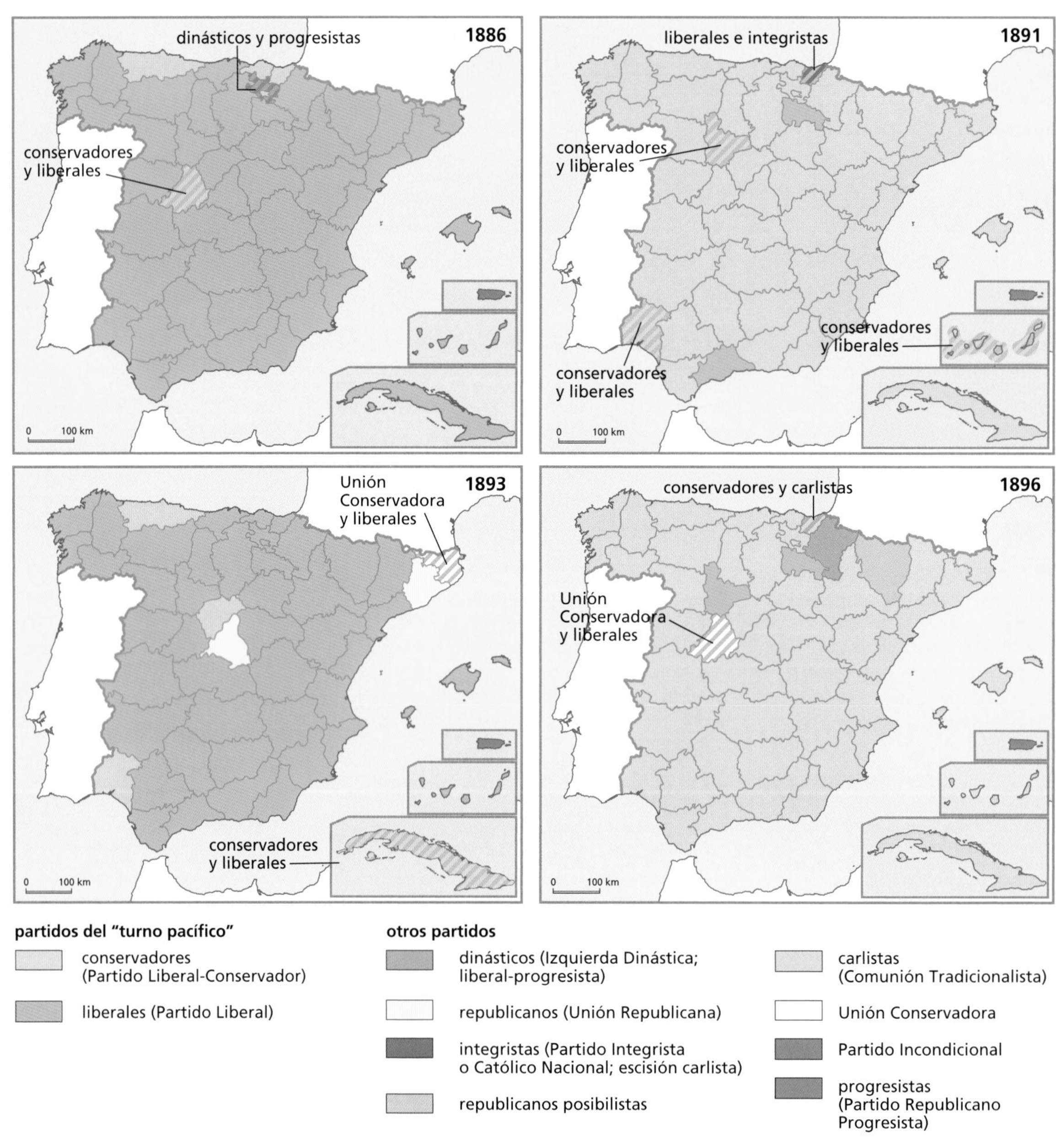

La Restauración. Turno pacífico y caciquismo. La Restauración es un largo período de estabilidad institucional que comprende desde el inicio el reinado de Alfonso XII de Borbón en diciembre de 1874 hasta la mayoría de edad de Alfonso XIII, en 1902, aunque habitualmente se considera que se prolonga hasta septiembre de 1923, puesto que el sistema político que se establece perdura hasta dicha fecha, cuando se instaura la dictadura de Primo de Rivera. Después del pronunciamiento de Arsenio Martínez-Campos en diciembre de 1874, que pone final al Sexenio Democrático, Antonio Cánovas del Castillo es nombrado jefe de gobierno. Para evitar la inestabilidad del Sexenio, Cánovas articula un sistema político, consagrado por la constitución de 1876, que recoge los principios del liberalismo y en el que el rey conserva determinadas atribuciones políticas, como el nombramiento del jefe de gobierno. Inspirado en la política británica, el sistema gira alrededor de dos grandes formaciones, la de los liberales conservadores (Partido Liberal-Conservador) del propio Cánovas y la de los liberales progresistas (Partido Liberal), que se funda en 1880 bajo el liderato de Práxedes Mateo Sagasta. El sistema tiene un funcionamiento peculiar, ya que los cambios políticos no son el resultado de unas elecciones, sino que, en caso de debilidad o crisis institucional, el rey nombra a un nuevo primer ministro del otro partido, que convoca elecciones que, inevitablemente, gana. Esto se consigue gracias a una correa de transmisión que empieza en el ministerio de Gobernación, pasa por los gobernadores civiles y llega hasta los caciques, personas con influencia económica y social en los municipios, que, mediante presiones o incluso manipulaciones electorales, dan un resultado electoral que valida al nuevo gobierno. Gracias al caciquismo, a lo largo de la Restauración, conservadores y liberales se alternan en el poder. Era un sistema a la medida de los intereses de los terratenientes y la alta burguesía, al cual se acomoda la burguesía rural y urbana, pero que margina a republicanos y carlistas. En los turnos de gobierno liberal se aprueban avances democráticos como el sufragio universal masculino (1890), la libertad de prensa o el Código Civil. En 1885, ante la inminencia de la muerte de Alfonso XII, aquejado de tuberculosis, Cánovas y Sagasta ratifican en el pacto del Pardo el sistema de turno pacífico para mantener la estabilidad durante la regencia de María Cristina. A partir de la muerte de Cánovas (1897), el sistema empieza a resquebrajarse por la división interna de los conservadores y la voluntad de regenerar la vida política y social: tras la pérdida de Cuba (1898) y la consolidación de fuerzas obreras (socialistas o anarquistas) y nacionalistas (catalanas o vascas) se explicitan iniciativas regeneracionistas de carácter intelectual o autoritarias de orden militar, con el triunfo de estas últimas en 1923 y en 1939.

Constitución de 1876

Art. 11. La religión Católica, Apostólica, Romana es la del Estado. La Nación se obliga a mantener el culto y sus ministros. Nadie será molestado en territorio español por sus opiniones religiosas, ni por el ejercicio de su respectivo culto, salvo el respeto debido a la moral cristiana. No se permitirán, sin embargo, otras ceremonias ni manifestaciones públicas que las de la religión del Estado. [...]
Art. 13. Todo español tiene derecho: De emitir libremente sus ideas y opiniones, ya de palabra, ya por escrito, valiéndose de la imprenta o de otro procedimiento semejante, sin sujeción a la censura previa. De reunirse pacíficamente. De asociarse para los fines de la vida humana. De dirigir peticiones individual o colectivamente al Rey, a las Cortes y a las autoridades. [...]
Art. 18. La potestad de hacer las leyes reside en las Cortes con el Rey.
Art. 28. Los Diputados se elegirán y podrán ser elegidos indefinidamente por el método que determine la ley. [...]
Art. 50. La potestad de hacer ejecutar las leyes reside en el Rey, y su autoridad se extiende a todo cuanto conduce a la conservación del orden público en el interior y a la seguridad del Estado en la exterior, conforme a la Constitución y a las leyes.
Art. 51. El Rey sanciona y promulga las leyes. [...]
Art. 54. Corresponde, además, al rey [...] nombrar y separar libremente a los ministros. [...]
Art. 75. Unos mismos Códigos regirán en toda la Monarquía, sin perjuicio de las variaciones que por particulares circunstancias determinen las leyes. En ellos no se establecerá más que un solo fuero para todos los españoles en los juicios civiles y criminales [...]

Madrid, 30 de junio de 1876.

Oligarquía y caciquismo según el regeneracionismo

No es la forma de gobierno en España la misma que impera en Europa [...] No es nuestra forma de gobierno un *régimen parlamentario*, viciado por corruptelas y abusos, según es uso entender, sino al contrario, un *régimen oligárquico, servido*, que no moderado, por instituciones aparentemente parlamentarias. O dicho de otro modo: no es el régimen parlamentario la regla, y excepción de ella los vicios y las corruptelas denunciadas en la prensa y en el Parlamento mismo durante sesenta años: al revés, eso que llamamos desviaciones y corruptelas constituyen el régimen, son la misma regla. [...] Con esto llegamos [...] a determinar los factores que integran esta forma de gobierno y la posición que cada uno de ellos ocupa respecto de los demás [...]: 1.º los oligarcas (los llamados primates), prohombres o notables de cada bando, que forman su «plana mayor», residentes ordinariamente en el centro. 2.º los caciques, de primero, segundo o ulterior grado, diseminados por el territorio. 3.º el gobernador civil, que les sirve de órgano de comunicación y de instrumento. [...].
Oligarcas y caciques constituyen lo que solemos denominar clase directora o gobernante, distribuida o encasillada en «partidos». Pero aunque se lo llamemos, no lo es: si lo fuese, formaría parte integrante de la nación, sería orgánica representación de ella, y no es sino un cuerpo extraño, como pudiera serlo una facción de extranjeros apoderados por la fuerza de Ministerios, Capitanías, telégrafos, ferrocarriles, baterías y fortalezas para imponer tributos y cobrarlos.
[...] Significando aristocracia el gobierno del país por una minoría, pero minoría de los mejores, la forma de gobierno en España es lo contrario, el gobierno del país por una minoría también, pero minoría de los peores, según una selección al revés. [...]

Joaquín Costa, *Oligarquía y caciquismo como la forma actual de gobierno de España: urgencia y modo de cambiarla*, 1901.

DESARROLLO INDUSTRIAL Y FERROCARRILES (SIGLO XIX)

Desarrollo industrial y ferrocarriles. La España del siglo XIX no presenta el contexto socioeconómico ideal para el desarrollo industrial. A diferencia de Gran Bretaña, predomina la agricultura de subsistencia y no se dispone de un mercado interior desarrollado ni de un sector financiero con capitales para ser invertidos, y además existe un bajo nivel educativo y tecnológico. La excepción es Cataluña, que ya dispone desde finales del siglo XVII de una agricultura orientada a la comercialización, que, junto con la actividad manufacturera han posibilitado cierto nivel de capitalización. La primera máquina de vapor de España se instala en una industria textil de Barcelona, en 1832. La localización de los núcleos industriales de España está condicionada por la cercanía a las fuentes de energía. Las industrias textiles algodoneras catalanas se sitúan junto a los ríos para aprovechar la energía hidráulica, y la siderurgia lo hace en los mismos centros metalíferos o carboníferos. El primer alto horno de España se instala en Marbella en 1832, a los que siguen los del País Vasco (1841) y de la cuenca carbonífera asturiana (1848). A lo largo del reinado de Isabel II, el proceso de industrialización se acelera gracias a las facilidades a los inversores extranjeros. En 1848 se inaugura la primera línea de ferrocarril de la península, que une Barcelona y Mataró. Mientras los primeros ferrocarriles pasan por zonas rentables, de economía dinámica, la ley de ferrocarriles de 1855 pretende desarrollarlos a través de una red centralizada en Madrid y de impulsar la industria siderúrgica que fabrica los raíles, aunque atrae básicamente a capital especulativo que pretende sacar beneficio de las ayudas públicas. En todo el periodo, los intereses de los industriales catalanes y de los agricultores terratenientes coinciden en defender una política proteccionista. La principal excepción es el arancel librecambista de 1869, durante el Sexenio. Pero la caída de la inversión extranjera derivada de la crisis financiera internacional, y la facilidad, gracias al barco de vapor, para importar cereales de Estados Unidos imponen el regreso al proteccionismo. Esta tendencia se acentúa con la pérdida de las colonias de 1898, que supone la pérdida de mercados directos de la producción textil. En la siderurgia, la adopción del procedimiento Bessemer, que usaba mucho menos carbón, beneficia la industria vasca, que utiliza carbón de calidad importado del País de Gales. En el País Vasco, donde en 1902 diversas siderurgias se unen para crear los Altos Hornos de Vizcaya, la legislación proteccionista y la depreciación de la peseta facilitan las exportaciones de mineral de hierro y la consolidación de un poderoso núcleo industrial y financiero. Los años de la primera guerra mundial, con el colapso de la industria europea, impulsan temporalmente todos los sectores de la industria española y la naciente burguesía española recupera el control de actividades dominadas por inversionistas extranjeros.

Ley general de caminos de hierro (1855)

Artículo 1. Los ferrocarriles se dividirán en líneas de servicio general y de servicio particular.
Artículo 2. Entre las líneas de servicio general se clasificarán como del primer orden las que, partiendo de Madrid, terminen en las costas o fronteras del reino.
[...]
Artículo 19. Los capitales extranjeros que se emplean en las construcciones de ferrocarriles o empréstitos para este objeto quedan bajo la salvaguardia del Estado, y están exentos de represalias, confiscaciones o embargos por causa de guerra.
Artículo 20. Se conceden desde luego a todas las empresas de ferrocarriles:
1.º Los terrenos de dominio público que hayan de ocupar el camino y sus dependencias.
2.º El beneficio de vecindad para el aprovechamiento de leña, pastos y demás de que disfrutan los vecinos de los pueblos cuyos términos abrazare la línea [...].
3.º La facultad de abrir canteras, recoger piedra suelta, construir hornos de cal, yeso y ladrillo, depositar materiales y establecer talleres para elaborarlos en los terrenos contiguos a la línea.
[...]
4.º La facultad exclusiva de percibir mientras dure la concesión, y con arreglo a las tarifas aprobadas, los derechos de peaje y los de trasporte, sin perjuicio de los que puedan corresponder a otras empresas.
5.º El abono mientras la construcción y diez años después, del equivalente de los derechos marcados en el arancel de aduanas, y de los de faros, portazgos, pontazgos y barcajes que deban satisfacer las primeras materias, efectos elaborados, instrumentos, útiles, máquinas, carruajes, maderas, coque y todo lo que constituye el material fijo y móvil que deba importarse del extranjero y se aplique exclusivamente a la construcción y explotación del ferrocarril concedido.
[...]
6.º La exención de los derechos de hipoteca devengados hasta ahora y que se devengaren por las traslaciones de dominio verificadas en virtud de la ley de expropiación.

Las ventajas del proteccionismo

No, aquí no ocurre otra cosa sino que por medio de tratados tan funestos como el hispano-alemán en proyecto se va a echar abajo y deshacer toda una gran labor del régimen arancelario vigente; y semejante proceder causará una gran desventura al país, a no dudarlo; no solo porque quedaría sentado un precedente fatal que acabaría con toda iniciativa industrial en lo futuro, sino también porque recibirían herida de muerte tanto las fábricas implantadas en su mayoría, casi en su totalidad, al amparo actual del régimen arancelario, como las grandes reformas y ampliaciones hechas en las anteriormente instaladas. Y la muerte de esa actividad industrial, entendedlo bien, alcanzaría a Altos Hornos en sus nuevas instalaciones de calderería y fabricación de maquinaria, a la producción de acero, a Talleres de Deusto en sus aceros moldeados y construcción de máquinas y material de tracción [...]. Para evitar tan desastrosos efectos, tan tremenda ruina que alcanzaría en iguales proporciones que a Vizcaya a otras importantísimas regiones de España, dejándose sentir su influencia en la nación toda, hemos de pedir enérgicamente al Gobierno que no se salga de lo prescrito, que no derrumbe tan atropellada y despiadadamente el actual régimen protector, y que deseche, por lo tanto, ese absurdo tratado hispano-alemán.

Federico Echevarria, mitin de protesta contra los Tratados de Comercio, Bilbao, 9 de diciembre de 1893

SOCIALISMO Y ANARQUISMO (1820-1910)

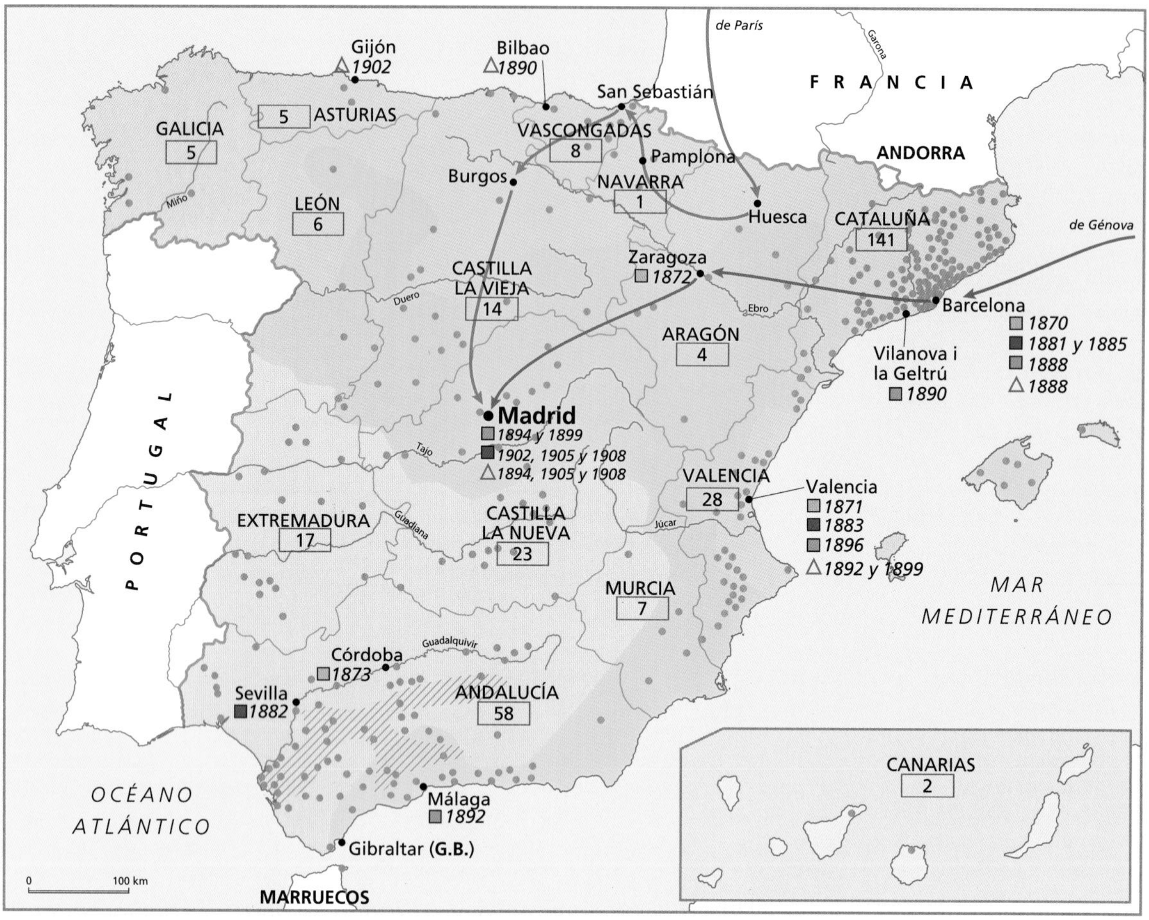

la propiedad agraria

- minifundios demasiado pequeños para mantener a una familia
- propiedades medianas arrendadas a largo pazo
- propiedades medianas arrendadas en explotaciones pequeñas a corto pazo
- latifundios cultivados por campesinos asalariados
- área de conflictos agrarios (1850-1900)

el movimiento obrero

- sociedad obrera (1868-1873)
- 58 número de sociedades por territorio (1874) de la Federación Española de la Asociación Internacional de Trabajadores (AIT)
- congreso de la Federación Española de la Asociación Internacional de Trabajadores (AIT)
- congreso de la Federación de Trabajadores de la Región Española (FTRE) [1881-1910]
- congreso de la Unión General de Trabajadores (UGT) [1888-1910]
- congreso del Partido Socialista Obrero Español (PSOE) [1888-1910]
- viaje de Giuseppe Fanelli (1868-1869)
- viaje de Paul Lafargue (1871-1872)

Socialismo y anarquismo. El desarrollo del movimiento obrero corre paralelo a la industrialización. Así, a partir de 1820, es en Cataluña donde tienen lugar las primeras acciones de lucha obrera y donde nacen las primeras asociaciones de trabajadores para mejorar las condiciones de vida de los asalariados. En 1839 son autorizadas las sociedades de ayuda mutua, la primera de las cuales es la barcelonesa Asociación de Protección Mutua de los Tejedores de Algodón, pero en 1844 son prohibidas de nuevo. En 1855, durante el Bienio Progresista, se celebra en Barcelona la primera huelga general de España. En nombre de la Asociación Internacional de Trabajadores (AIT), llegan a España Giuseppe Fanelli, que difunde los principios del socialismo libertario o anarquista, y Paul Lafargue que, con menor éxito, propaga el ideario socialista marxista. Se crean secciones de la Internacional en Madrid y en Barcelona, y en esta última ciudad se celebra en 1870 un congreso con delegados de 150 organizaciones obreras.
La federación regional española de la AIT es mayoritariamente anarquista, pero en 1872 los

anarquistas son expulsados de la federación, antes de que en 1874 la dictadura del general Francisco Serrano prohíba todas las organizaciones obreras. En julio de 1873, Alcoy es escenario de un levantamiento libertario, la revolución del petróleo, mientras que las ideas anarquistas toman cuerpo en las zonas rurales, especialmente en Andalucía, donde campesinos sin tierras protagonizan diversas acciones reivindicativas. Con la federación en la clandestinidad, en 1879 Pablo Iglesias funda en Madrid el marxista Partido Socialista Obrero Español, en 1881 es autorizada de nuevo la anarquista Federación de Trabajadores de la Región Española (FTRE), con gran implantación en Andalucía y Cataluña, y en 1888 se constituye en Barcelona el sindicato socialista marxista Unión General de Trabajadores. La FTRE languidece debido a los enfrentamientos internos entre los anarcosindicalistas, partidarios de negociar mejoras laborales y sociales, y los anarcocomunistas, que proclaman la revolución social. En 1902 Barcelona es escenario de una gran huelga general, y Andalucía vive un momento álgido de protestas campesinas entre 1903 y 1905. En 1907 se crea en Barcelona Solidaridad Obrera, un sindicato plural que abarca a socialistas, republicanos y anarquistas. Tras los acontecimientos de la Semana Trágica de Barcelona (1909). el sindicato se refunda como Confederación Nacional del Trabajo (1910). El mismo año, el fundador del PSOE, Pablo Iglesias, es elegido diputado. Se abren así las perspectivas del movimiento obrero, entre el anarquismo de la CNT, fuerte en el área industrial de Barcelona y el campo andaluz y aragonés, y el socialismo de UGT y PSOE, radicado en Madrid, Asturias y País Vasco.

Programa del Partido Socialista Obrero Español

Considerando que la sociedad actual tiene tan solo por fundamento el antagonismo de clases; que este ha alcanzado en nuestros días su mayor grado de desarrollo, como bien claro lo revela el cada vez más reducido número de los inmensamente ricos y el siempre creciente de los inmensamente pobres [...].

Por otra parte: considerando que la necesidad, la razón y la justicia exigen que el antagonismo entre una y otra clase desaparezca, reformando o destruyendo un estado social que tiene sumidos en la más espantosa miseria a los que emplean toda su vida en producir riqueza que poseen los que en muy poco, o nada, son útiles a la sociedad [...] esto no se puede conseguir más que de un solo modo: aboliendo las clases y con ellas los privilegios y las injusticias que actualmente reinan y creando en su lugar colectividades obreras unidas entre sí por la reciprocidad y el interés común [...].

[...] el Partido Socialista Obrero Español declara que su aspiración es: Abolición de clases, o sea, emancipación completa de los trabajadores. Transformación de la propiedad individual en propiedad social o de la sociedad entera. Posesión del poder político por la clase trabajadora. Y como medios inmediatos [...]: libertades políticas; derecho de coalición o legalidad de las huelgas; reducción de las horas; prohibición del trabajo de los niños menores de nueve años, y de todo trabajo poco higiénico o contrario a las buenas costumbres, para las mujeres. [...]

Madrid (1879): Alejandro Ocina, Gonzalo H. Zubiarre, Victoriano Calderón, Pablo Iglesias

El anarcosindicalismo de la FRTE

Nuestra organización, puramente económica, es distinta y opuesta a la de todos los partidos políticos burgueses y políticos obreros, puesto que así como ellos se organizan para la conquista del poder político, nosotros nos organizamos para que los Estados políticos y jurídicos actualmente existentes, queden reducidos a funciones puramente económicas, estableciendo en su lugar una libre federación de libres asociaciones de productores libres.

Por lo manifestado se comprende perfectamente que somos adversarios de toda la política parlamentaria y decididos campeones de la lucha económica, de la política demoledora de todos los privilegios y de todos los monopolios de esta injusta organización de la sociedad presente.

Lo que nosotros queremos no lo acepta ningún partido político, incluso el autónomo pactista ni los microscópicos partidos obreros que pretenden organizarse; pues el autónomo pactista, que es el más avanzado, quiere constituir una federación puramente política, dejando, por lo tanto, en pie el predominio del capital [...] Y los microscópicos partidos obreros que pretenden organizarse, solo aspiran a la conquista del poder político, a fin de que, convertidos en burgueses, puedan ejercer sobre las masas populares, una autoridad y una explotación mucho más odiosa que la existente.

[...] Compañeros: [...] marcharemos unidos y con la frente levantada, con fe en la idea y sin miedo en el corazón a realizar nuestra completa emancipación económico-social que entraña a la par, el mejoramiento y desenvolvimiento de la raza humana en sus tres estados esenciales físico, moral e intelectual.

Congreso obrero de Barcelona, septiembre de 1881

LA GUERRA DE CUBA (1868-1898)

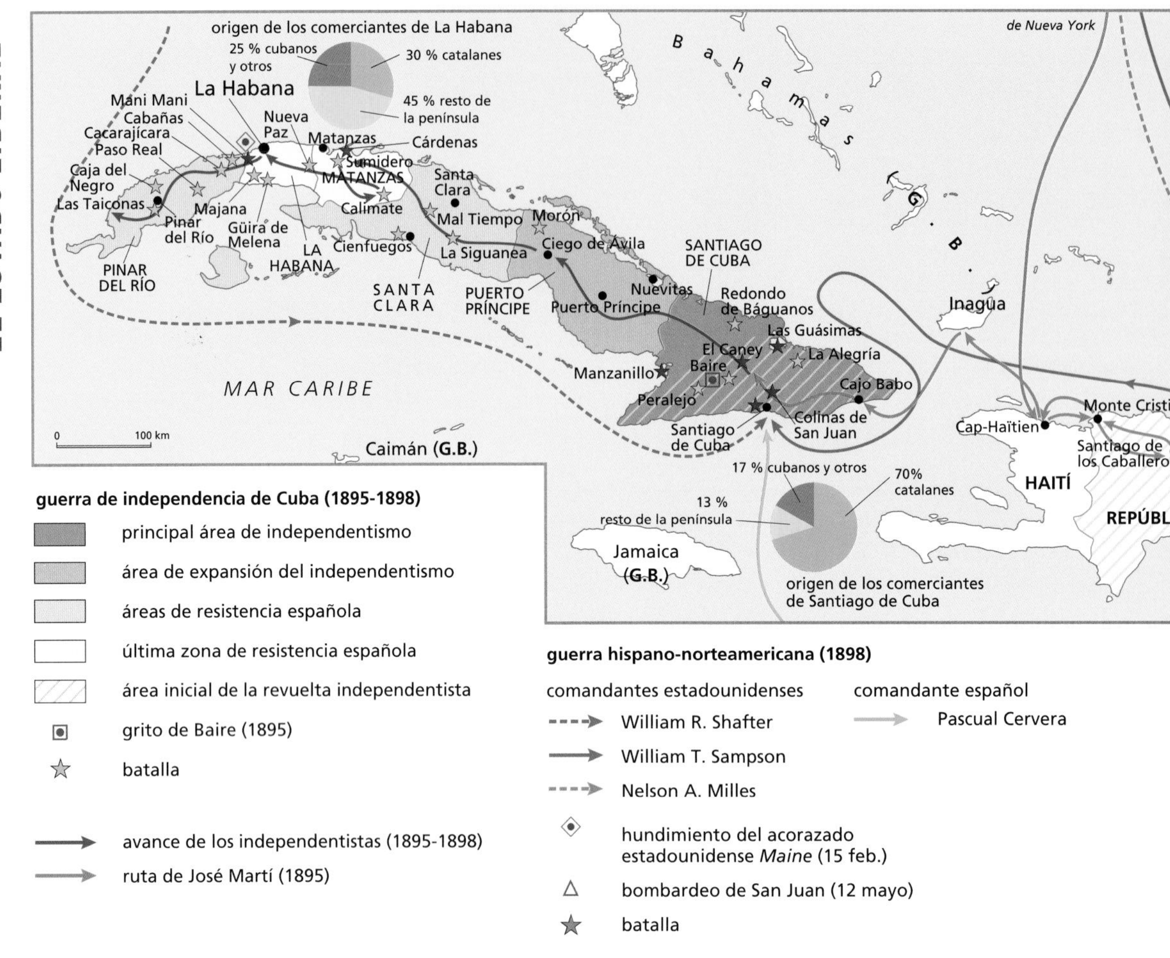

La guerra de Cuba. Cuba y Puerto Rico permanecen como territorio español tras la ola de independencias de los años 1810-1824, al tener unos vínculos económicos y políticos más estrechos con España. A pesar de ello, la distancia con la metrópoli no deja de crecer a lo largo del siglo XIX: Cuba incrementa sus exportaciones de café y azúcar a Estados Unidos, y la presión de la administración colonial influye en una creciente voluntad independentista. José Martí funda el independentista Partido Revolucionario Cubano en Nueva York (1892), las elites cubanas se agrupaban en el autonomista Partido Liberal, y los propietarios de plantaciones e ingenios azucareros en la Unión Constitucional, partidaria de continuar en España. Pero España ahoga la economía de la isla con la presión fiscal y la obligación de comprar determinadas manufacturas producidas en ella. El primer conflicto independentista es la guerra de los Diez Años o guerra grande, que se inicia un mes después de la revolución española de 1868. El conflicto se resuelve en 1878 con la paz de Zanjón y la rendición de los independentistas. El segundo es la guerra Chiquita, que estalla en agosto de 1879 y finaliza en septiembre de 1880 con una nueva derrota de los rebeldes. España refuerza la presión sobre Cuba mediante la ley de relaciones comerciales con las Antillas (1882) y el llamado Arancel Cánovas (1891). La abolición de la esclavitud en 1886 provoca el descontento de los propietarios de las plantaciones. La última guerra de Cuba, iniciada en 1895, es precedida por el hundimiento del precio del azúcar, que afecta gravemente la economía cubana. El 24 de febrero del 1895 el Grito de Baire, un levantamiento en la zona oriental de la isla, pone en marcha la última de las guerras de independencia, pese a que el gobierno concede a Cuba en 1897 un régimen de autonomía. José Martí y uno de sus principales aliados, Antonio Maceo, mueren al poco de desembarcar en Cuba, pero la revuelta se generaliza. El nuevo capitán general de Cuba, Valeriano Weyler, lanza una dura ofensiva contra los rebeldes, encerrando en campos de concentración a los habitantes de las zonas rurales para evitar que ayuden a los sublevados. Pero Weyler es incapaz de derrotar a las guerrillas y es destituido. Los independentistas ven inminente la victoria cuando la guerra toma otro rumbo con la explosión del

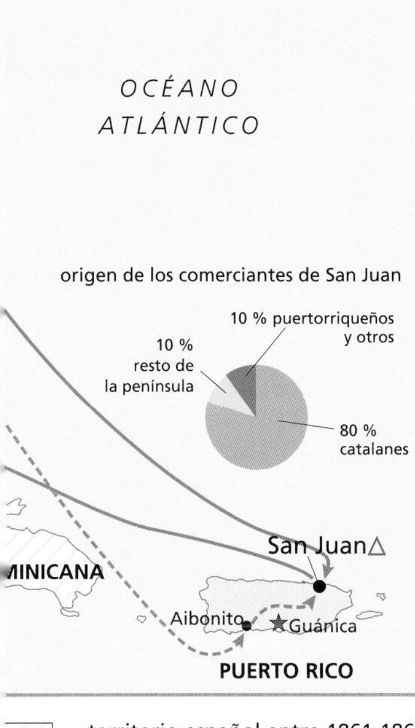

territorio español entre 1861-1865

provincia de Cuba (1878)

acorazado estadounidense *Maine* en febrero de 1898 en La Habana. Estados Unidos acusa a España de agresión y la guerra de independencia se convierte en guerra hispano-norteamericana. España sucumbe y se rinde en agosto y, por el tratado de París, renuncia a su soberanía sobre Cuba, Puerto Rico y Filipinas, que pasan a ser colonias de Estados Unidos. Cuba se declara soberana en 1902, aunque la constitución incluye la enmienda Platt, que deja abierta la posibilidad de una intervención de Estados Unidos como garantía de independencia. España vive atónita la pérdida de las colonias y la derrota del ejército, y aparece una corriente regeneracionista que pretende restablecer su dignidad ante una Europa en pleno apogeo colonizador.

Manifiesto independentista del 10 de octubre de 1868

Nadie ignora que España gobierna la Isla de Cuba con un brazo de hierro ensangrentado; no solo no le deja seguridad en sus propiedades arrogándose la facultad de imponerle tributos y contribuciones a su antojo, sino que teniéndola privada de toda libertad política, civil y religiosa sus desgraciados hijos se ven expulsados de su suelo a remotos climas. [...] No puede pedir el remedio a sus males, sin que se le trate como un rebelde y no se concede otro recurso que callar y obedecer. La plaga infinita de empleados hambrientos que de España nos inunda priva a nuestros mejores compatriotas de los empleos públicos; nuestros valiosos productos, si bien se venden a grandes precios con los puertos de otras naciones, aquí para el infeliz productor no alcanzan siquiera para cubrir sus gastos. [...] Cuando un pueblo llega al extremo de degradación y miseria en que nosotros nos vemos nadie puede reprobarle que eche manos a las armas para salir de un estado tan lleno de oprobio. Nosotros creemos que todos los hombres somos iguales, amamos la tolerancia, el orden y la justicia en todas las materias; respetamos las vidas y propiedades de todos los ciudadanos pacíficos, aunque sean los mismo españoles residentes en este territorio, admiramos el sufragio universal que asegura la soberanía del pueblo; deseamos la emancipación gradual y bajo indemnización, de la esclavitud, demandamos la religiosa observancia de los derechos imprescriptibles del hombre, constituyéndonos en nación independiente [...]

Carlos Manuel de Céspedes

Anuncio gubernamental de concesión de autonomía a Cuba y Puerto Rico (1897)

El consejo de ministros [...] cree llegado el momento de realizar por completo las promesas hechas en el último discurso de la Corona de 1896, dotando a emtreambas Antillas de una personalidad administrativa y económica que, haciendo expedita la intervención total del país en sus negocios particulares, mantenga y fortifique los derechos de soberanía, a la vez que sancione de modo definitivo la autonomía colonial. [...] La pacificación ha de venir ahora por la acción política, porque si el ejército vence siempre y en todas partes, como que representa las energías de la patria, todos los esfuerzos del mundo no son bastantes para mantener la paz con el solo empleo de las bayonetas.

Tratado de París

Artículo I. España renuncia a todo derecho de soberanía y propiedad sobre Cuba. En atención a que dicha isla, cuando sea evacuada por España, va a ser ocupada por los Estados Unidos, los Estados Unidos mientras dure su ocupación, tomarán sobre sí y cumplirán las obligaciones que por el hecho de ocuparla, les impone el Derecho Internacional, para la protección de vidas y haciendas.

París el 10 de diciembre de 1898

Telegrama de Sabino Arana a Theodore Roosevelt

En nombre del Partido Nacionalista Vasco felicito por independencia de Cuba. Federación nobilísima que presidís, que supo liberarla de la esclavitud. Ejemplo de magnanimidad y culto, justicia y libertad dan vuestros poderosos estados, desconocido en la Historia e inimitable para las potencias de Europa, particularmente latinas. Si Europa imitara, también la nación vasca, su pueblo más antiguo, que más siglos gozó de libertad [...], sería libre.

Abril de 1902

RENAIXENÇA Y CATALANISMO (1830-1914)

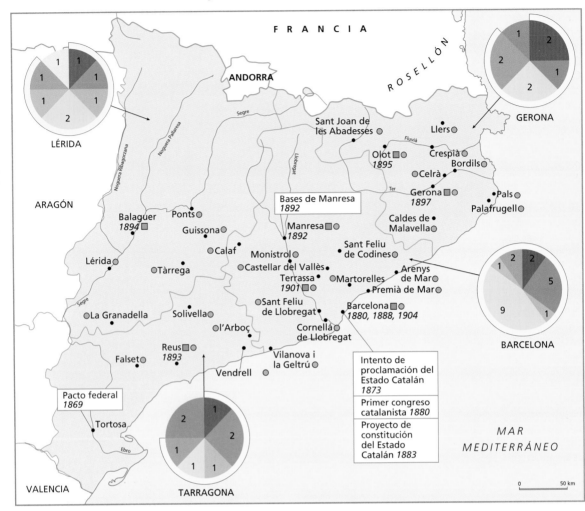

FRANCIA
ANDORRA
ROSELLÓN
ARAGÓN
VALENCIA
MAR MEDITERRÁNEO
LÉRIDA
GERONA
BARCELONA
TARRAGONA

Sant Joan de les Abadesses
Llers
Olot 1895
Crespià
Bordils
Celrà
Gerona 1897
Pals
Palafrugell
Caldes de Malavella
Bases de Manresa 1892
Manresa 1892
Balaguer 1894
Ponts
Guissona
Calaf
Monistrol
Sant Feliu de Codines
Lérida
Tàrrega
Castellar del Vallès
Arenys de Mar
Terrassa 1901
Martorelles
Premià de Mar
Sant Feliu de Llobregat
Barcelona 1880, 1888, 1904
La Granadella
Solivella
l'Arboç
Cornellà de Llobregat
Reus 1893
Falset
Vilanova i la Geltrú
Vendrell
Pacto federal 1869
Tortosa

Intento de proclamación del Estado Catalán 1873
Primer congreso catalanista 1880
Proyecto de constitución del Estado Catalán 1883

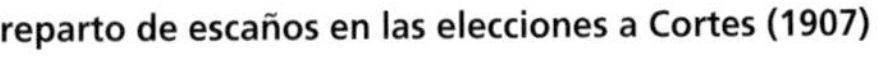

reparto de escaños en las elecciones a Cortes (1907)

Unió Catalanista (1891-1904)

- asamblea o congreso con fecha de celebración
- localidad con entidades políticas o culturales adheridas

***Renaixença* y catalanismo.** A lo largo del siglo XIX, Cataluña vive una profunda transformación económica y social. Se configura como un territorio industrial, en el que conviven dos clases sociales nuevas, la burguesía y el proletariado, lo que aporta un rasgo más de diferenciación dentro del conjunto de España, anclada en una base social agraria. En este contexto surge, en el seno de la intelectualidad catalana, un movimiento llamado *Renaixença* (renacimiento), que, en el marco general del romanticismo, tiene como objetivo la recuperación del catalán, relegado públicamente desde la guerra de Sucesión (aunque continúa siendo la lengua de las clases populares), como lengua literaria y de cultura. Poco después, algunos sectores comienzan a propugnar el reconocimiento de Cataluña como territorio con derecho a tener instituciones y leyes específicas, como antes de 1714: es el nacimiento del catalanismo político. En él existen tres tradiciones, a veces confluyentes: una republicana federal, liderada por Valentí Almirall, muy activa durante el Sexenio; una culturalista e intelectual, derivada de la *Renaixença* literaria, y una tradicionalista católica, con el obispo Josep Torras i Bages a la cabeza. En 1880 se celebra el primer congreso catalanista, y dos años después se constituye la primera organización política, el Centre Català. En 1883 los republicanos federales aprueban un proyecto de constitución de un estado catalán, y en 1885 la burguesía se acerca de manera más decidida al catalanismo y presenta a Alfonso XII un *Memorial de greuges* (memorial de agravios) que apela a una serie de peticiones económicas, como la defensa del proteccionismo. En 1892, la recién creada Unió Catalanista convoca una reunión en Manresa que aprueba unas Bases para la Constitución Regional, considerado el primer proyecto definido del catalanismo político. La pérdida en 1898 de las últimas colonias españolas, con las que Cataluña mantenía una intensa relación económica, pone de manifiesto la crisis del estado, contra la cual reacciona el regeneracionismo. En Cataluña la burguesía asume el catalanismo como su movimiento político regeneracionista, con un contenido favorable a la pluralidad nacional de España y la europeización política; en 1901 se funda la Lliga Regionalista, dirigida entre otros por Enric Prat de la Riba. El avance del catalanismo, en competencia con el republicanismo de Alejandro Lerroux (movimientos ambos que desbaratan el sistema político de la Restauración), exaspera a determinados medios políticos y militares. En 1905 tiene lugar el incidente de la publicación humorística nacionalista *Cu-cut!*, que supone la ley de jurisdicciones y la formación de la Solidaritat Catalana, amplia coalición contraria a dicha ley que triunfa en las elecciones de 1907. Prat consigue y preside, en 1914, la Mancomunidad, organismo que agrupa las cuatro diputaciones catalanas, con autonomía de carácter administrativo. Pero la demanda de autonomía política ya no cesará.

El pensamiento de Prat de la Riba

Siendo la nacionalidad una unidad de cultura, un alma colectiva, con un sentir, un pensar y un querer propios, cada nacionalidad ha de tener la facultad de acomodar su conducta colectiva, es decir, su política, a su sentimiento de las cosas, a su sentido, a su libre voluntad. Cada nacionalidad ha de tener su Estado. [...] Consecuencia de toda la doctrina aquí expuesta es la reivindicación de un Estado catalán en unión federativa con los Estados de las otras nacionalidades de España. [...] Así, el nacionalismo catalán, que nunca ha sido separatista, que siempre ha sentido la unión fraternal de las nacionalidades ibéricas dentro de la organización federativa, es aspiración levantada de un pueblo, que, con conciencia de su derecho y de su fuerza, marcha con paso seguro por el camino de los grandes ideales progresivos de la humanidad.

Enric Prat de la Riba, *La nacionalidad catalana* (1906)

El incidente del *Cu-Cut!*

Barcelona, 25 (5 tarde). Anoche, [...] oficiales del ejército, molestados por las caricaturas y artículos que publicaba la prensa catalana, se reunieron en número de más de 200 en la plaza Real; comenzaron a dar vivas a España y desde allí marcharon a la imprenta del semanario catalanista *Cu-Cut.* Sacaron todos los trastos y enseres que encontraron y gran cantidad de periódicos y les prendieron fuego. Desde allí marcharon a la calle del cardenal Casañas, donde se encuentra la redacción del mismo periódico y renovaron la escena [...], apaleando a los que encontraban dentro y obligándoles a gritar ¡Viva España! [...]

El Imparcial, 27 de noviembre de 1905

Manifiesto de la Lliga Regionalista ante los hechos [...] La Lliga Regionalista no tiene necesidad de repetir una vez más lo que cree y lo que pide. Se cobijan en ella gran número de catalanes llenos de amor por Cataluña; convencidos de sus derechos y de la necesidad de reconocerlos para el desarrollo de la vida futura, que han conservado constantemente la fe en la posibilidad de ver realizados sus patrióticos deseos dentro del Estado español. [...] El separatismo tiene su foco en los centros ministeriales y la Lliga Regionalista tiene la obligación de denunciarlo. Pero si es que se quiere reproducir el caso criminal y vergonzoso de Cuba, entregada al extranjero por no concederle la autonomía legalmente reclamada; [...] si es que se quiere desautorizar ante sus conciudadanos a los elementos catalanistas que conservamos la fe en la posibilidad de salvar a Cataluña dentro de España, la Lliga Regionalista no lo consentirá [...].

La Vanguardia, 27 de noviembre de 1905

Repetimos hoy lo dicho ayer. Es de una extraordinaria gravedad lo que está sucediendo en Barcelona, donde existe un Partido, envalentonado con la impunidad que abiertamente predica la separación de España y encierra sus aspiraciones, en el grito de ¡Viva Cataluña libre!, que es de guerra declarada contra el Estado y la Nación. El escándalo y la amargura [...] todavía ha de aumentarse con los episodios lamentables de anteanoche y de ayer, en que, a la indignación de los oficiales del Ejército, contestaron los catalanistas redoblando sus ataques a España, escribiendo rótulos de franco separatismo, lanzándose a toda clase de locura parricida...

El Heraldo de Madrid, 27 de noviembre de 1905

Artículo 3.º Los que de palabra o por escrito, por medio de la imprenta, grabado u otro medio mecánico de publicación, en estampas, alegorías, caricaturas, emblemas o alusiones injurien u ofendan clara o encubiertamente al Ejército [...], serán castigados con la pena de prisión correccional [...].

Ley de jurisdicciones (1906)

SUPRESIÓN DE LOS FUEROS Y NACIONALISMO VASCO (1876-1910)

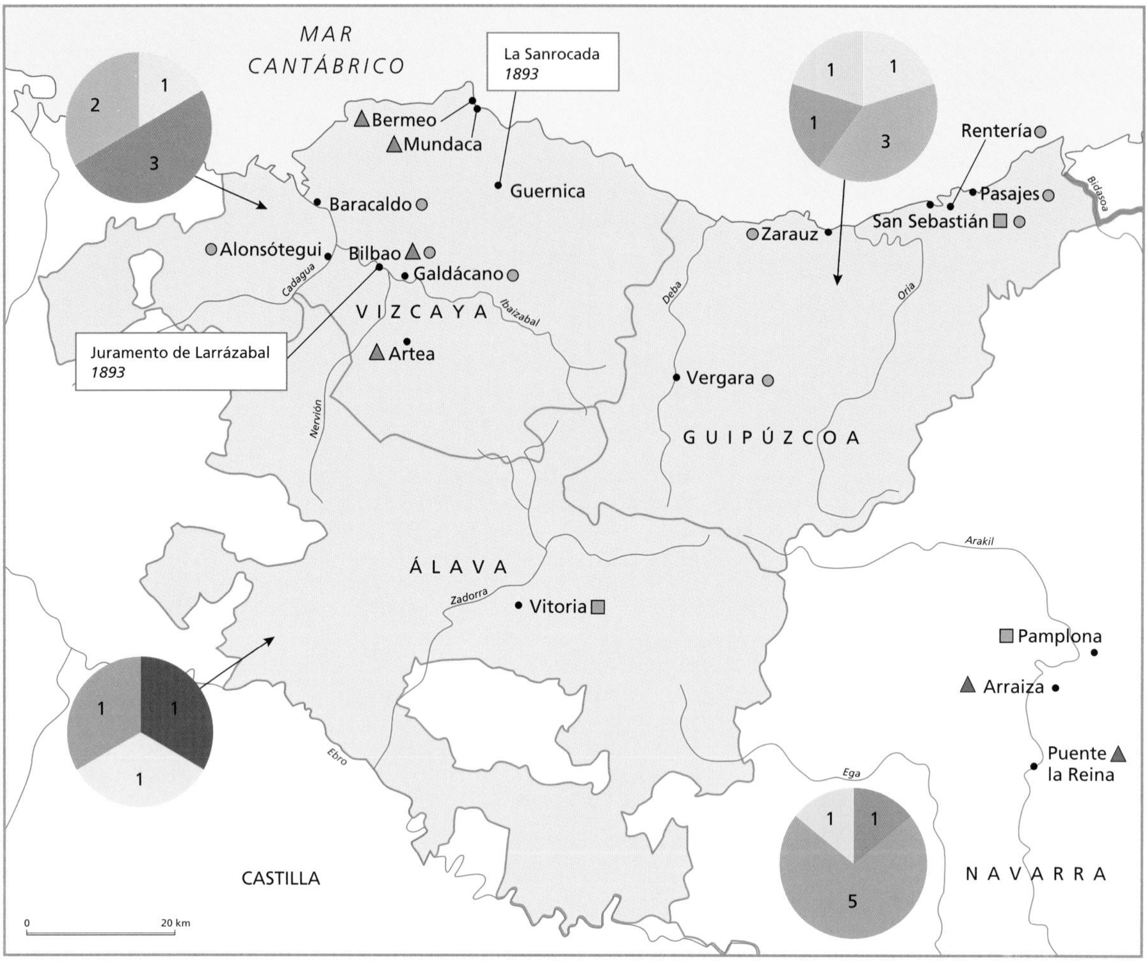

reparto de escaños en las elecciones a Cortes (1907)

- Unión Republicana
- dinásticos vascos (conservadores)
- conservadores (Partido Liberal-Conservador*)
- católicos independientes
- Comunión Tradicionalista* (carlistas)
- Partido Integrista*

* en Navarra, estos tres partidos forman la Alianza Católica Antiliberal

Partido Nacionalista Vasco

- primeros batzokis del Partido Nacionalista Vasco (1894-1905)
- actos protagonizados por Sabino Arana
- localidad con concejales del PNV en las elecciones de 1899

Gamazadas (1893-1894)

- manifestaciones contra la supresión del régimen fiscal foral
- acciones armadas

Supresión de los fueros y nacionalismo vasco.
El nacionalismo vasco nace como respuesta a la derogación de los fueros históricos, en 1876, al final de la tercera guerra carlista. El primer nacionalismo vasco, que reclama la recuperación de los fueros (se mantuvo un concierto económico), es heredero del carlismo que luchó por un País Vasco agrario, que ve en la industrialización, el crecimiento de las ciudades y la llegada de inmigrantes fenómenos ajenos a la sociedad tradicional vasca. El fundador del nacionalismo vasco, Sabino Arana, aspira a recuperar la esencia histórica del pueblo vasco mediante los fueros. Por ello, apela a la raza, la lengua, la ley, el carácter y las costumbres como elementos de identidad de la patria vasca, y formula como lema nacionalista *Dios y Ley Vieja*, es decir, fueros. Arana funda en 1895 el Partido Nacionalista Vasco (PNV). Circunscrito inicialmente a la pequeña burguesía tradicionalista de Vizcaya, el nacionalismo recibe el nombre de bizkaitarrismo.
Cuando el PNV busca ampliar su círculo de influencia entre la burguesía industrial, aparecen tensiones entre los defensores de la independencia y la burguesía urbana industrial, que aspira a la autonomía dentro de España.
La crisis por la pérdida de Cuba facilita la entrada en el PNV de la burguesía librecambista, industrial y naviera encabezada

por Ramón de la Sota, cuya aspiración es defender sus intereses económicos mediante la actuación política. El PNV se consolida progresivamente por todo el territorio vasco, excepto en Álava (donde solo adquiere una presencia destacada a partir de la Segunda República), gracias a la creación de las Juventudes Vascas (1904) y de los primeros batzokis, los locales de reunión del PNV. A partir de 1907, se produce el primer auge del nacionalismo vasco, ya encabezado por Ángel de Zabala, vinculado al sector naviero, que se ve favorecido por la desarticulación del carlismo rural y el hundimiento de los partidos dinásticos. En 1909, Gregorio Ibarreche, del sector de De la Sota, se convierte en el primer alcalde nacionalista de Bilbao. En 1910 el PNV sufre la escisión del grupo Askatasuna, partidario de un nacionalismo laico y republicano, aunque este sector no se consolida hasta la República. En los años de la primera guerra mundial, el nacionalismo vasco se consolida como un movimiento burgués autonomista, que asume como propios los valores de la industrialización, la democracia y el liberalismo. Bajo estos parámetros, y con el PNV reunificado en 1930, el nacionalismo vasco empieza una nueva andadura durante Segunda República que culminará con la aprobación de un estatuto de autonomía.

Ley de derogación de los fueros de Vizcaya, Guipúzcoa y Álava (1876)

Artículo 1.° Los deberes que la Constitución política ha impuesto siempre a todos los españoles de acudir al servicio de las armas cuando la ley los llama, y de contribuir en proporción de sus haberes a los gastos del Estado, se extenderán, como los derechos constitucionales se extienden, a los habitantes de las provincias de Vizcaya, Guipúzcoa y Álava del mismo modo que a los de las demás de la Nación. [...]
Artículo 4.° Se autoriza al Gobierno para que [...] proceda a acordar, con audiencia de las provincias de Álava, Guipúzcoa y Vizcaya si lo juzga oportuno, todas las reformas que en su antiguo régimen foral exijan, así el bienestar de los pueblos vascongados como el buen gobierno y la seguridad de la Nación.

Sabino Arana: discurso de Larrázabal (1893)

[...] Habiendo llegado a conocer a mi Patria y caído en la cuenta de los males que la aquejaban, extendí mi vista en derredor buscando ansiosamente un brazo generoso que acudiera en su auxilio, un corazón patriota, por todas partes tropecé con la invasión española que talaba nuestros montes y que, en vez de ser rechazada, era loca y frenéticamente secundada por indignos hijos de Bizkaya, y no hallé en ninguna un partido, una sociedad, un libro, un periódico, una página, una sola página [...] verdaderamente bizkaina. Fui yo carlista [...] aunque un carlista que solo trabajó por el lema Religión y Fueros [...] en cuanto que el triunfo de D. Carlos de Borbón me parecía el único medio de alcanzar los Fueros: deseaba que D. Carlos se sentara en el trono español, no como fin, sino como medio de restablecer los Fueros; que Fueros llamaba yo en aquella época a nuestras instituciones.[...] Tres trabajos se presentaron desde el primer día ante mis ojos: estudiar la lengua de mi Patria, que desgraciadamente me era en absoluto desconocida, su historia y sus leyes; y en segundo lugar, proporcionar a los compatriotas que no poseyeran el Euskera [...] el medio de aprenderlo, e instruirlos, mediante algunos libros, y un periódico, en la historia y la política patrias; y como síntesis de todos estos trabajos, la extirpación del extranjerismo e implantación del patriotismo, uniendo a los hijos de Bizkaya bajo una sola bandera, la inmaculada bandera de la tradición, a fin de alcanzar la fuerza necesaria para sacudir el yugo de la esclavitud y digna y vigorosamente restaurar la Patria. [...] Y ahora, gritad conmigo: ¡Viva la independencia de Bizkaya!

Manifiesto del Partido Nacionalista Vasco (1906)

Amenazada de muerte la nacionalidad vasca por el peligro de muerte que corre la raza, a punto de desaparecer su idioma y adulterados su espíritu y Tradición, el Nacionalismo Vasco aspira a purificar y vigorizar la raza, a depurar y difundir el euzkera hasta conseguir que sea la única lengua de Euzkadi y a purificar el espíritu y esclarecer la Tradición del Pueblo vasco, encaminándose sus trabajos en cuanto a este fin:
A. A que el Pueblo vasco siga, fervorosamente, las enseñanzas de la Iglesia Católica, Apostólica, Romana [...].
B. A que vuelvan a imperar los buenos usos y costumbres olvidados, fomentando los que se conservan y combatiendo los exóticos y perjudiciales.
C. A que las instituciones políticas, jurídicas, económicas, etc., características del Pueblo vasco, vuelvan a tener vigencia y acción, amoldadas, en cuanto sea necesario, a la realidad de los tiempos actuales.
D. A que las letras y las artes, que sean manifestación de la nacionalidad vasca, adquieran vida robusta [...]
Su terreno de acción es Euzkadi, o sea, las regiones todas del País Vasco que se denominan Araba, Gipuzkoa, Nabarra, Bizkaya, Laburdi y Zuberoa, solar de la raza vasca; [...] el Partido Nacionalista Vasco [...] adopta el lema formado por el gran patriota Arana-Goiritar Sabin, que en euzkera se expresa diciendo *Jaun-Goikua eta Lagi-Zarra* (Dios y ley vieja).

GALLEGUISMO Y ANDALUCISMO (DESDE 1850)

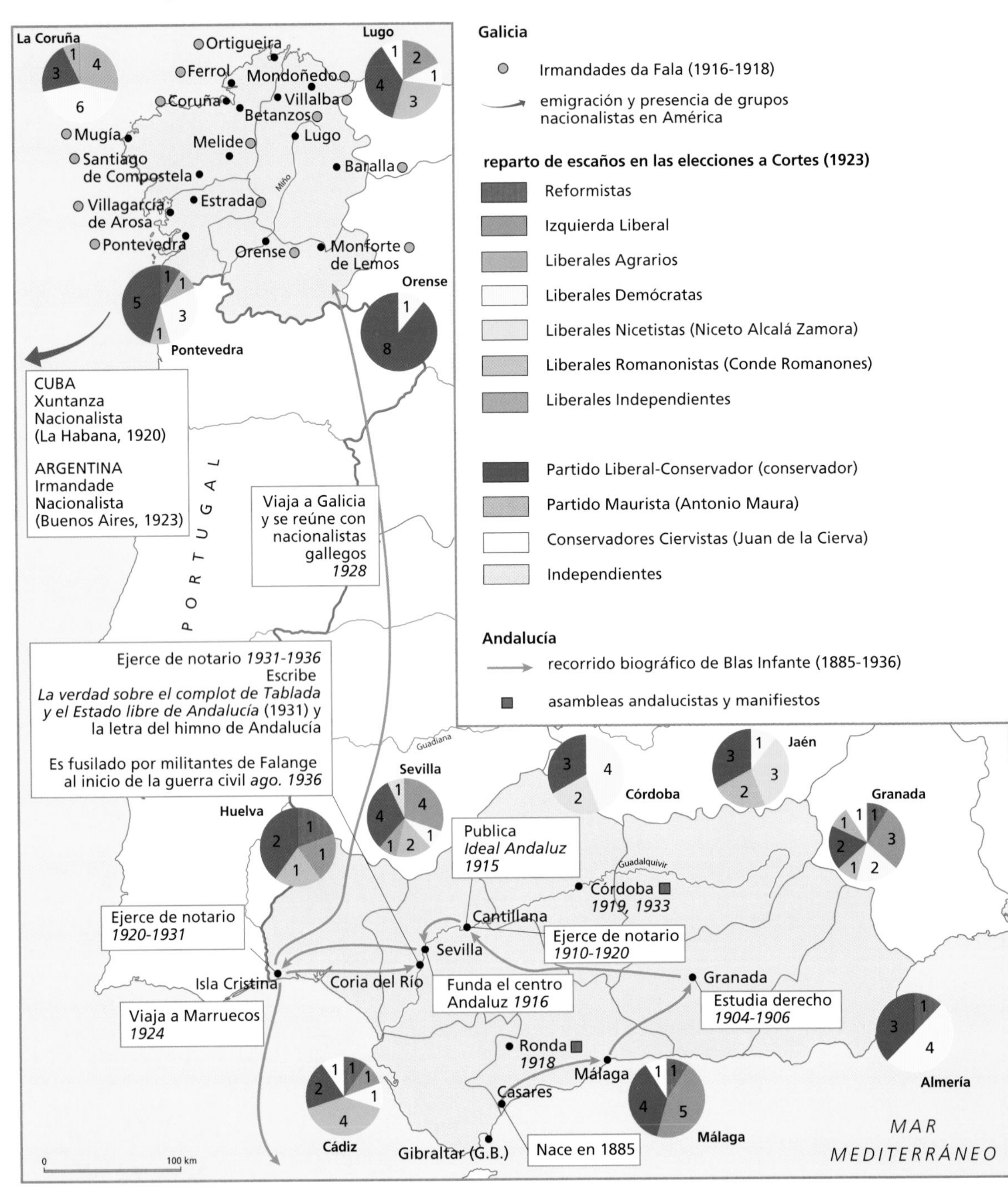

Galleguismo y andalucismo. A diferencia del desarrollo industrial de la periferia catalana y vasca, Galicia y Andalucía forman una periferia agrícola, con predominio de la propiedad minifundista en el caso gallego y latifundista en el andaluz, en la que también surgieron movimientos de reivindicación autóctona, aunque su concreción política fue más débil, especialmente en el caso andaluz. El galleguismo aparece a mediados del siglo XIX de la mano de Manuel M. Murguía, que propugna un regionalismo liberal progresista, urbano y laico, y Alfredo Brañas, más tradicionalista. Antes, un movimiento literario, el *Rexurdimiento,* había defendido la recuperación de la lengua gallega. Brañas elabora unas bases generales del regionalismo, inspiradas en las Bases de Manresa catalanas de 1892. También cabe reseñar el republicanismo federalista del Consejo Federal de Galicia, que presenta en 1883 un proyecto de constitución para el estado galaico. Tras varios intentos de unificación de los distintos sectores del galleguismo, Antón Vilar Ponte impulsa una organización plenamente nacionalista, las Irmandades da Fala. En 1918 se celebra en Lugo la primera asamblea de las Irmandades, que aprueba un manifiesto de gran influencia en la evolución del nacionalismo. En

1929 se constituye la Organización Republicana Gallega Autónoma, un partido republicano y galleguista liderado por Santiago Casares Quiroga, firmante del pacto republicano de San Sebastián (1930). Durante la Segunda República, los galleguistas se agrupan en el Partido Galeguista, liderado por Alfonso Daniel Rodríguez Castelao, que agrupa de autonomistas e independentistas. En 1936 se aprueba un estatuto de autonomía para Galicia, que no entra en vigor al estallar la guerra. Tras el franquismo, en 1981 se aprueba un nuevo estatuto, mientras el galleguismo se articula a través de Coalición Galega y Bloque Nacionalista Galego. El andalucismo surge como reacción a la formación del estado liberal centralista. Inicialmente interesado por el folclore y las raíces culturales, en 1873 ya presenta una vertiente política, cuando diversas ciudades andaluzas participan de la insurrección cantonalista, y en 1883 se elabora un proyecto de pacto federal de los cantones andaluces, la constitución de Antequera. En los primeros años del siglo xx florecen las muestras de regionalismo, como la apertura de centros andaluces en varias ciudades. Blas Infante, cuyo referente es la constitución de Antequera, convoca en Ronda la primera asamblea regionalista (1918). Durante la República resurgen los centros andaluces, que la dictadura de Primo de Rivera ordena cerrar. Las diputaciones provinciales andaluzas aprueban en 1932 un anteproyecto de descentralización administrativa. Más tarde se presentan unas bases para un estatuto de autonomía de carácter político, pero es rechazado por temor a que suponga un neocentralismo de Sevilla. En 1933 se aprueba un anteproyecto de estatuto de Andalucía, que no llega a aprobarse al iniciarse la guerra, en la que Blas Infante es fusilado. Al final del franquismo resurge el andalucismo y en 1973 se funda el Partido Socialista de Andalucía, más tarde Partido andalucista. En 1980, durante la transición democrática, se convoca un referéndum cuyo resultado es favorable a conseguir autonomía política como Cataluña o el País Vasco, de manera inmediata, caso único en el panorama autonómico. En 1981 entra en vigor un estatuto, reformado en 2007.

Manifiesto de la Asamblea Nacionalista de Lugo (1918)

[...]

1.º Autonomía integral para Galicia. [...]

3.º Cooficialidad de los idiomas gallego y castellano.

4.º Federación de Iberia.

5.º Dentro de esta federación, igualdad de relaciones con Portugal.

6.º Creyendo en la accidentalidad de las formas de gobierno, nos interesa aclarar que no nos inclinamos por ninguna, pero simpatizaremos, desde luego, con aquella que esté más de acuerdo en llegar a la federación con Portugal. [...]

Ved, hermanos gallegos, nuestro programa. No es ni puede ser nuestra palabra definitiva; pero es, por supuesto, un grito de angustia que os llama y la única afirmación creadora hecha desde nuestra patria gallega. Han llegado los tiempos de levantar el alma y el pensamiento de Galicia, y sobre todo su soberanía, completa y sin cautiverios. En esto no hay discusión, Galicia tiene derecho, un derecho fundamental, a ser dueña absoluta de sí misma. [...] Pensad, pues, en nuestras conclusiones, hechas para todos los gallegos. Pero, además, sentidlas, practicadlas. Nuestros brazos están abiertos para el fecundo abrazo. Todos juntos mejoraremos la gran obra.

Manifiesto Andalucista de Córdoba de 1919

[...] Sean cuales fueren los procedimientos de que hubieren de valerse para mantener su dominio los Poderes Centralistas depredadores, estos Poderes deberán, con escarnio, ser abolidos. Declaremos a los representantes del régimen actual y sus procedimientos, incompatibles en absoluto, por su inconsciencia e inaguantable contumacia con las aspiraciones generosas de renovación. Una barrera impenetrable de intereses políticos o partidistas y plutocráticos, consustancial de la conservación de dinastías arcaicas y de oligarquías inmundas, impide el advenimiento de las nuevas condiciones, contradictorias de absurdos privilegios.

Rechacemos la representación de un Estado que nos deshonra, sosteniendo regímenes arcaicos y feudales en todos los órdenes de la Administración. [...] Declarémonos separatistas de este Estado que, con relación a individuos y pueblos, conculca sin freno los fueros de justicia y del interés y, sobre todo, los sagrados fueros de la libertad; de ese Estado que nos descalifica ante nuestra propia conciencia y ante la conciencia de los pueblos extranjeros. Avergoncémonos de haber sufrido y condenémoslo al desprecio o al perecimiento; esto es, al vacío del olvido absoluto en donde el recuerdo del malo se extingue, a esas castradas generaciones antecedentes, que nos hubieron de legar la deshonra de este Estado, por no haber concebido ni ejecutado en su inconsciencia, en su cobardía o en su maldad, el esfuerzo generoso que exigía de ellas la esperanza de una posteridad feliz. Reneguemos de los padres que despreciaron a los hijos, viviendo con la España antigua la historia estéril para el progreso humano de un pueblo inspirado por dogmas sombríos de muerte, que hiciera cruzada contra la naturaleza y la vida, forjando para España y para los españoles de hoy la prevención y el menosprecio universales.

[...]

Blas Infante

CONFLICTIVIDAD SOCIAL (1909-1923)

Semana Trágica (1909)

- núcleo principal (huelga, enfrentamientos, asalto y quema de edificios religiosos)
- otros núcleos afectados
- tropas militares enviadas a Barcelona

el sindicalismo revolucionario (1910-1923)

- provincias con presencia mayoritaria de la Unión General de Trabajadores (UGT) [socialista]
- provincias con presencia mayoritaria de la Confederación Nacional de Trabajadores (CNT) [anarcosindicalista]
- principales núcleos huelguísticos en 1917
- zonas de mayor incidencia de las huelgas protagonizadas por campesinos asalariados en 1918-1921 (Trienio Bolchevique)

el sindicalismo católico agrario

- provincias con importante implantación

Conflictividad social. La Restauración, sistema político basado en un régimen monárquico borbónico y el dominio socioeconómico de la oligarquía terrateniente y la burguesía industrial, se resquebraja en el primer cuarto del siglo XX.

El incremento de las diferencias sociales y económicas entre los propietarios de las fábricas y las tierras y las clases populares provoca un creciente malestar social que desemboca en el estallido de una conflictividad social de carácter violento. Uno de los episodios más conocidos es la Semana Trágica, que tiene lugar en 1909 en Cataluña. Tras la pérdida en 1898 de las últimas colonias ultramarinas (Cuba, Puerto Rico y Filipinas), España centra sus esfuerzos militares en Marruecos, pero las tropas se encuentran con una resistencia superior a la esperada, y en 1909 el gobierno decide el envío de batallones de refuerzo. Se lleva entonces a cabo la movilización parcial de los reservistas, mayoritariamente catalanes. La tensión existente en la industrial Cataluña estalla en julio de 1909, consecuencia de la recesión económica en el ramo textil y del auge de los postulados anticlericales, impulsados al constatar que la Iglesia, a pesar de determinadas iniciativas reformistas consideradas paternalistas por el movimiento obrero, se coloca junto a la

burguesía y no cuestiona una desigualdad social explosiva.
A la convocatoria de una huelga general en protesta por la movilización militar sigue el saqueo y quema de decenas de edificios religiosos. El ejército reprime la revuelta y ejecuta, entre otros, a Francesc Ferrer i Guàrdia, pedagogo de ideales anarquistas sin probada relación con los sucesos. Los líderes del movimiento obrero catalán se reorganizan, y en 1910 se funda en Barcelona la Confederación Nacional de Trabajo (CNT), formación anarcosindicalista, libertaria y antiautoritaria, mayoritaria en las fábricas catalanas y los latifundios andaluces. Por el contrario, en Madrid y el País Vasco tienen amplio eco las tesis socialistas marxistas del Partido Socialista Obrero Español (PSOE) y su sindicato afín, la Unión General de Trabajadores (UGT), partidarios de la implicación política del movimiento obrero. Los beneficios económicos procedentes de la exportación de productos durante la primera guerra mundial (1914-1918), en la que España es neutral, no revierten en absoluto en las clases trabajadoras, que empeoran su situación debido a una fuerte inflación. Todo ello genera un creciente malestar social, ante el que el triunfo de la revolución comunista en Rusia es visto como una prometedora opción de futuro para las clases trabajadoras, por lo que se funda en 1921 el Partido Comunista (como escisión del PSOE) y se multiplican las huelgas entre 1917 y 1923, acompañadas de numerosas acciones violentas: son los años del pistolerismo en Cataluña, enfrentamiento armado entre anarcosindicalistas y los llamados Sindicatos Libres, próximos a la patronal y a las autoridades militares, y del periodo conocido como Trienio Bolchevique en Andalucía, donde los jornaleros se levantan contra los terratenientes.
La brecha entre, por un lado, obreros y campesinos, y por otro, oligarquía terrateniente y burguesía industrial no deja de acrecentarse. El golpe de estado de Miguel Primo de Rivera, en 1923, da paso a una dictadura militar que reprime los movimientos obreros pero no reduce las desigualdades sociales.

La Semana trágica

Considerando que la guerra es la consecuencia final del régimen de producción capitalista. Considerando, además, que dado el sistema español de reclutamiento del ejército, solo los obreros hacen la guerra que los burgueses declaran. (...) La Asamblea protesta enérgicamente:

1. Contra la acción del gobierno español en Marruecos.

2. Contra los procedimientos de ciertas damas de la aristocracia, que insultaron el dolor de los reservistas, de sus mujeres y de sus hijos, dándoles medallas y escapularios, en vez de proporcionar los medios de subsistencia que arrebatan con la marcha del jefe de familia.

3. Contra el envío a la guerra de ciudadanos útiles a la producción, y en general, indiferentes al triunfo de la cruz sobre la media luna, cuando se podrían formar regimientos de curas y frailes que, además de estar directamente interesados en el éxito de la religión católica, no tienen familia, ni hogar, ni son de utilidad alguna al pueblo.

(...) Y compromete a la clase obrera a concentrar todas sus fuerzas, por si se hubiera de declarar la huelga general para obligar al gobierno a respetar los derechos que tienen los marroquíes a conservar intacta la independencia de su patria.

Mitin en Terrassa
durante la Semana Trágica,
21 de julio de 1909

Igualadinos:
Los sangrientos, vergonzosos y sacrílegos sucesos de la última semana que tuvieron lugar en la capital y algunas poblaciones de Cataluña, llenaron de aflicción los corazones de los verdaderos hijos de nuestra tierra y de desolación a los amantes de la Religión de Jesucristo.
Ni la grandiosidad y belleza del arte, ni los frutos saludables de una enseñanza que hace a los hombres útiles a la sociedad, ni la beneficencia generosa de personas consagradas exclusivamente a ejercitar la caridad cristiana, ni la santidad de los templos, ni la grandeza majestuosa del Sagrario, donde vive perennemente la Víctima cien veces santa, ni el silencio sagrado de los sepulcros, donde descansan los restos de nuestros hermanos difuntos, han podido detener la locura de una turba apartada de Dios, por su ignorancia inicuamente explotada.
Un grito de horror ha surgido desde todos los rincones, no solo en el mundo católico, sino también en el corazón civilizado. Una página de eterna vergüenza quedará escrita en nuestra historia contemporánea. (...)
Igualadinos: teniendo en cuenta vuestros sentimientos católicos (...) hemos creído que era deber nuestro organizar un acto de culto y veneración a la milagrosa imagen del Santo Cristo (...). Vuestra asistencia será un himno de amor a Aquel que ahora como siempre, antes y después, ha protegido, protege y protegerá con sus beneficios y favores por el buen nombre y sentimientos religiosos de los hijos de esta noble población.

Llamamiento firmado por los curas párrocos
de Igualada (agosto de 1909),
publicado en el periódico *Pàtria*

PRESENCIA ESPAÑOLA EN ÁFRICA (1906-1976)

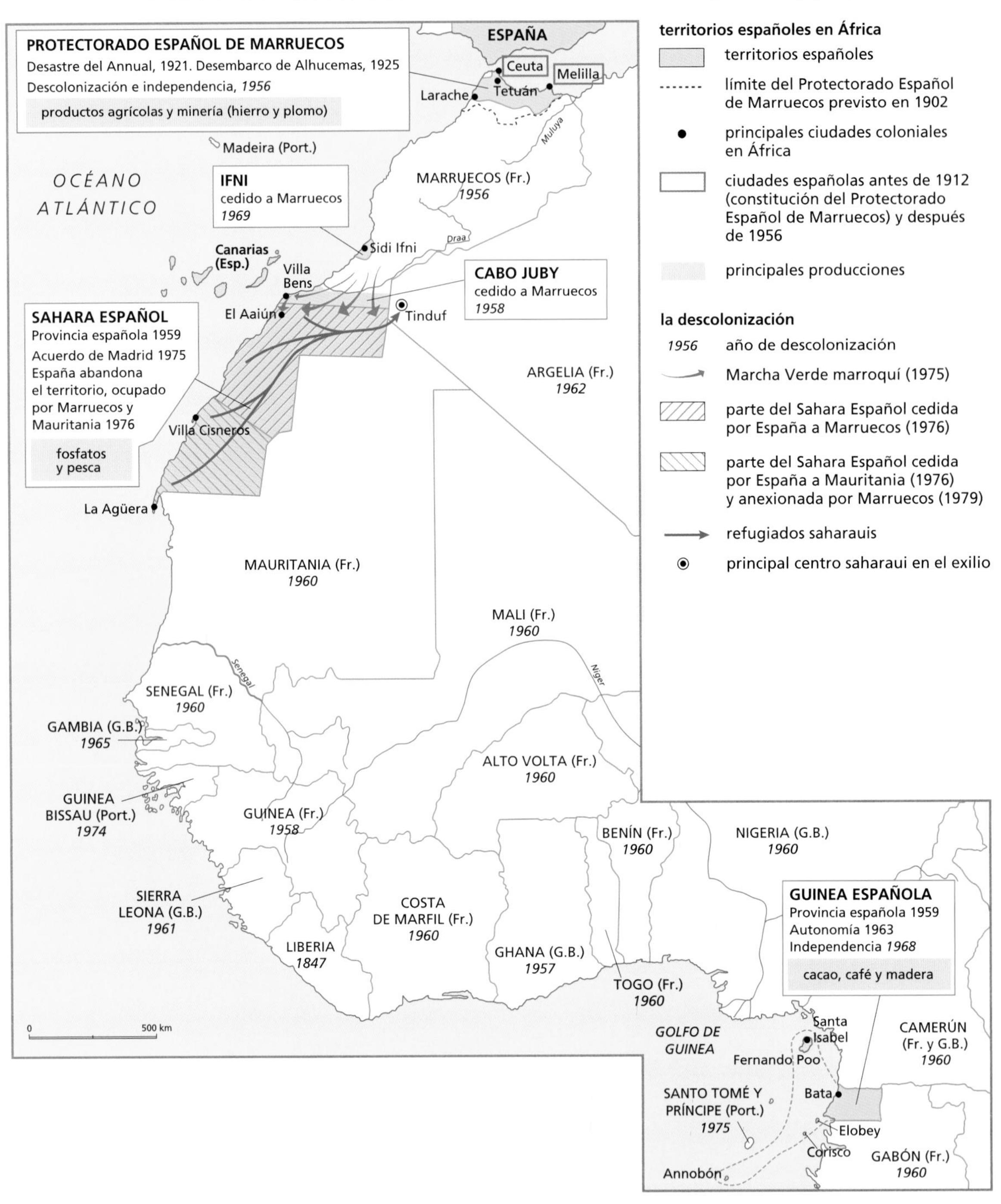

Presencia española en África. La pérdida de las últimas colonias en ultramar en 1898 lleva a fijar la atención de los distintos gobiernos en el norte del continente africano, como nuevo campo de operaciones para recuperar el prestigio internacional. Las tensiones entre marroquíes y las plazas españolas son frecuentes en el siglo XIX, y ya en 1859 se desencadena la guerra de África, en la que destaca el general Juan Prim. En la conferencia de Algeciras de 1906 se acuerda proteger los intereses de España y Francia en Marruecos, monarquía dependiente *de facto* de Madrid y París desde 1904. La franja norte queda entonces bajo dominio español, que establece un protectorado en 1912. La región del Rif, zona montañosa habitada por bereberes, se resiste al dominio español en 1909 (guerra de Melilla) y, bajo el mando de Abd-el-Krim, se inicia una guerra de guerrillas que culmina en 1921 con el desastre de Annual, que provoca alrededor de 10 000 bajas en el ejército español y la pérdida del territorio conquistado desde 1900. El posterior ataque de las tropas de Abd-el-Krim al protectorado francés provoca una reacción conjunta hispano-francesa que pone fin al conflicto marroquí: al desembarco en Alhucemas, en 1925, sigue la rendición de Abd-el-Krim, un año después.

La guerra del Rif representa un terreno de pruebas para Francisco Franco y otros militares que, en 1936, se alzarán contra la República. El régimen franquista prosigue la política expansionista norteafricana con la ocupación del territorio internacional de Tánger y la negociación con Alemania (entrevista en Hendaya entre Franco y Adolf Hitler, en 1940), en la que España se compromete a entrar en la segunda guerra mundial a cambio de la cesión de Marruecos, Guinea y parte del África Occidental Francesa. La propuesta no prospera y la zona de dominio colonial norteafricano se limita al protectorado marroquí hasta 1956, cuando se produce la independencia de Marruecos. El territorio del Sidi Ifni, reconocido como español en 1860 y ocupado en 1934, pasa a Marruecos en 1969. La Guinea y el Sahara españoles quedan entonces como las últimas colonias en África. Con presencia española anterior, la Guinea Española pasa a ser una colonia en 1926, una provincia en 1959 y una región autónoma en 1963, hasta que se independiza en 1968. La franja occidental del Sahara, bajo dominio español desde su ocupación militar, en 1916, se convierte en provincia española en 1958, año en que su parte norte (Cabo Juby) pasa a Marruecos. España abandona el territorio en 1976, tras la invasión marroquí conocida como la Marcha Verde y el acuerdo de Madrid de 1975, en el que se reparte entre Marruecos y Mauritania sin tener en cuenta a los representantes del pueblo saharaui, hecho que conduce a un conflicto que se alarga durante décadas y a que la ONU no reconozca la soberanía marroquí (Mauritania abandona el territorio en 1979).

Argumentos de la presencia española en Marruecos

—¿Cuál es su opinión sobre la intervención armada de España en Marruecos? —preguntamos a don Luis Muntadas.

—Creo que España se juega en este asunto su porvenir como nación. Es un problema el de Marruecos que nosotros no podemos dignamente abandonar; esto sería una insensatez, y yo espero que el buen sentido se impondrá en todos, y los que se declaran enemigos de la intervención militar comprenderán que con su conducta más bien perjudican que favorecen a la nación. España tiene un compromiso sagrado que cumplir en Marruecos: el de que cese para siempre ese estado de barbarie en que vive el pueblo marroquí, y que cese también para siempre la amenaza que para nosotros representa tener la plaza de Melilla rodeada de tan fieros vecinos, siempre dispuestos al echar mano a los fusiles contra nuestras tropas. La obra civilizadora en Marruecos se impone: si no lo hacemos nosotros, otra nación europea nos echará de allí; ¡y qué vergüenza entonces ver que otros hacen lo que a nosotros nos correspondía! y llegado este caso, nos veremos amenazados en nuestra propia casa al instalarse en las costas marroquíes del Mediterráneo a una poderosa nación. Las naciones tienen siempre compromisos a cumplir; a nosotros se nos presenta el actual de Marruecos y no hay otro remedio que aceptarlo; o lo hacemos nosotros o nos echarán de allí y otro pueblo se encargará de hacerlo, extendiendo así la papeleta de defunción de España como nación capaz de alternar con Europa.

Entrevista a Luis Muntadas,
presidente de la organización patronal Fomento
del Trabajo Nacional (*Barcelona Opina*, 1909)

Independencia de Guinea Ecuatorial

Por su previsión, por su prudencia, por la altura de sus miras y la firmeza de sus propósitos, hemos contraído todos una gran deuda con el Generalísimo Franco, el hombre clarividente y veraz que ha sabido iniciar y culminar con vosotros el complejo proceso de la independencia. Este proceso, siempre peligroso y lleno de obstáculos [...] ha sido en vuestro caso —gracias sean dadas a Dios— un proceso ejemplar [...]. Si examinamos los acontecimientos que han transformado África podemos comprobar que esa transformación se ha producido, en muchos casos, en medio del dolor, de la revolución y de la guerra. Si comparamos tales acontecimientos con la evolución de Guinea Ecuatorial, [...] no podemos dejar de sentir un legítimo orgullo ante la forma pacífica [...] que ha presidido esta evolución. [...]

Discurso de Manuel Fraga Iribarne
en los actos de proclamación de la
independencia de Guinea Ecuatorial
(12 de octubre de 1968)

Acuerdo de Madrid sobre el Sahara Occidental

1.º) España ratifica su resolución —reiteradamente manifestada ante la ONU- de descolonizar el territorio del Sahara Occidental [...].

2.º) [...] España procederá de inmediato a instituir una Administración temporal en el territorio en la que participarán Marruecos y Mauritania en colaboración con la Yemaá (Asamblea General del Sahara) y a la cual serán transmitidas las responsabilidades y poderes a que se refiere el párrafo anterior. En su consecuencia, se acuerda designar a dos Gobernadores Adjuntos, a propuesta de Marruecos y Mauritania, a fin de que auxilien en sus funciones al Gobernador General del territorio. [...]

Carlos Arias Navarro (España), Ahmed Osman
(Marruecos) y Hamdi Mouknass (Mauritania).
Madrid, 14 de noviembre de 1975

LA DICTADURA DE PRIMO DE RIVERA (1923-1930)

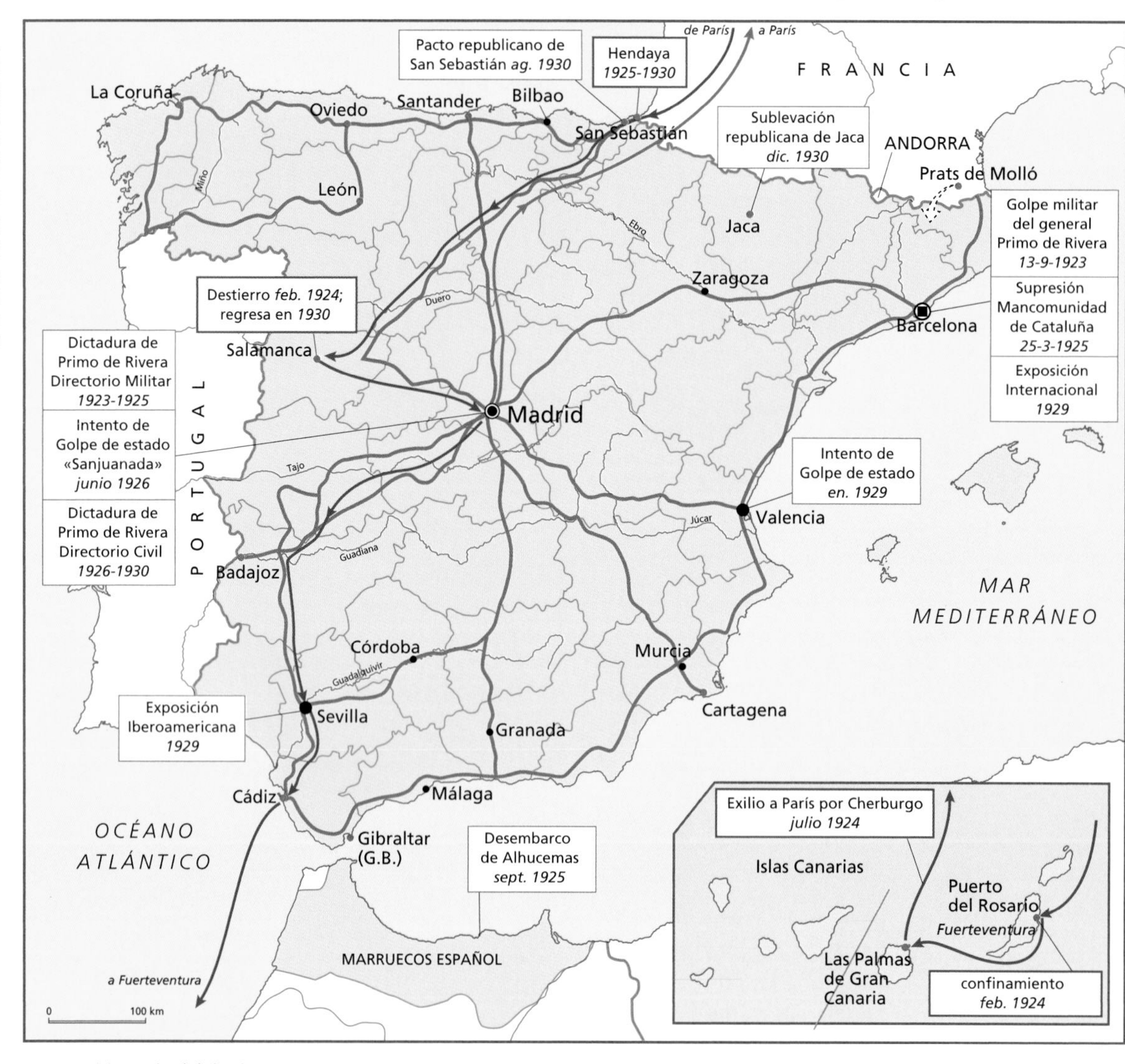

La dictadura de Primo de Rivera. Con el consentimiento del rey Alfonso XIII, el general Miguel Primo de Rivera da un golpe de estado e instaura un directorio militar el 13 de septiembre de 1923. Tiene como objetivos acabar con la conflictividad social, por lo que ordena desterrar y encarcelar a los líderes de la anarcosindicalista Confederación Nacional del Trabajo (CNT); renovar las instituciones con la voluntad de acabar con el caciquismo y la corrupción, por lo que suspende la constitución de 1876, disuelve las cortes, prohíbe los partidos políticos y desarrolla una política autoritaria y centralista (disuelve la Mancomunidad, aunque la reivindicación de los derechos colectivos de Cataluña se consolida, e incluso hay un intento de invasión militar para independizarla, protagonizado por Francesc Macià), y resolver el conflicto marroquí, que acaba, por acción conjunta con Francia, tras el desembarco en Alhucemas, en 1925, y la posterior derrota del líder rifeño Abd-el-Krim. En octubre de 1925 se sustituye el directorio militar por otro civil, con la idea de institucionalizar y perpetuar el régimen. El directorio civil lleva a cabo una política económica proteccionista y dirigista. Cabe destacar el monopolio petrolero estatal, la inversión pública en industria automovilística, el fomento de grandes obras públicas (carreteras, ferrocarril, obras hidráulicas) y la organización de eventos destinados a la promoción internacional, como la Exposición Internacional de Barcelona y la Exposición Iberoamericana de Sevilla, ambas en 1929. En un contexto internacional de auge de los regímenes totalitarios, la política social de Primo de Rivera se inspira en el fascismo italiano de Benito Mussolini: en 1927 funda el partido Unión Patriótica y la organización sindical Organización Corporativa Nacional, los únicos permitidos por el régimen. El sindicato, de carácter vertical, tiene como objetivo la regulación del trabajo y el control de la conflictividad social, pero la preponderancia empresarial es absoluta. A partir de 1927, la dictadura entra en una fase de recesión económica, con una fuerte depreciación de la peseta, y se reactivan los movimientos sociales, con un incremento del número de huelgas. A la crisis económica y social se le une una creciente oposición intelectual ante la perpetuación de la dictadura y el malestar de una parte del ejército. Todo ello provoca la dimisión de Primo de Rivera, a finales de enero de 1930. Tras un breve periodo de gobierno del general Dámaso Berenguer, conocido como «dictablanda», se recuperan las garantías constitucionales y se procede a celebrar elecciones municipales el día 12 de abril de 1931, hecho que conduce a la proclamación de la república y al definitivo fin del periodo de la Restauración borbónica iniciado en 1876.

Manifiesto de Primo de Rivera (13 de septiembre de 1923)

Al país y al Ejército.

Españoles:

Ha llegado para nosotros el momento más temido que esperado (porque hubiéramos querido vivir siempre en la legalidad y que ella rigiera sin interrupción la vida española) de recoger las ansias, de atender el clamoroso requerimiento de cuantos amando la Patria no ven para ella otra salvación que libertarla de los profesionales de la política, de los hombres que por una u otra razón nos ofrecen el cuadro de desdichas e inmoralidades que empezaron el año 98 y amenazan a España con un próximo fin trágico y deshonroso. La tupida red de la política de concupiscencias ha cogido en sus mallas, secuestrándola, hasta la voluntad real. Con frecuencia parecen pedir que gobiernen los que ellos dicen no dejan gobernar (...); pero en la realidad se avienen fáciles y contentos al turno y al reparto y entre ellos mismos designan la sucesión. [...]

No tenemos que justificar nuestro acto, que el pueblo sano demanda e impone: asesinatos de prelados, ex gobernadores, agentes de la autoridad, patronos, capataces y obreros; audaces e impunes atracos; depreciación de moneda; francachela de millones de gastos reservados; sospechosa política arancelaria por la tendencia, y más porque quien la maneja hace alarde de descocada inmoralidad; rastreras intrigas políticas tomando por pretexto la tragedia de Marruecos; incertidumbre ante este gravísimo problema nacional; indisciplina social, que hace el trabajo ineficaz y nulo; precaria y ruinosa la producción agrícola e industrial; impune propaganda comunista; impiedad e incultura; justicia influida por la política; descarada propaganda separatista [...]

Ni somos imperialistas, ni creemos pendiente de un terco empeño en Marruecos el honor del Ejército, que con su conducta valerosa a diario lo vindica. Para esto, y cuando aquel ejército haya cumplido las órdenes recibidas (ajeno en absoluto a este movimiento, que aun siendo tan elevado y noble no debe turbar la augusta misión de los que están al frente del enemigo) buscaremos al problema de Marruecos solución pronta, digna y sensata. [...]

La responsabilidad colectiva de los partidos políticos la sancionamos con este apartamiento total a que los condenamos aun reconociendo en justicia que algunos de sus hombres dedicaron al noble afán de gobernar sus talentos y sus actividades, pero no supieron o no quisieron nunca purificar y dar dignidad al medio en que han vivido. Nosotros sí, queremos, porque creemos que es nuestro deber, y ante toda denuncia de prevaricación, cohecho o inmoralidad, debidamente fundamentada, abriremos proceso que castigue implacablemente a los que delinquieron contra la Patria. [...]

Miguel de Unamuno escribe sobre el golpe de estado de Primo de Rivera

Que la iniciativa del golpe de Estado del 13 de septiembre de 1923 fuera del rey mismo, lo creen hoy [...] todos los españoles dotados de conciencia histórica [...]. Luego, cuando llegó, ¡tras siete años!, el definitivo fracaso de la intentona absolutista, despidió a sus ministros de ella, de la intentona, y la consigna fue atribuir a estos la iniciativa fracasada [...]. Así como la modestita y peliculesca victorieta de la toma de Alhucemas [...] no cancela el desastre de Annual y la vergonzosa retirada de Xauen que dirigió Primo [...]. El que se esclarezca todo esto, el que se nos depure y alumbre la conciencia histórica [...] es lo que se trata de evitar, y a ello tenemos que oponer que pedimos, aún más que libertad, justicia [...]. Exponer públicamente lo que se cree verdad histórica no es ofender ni injuriar [...]. Y que nos procesen por no acatar la mentira oficial monárquica.

«Historia veraz». *Frente*, n.º 1, Bilbao, 4 de octubre de 1930

La España contemporánea

DESDE 1931

Combatientes durante la **guerra civil** (1936-1939)

El **Museo Guggenheim de Bilbao**, obra del arquitecto canadiense Frank O. Gehry, inaugurado en 1997

CRONOLOGÍA DE 1930 A 1955

España

1930

1930	**28 ene.** Dimite Miguel Primo de Rivera
	12 dic. Sublevación republicana de Fermín Galán en Jaca
	12 abr. Elecciones municipales. Victoria republicana en las ciudades
1931	**14 abr.** Proclamación de la República (exilio de Alfonso XIII)
	18 abr. Creación de la Generalidad de Cataluña
	14 abr.-14 oct. Presidencia de Niceto Alcalá-Zamora
	25 sept. Estatuto vasco de Estella, rechazado en las cortes
	14 oct.-11 dic. Presidencia de Manuel Azaña
	9 dic. Constitución republicana
	11 dic.-7 abr. 1936 Presidencia de Niceto Alcalá-Zamora
1932	**10 ago.** Golpe de estado derechista (Sanjurjada)
	9 sept. Cataluña: estatuto de autonomía aprobado en las Cortes
1933	**11 ene.** Alzamiento anarquista de Casas Viejas
	19 nov.-16 feb. 1936 Bienio radical-cedista tras la victoria de la derecha en las elecciones
1934	**5-19 oct.** Revolución de Asturias
	6 oct. Proclamación del Estado Catalán: detención y encarcelamiento del gobierno catalán, suspensión del estatuto hasta feb. de 1936

1935

1935	**25 sept.** Alejandro Lerroux, presidente del gobierno, dimite, al conocerse su implicación en el escándalo del estraperlo
1936	**6 feb.** Victoria electoral del Frente Popular
	11 mayo-3 mar. 1939 Presidencia de Manuel Azaña
	18 jul. Alzamiento militar y civil contra la República
	19 jul. El alzamiento fracasa en Madrid y Barcelona y vence en Sevilla, Zaragoza, Valladolid, Salamaca y Burgos
	1 oct.-20 nov. 1975 Francisco Franco, jefe del estado
	1 oct. Estatuto de autonomía del País Vasco
	24 oct. Decreto de colectivización de la Generalidad de Cataluña
	6 nov. El gobierno republicano se traslada a Valencia
	7 nov. Detenido el avance franquista sobre Madrid. Primera intervención de las Brigadas Internacionales
1937	**5-25 feb.** Batalla del Jarama
	10 feb. El ejército franquista entra en Málaga
	19 abr. Franco decreta la creación de un partido único: FET y de las JONS
	26 abr. La alemana legión Cóndor bombardea Guernica
	3-8 mayo Hechos de mayo en Cataluña: ERC y PSUC (comunista) se enfrentan y vencen a CNT y comunistas disidentes de Moscú (POUM)
	19 jun. El ejército franquista entra en Bilbao
	1 jul. Carta colectiva de los obispos a favor de Franco

Contexto mundial

1930

1930	Brasil: golpe de estado militar
1931	Alemania: hundimiento financiero y económico
1932	Japón invade Manchuria
1932	Portugal: Salazar preside el gobierno
1933	Alemania: el partido nazi en el poder
1933	Estados Unidos: inicio del New Deal
1934	EUA y URSS establecen relaciones diplomáticas
1934	China: «larga marcha» de Mao

1935

1935	Alemania: leyes raciales
1936	Pactos entre Roma, Berlín y Tokyo
1936	Pacto de No Intervención en la guerra civil española
1936	Grecia: golpe de estado militar
1937	URSS: elecciones con sistema de candidato único comunista
1937-1945	Guerra entre China y Japón

CRONOLOGÍA DE 1930 A 1955

España

5-28 jul. Batallla de Brunete
1 nov. El gobierno republicano se traslada a Barcelona

1938 **9 mar.** El gobierno franquista promulga el Fuero del trabajo
5-22 abr. Leyes franquistas: abolición del divorcio, la autonomía de Cataluña y la reforma agraria
25 jul-15 nov. Batalla del Ebro

1939 **26 ene.** El ejército franquista entra en Barcelona
5-6 febr. Exilio de los gobiernos español, catalán y vasco
11 feb. Franco firma la ley de responsabilidades políticas
17 mar. Pacto de amistad entre Franco y Salazar (Portugal)
28 mar. El ejército franquista entra en Madrid
1 abr. Franco firma el último parte de guerra

Contexto mundial

1938 Alemania se anexiona Austria (Anschluss), inicio de la persecución de los judíos

1938 Chile: triunfo del Frente Popular

1939 Alemania ocupa Checoslovaquia

1939-1945 Segunda guerra mundial

1940

España

1940 **1 mar.** Ley de represión de la masonería y el comunismo
15 oct. Lluís Companys, presidente de la Generalidad, fusilado en Barcelona tras ser sometido a consejo de guerra
23 oct. Franco se reúne con Hitler en Hendaya

1941 **12 feb.** Franco se reúne con Mussolini en Bordighera
13 jul. Primer contingente de la División Azul

1944 **19-27 oct.** Invasión del valle de Arán por el maquis comunista

Contexto mundial

1940 Conferencia de Wannsee: el régimen nazi prevé el exterminio de los judíos

1941 Ataque japonés a la base estadounidense de Pearl Harbor

1941 Estados Unidos y el Reino Unido firman la carta del Atlántico

1945

España

1945 **19 mar.** Manifiesto de Lausana, por el que Juan de Borbón, conde de Barcelona, rechaza el franquismo
17 jul. Fuero de los españoles
22 oct. Ley de referéndum nacional

1946 **12 dic.** La ONU condena el régimen y recomienda la retirada de los embajadores

1947 **26 jul.** Ley de sucesión por la que España se constituye en reino y el sucesor de Franco será propuesto por él mismo

1948 **5 feb.** Francia reabre la frontera con España
8 nov. Juan Carlos, hijo de Juan de Borbón, llega a España para estudiar, de acuerdo con Franco

Contexto mundial

1945 Bombas atómicas sobre Hiroshima y Nagasaki

1945 Fundación de la Organización de las Naciones Unidas

1945 Proceso de Nuremberg contra los dirigentes de la Alemania nazi

1945 Creación de la Liga Árabe

1946-1955 Argentina: peronismo

1947 India se independiza del Reino Unido

1948 Plan Marshall para la reconstrucción de Europa

1948 Israel se independiza

1949 Creación de la República Popular China

1949 Creación de la Organización del Tratado del Atlántico Norte

1950

España

1953 **30 ene.** Ingreso en la Unesco
23 ago. Concordato con la Santa Sede
27 sept. Tratado con Estados Unidos: se autoriza a aquel país la construcción de bases militares

Contexto mundial

1950 China ocupa Tibet

1950-1953 Guerra de Corea

1954 EUA: campaña no violenta de M. Luther King

CRONOLOGÍA DE 1955 A 1985

	España		Contexto mundial
	1955		**1955**
1955	**15 dic.** Ingreso en la ONU	1955	Conferencia de Bandung
1956	**7 abr.** Los protectorados francés y español de Marruecos se unen e independizan	1956	Hungría: insurrección anticomunista
1957-1964	Formación de las primeras Comisiones Obreras (CC.OO.) en Asturias, Cataluña, Madrid y País Vasco	1956	Egipto nacionaliza el canal de Suez
1958	**10 ene.** Ingreso en la Organización Europea para la Cooperación Económica **17 mayo** Ley de principios del Movimiento Nacional **4 jul.** Ingreso en el Fondo Monetario Internacional	1957	Tratado de Roma: fundación de la Comunidad Económica Europea
1959	**21 jul.** Plan de estabilización	1959	Cuba: victoria castrista
	31 jul. Creación de ETA (Euskadi ta Askatasuna)	1959	Creación de la Asociación Europea de Libre Comercio
	1960		**1960**
		1961	Construcción del muro de Berlín
1962	**5 jun.** La oposición se reúne en Múnich (contubernio de Múnich)	1962	China: revolución cultural
1963	**2 dic.** Creación del Tribunal de Orden Público, contra la actuación política opositora al régimen franquista **15 dic.** Guinea Española: estatuto de autonomía	1962	Fin de la Guerra de Argelia e independencia del país
	28 dic. Ley de bases de la Seguridad Social	1964-1973	Guerra del Vietnam
1964-1967	Primer plan de desarrollo	1964	Brasil: golpe de estado militar
	1965		**1965**
1966	**17 ene.** Incidente de Palomares (colisión de dos aviones estadounidenses con armas nucleares)		
1967	**10 ene.** Ley orgánica del estado	1967	Israel ocupa la franja de Gaza, Cisjordania, el Sinaí y los altos del Golán
1968-1971	Segundo Plan de Desarrollo		
1968	**12 oct.** Independencia de Guinea Ecuatorial	1968	Mayo francés: movimiento de contestación político, social y cultural
1969	**30 jun.** Ifni es retrocedido a Marruecos	1968	Primavera de Praga e invasión soviética
	2 jul. Primera autopista de peaje: Montgat-Mataró		
	22 jul. Franco nombra a Juan Carlos de Borbón príncipe heredero **23 jul.** Estalla el escándalo Matesa	1968	México: matanza de la plaza de las Tres Culturas
	1970		**1970**
1970	**3 dic.** Proceso de Burgos contra miembros de ETA	1970	Chile: Salvador Allende, socialista, presidente
1971	**7 nov.** Constitución de la Assemblea de Catalunya		
1972-1975	Tercer plan de desarrollo		
1972	Canarias: ley de régimen económico y fiscal		
1973	**10 mayo** Fundación del Frente Polisario, organización para la independencia del Sahara Español	1973	Chile: golpe de estado militar
	9 jun. Luis Carrero Blanco, presidente del gobierno **20 dic.** Luis Carrero Blanco asesinado en un atentado de ETA **31 dic.** Carlos Arias Navarro, presidente del gobierno	1973	La Organización de países exportadores de petróleo decide un aumento de precios. Crisis del petróleo
		1973	Dinamarca, Irlanda y Gran Bretaña ingresan en la CEE
1974	**2 mar.** Ejecución de Salvador Puig Antich	1974	Portugal: revolución de los claveles

CRONOLOGÍA DE 1955 A 1985

	España		Contexto mundial
	29 jul. Constitución de la Junta Democrática de España	1974	Y. Arafat defiende en la ONU la creación de un estado palestino
	1 sept. Primera reunión de la Unión Militar Democrática		
	21 dic. Ley de asociaciones políticas		
	1975		**1975**
1975	**11 jun.** Constitución de la Plataforma de Convergencia Democrática	1975	Vietnam: los comunistas toman Saigón
	30 oct. Marcha verde marroquí sobre el Sahara español		
	14 nov. Acuerdo de Madrid: España cede el Sahara a Marruecos y Mauritania	1975-1990	Líbano: guerra civil
	27 sept. Ejecución de miembros de ETA y FRAP		
	20 nov. Fallece Francisco Franco		
	22 nov. Juan Carlos I proclamado rey		
1976	**26 mar.** Constitución de la Platajunta (Coordinación Democrática)	1976	Creación de la República Árabe Saharaui Democrática, en guerra contra Marruecos y Mauritania
	5 jul. Adolfo Suárez, presidente del gobierno	1976	Argentina: golpe de estado militar
	15 dic. Ley para la reforma política aprobada en referéndum		
1977	**9 abr.** Legalización del Partido Comunista		
	15 jun. Primera elecciones democráticas tras el franquismo		
	5 oct. Restablecimiento de la Generalidad de Cataluña		
	25 oct. Pactos de la Moncloa		
1978	**6 dic.** Constitución democrática ratificada en referéndum	1979	La URSS invade Afganistán
1979	**22 dic.** País Vasco y Cataluña: estatutos de autonomía	1979	Nicaragua: los sandinistas toman el poder
		1979	Israel-Egipto: tratado de paz
		1979	Irán: república islámica
	1980		**1980**
1980	**28 feb.** Andalucía: referéndum en el que se aprueba acceder a la autonomía de inmediato		
1981	**23 feb.** Intento de golpe de estado		
	25 feb. Leopoldo Calvo-Sotelo (UCD), presidente del gobierno	1981	Grecia ingresa en la CEE
	28 abr. Galicia: estatuto de autonomía		
	22 jun. Ley de divorcio		
1982	**11 ene.** Andalucía, Asturias y Cantabria: estatutos de autonomía	1982	Guerra de las Malvinas
	30 mayo Ingreso en la OTAN	1982	Conferencia Norte-Sur en Cancún
	19 jun. La Rioja y Murcia: estatutos de autonomía	1982	Israel devuelve la península del Sinaí a Egipto (acuerdo de Camp David)
	10 jul. Comunidad Valenciana: estatuto de autonomía		
	16 ago. Aragón, Castilla-La Mancha y Canarias: estatutos de autonomía		
	16 ago. Navarra: ley de reintegración y mejoramiento del régimen foral		
	2 dic. Felipe González (PSOE), presidente del gobierno		
1983	**26 feb.** Extremadura: estatuto de autonomía		
	1 mar. Comunidad de Madrid y Baleares: estatutos de autonomía		
	2 mar. Castilla y León: estatuto de autonomía		

CRONOLOGÍA DESDE 1985

España

1985

1985 **5 jul.** Ley de despenalización del aborto

1986 **1 ene.** España y Portugal ingresan en la CEE
12 mar. Referéndum sobre la permanencia de España en la OTAN, con victoria de los favorables a ella (excepto en Cataluña y País Vasco)

1987 **19 jun.** Atentado terrorista de ETA en el centro comercial Hipercor de Barcelona

1988 **12 ene.** Pacto de Ajuria Enera
14 dic. Huelga general masiva contra la reforma del mercado laboral

1990

1991 **30 oct.** Conferencia de Madrid sobre la paz en Oriente Medio

1992 **14 abr.** Primer tren de alta velocidad: Madrid-Sevilla
20 abr.-12 oct. Exposición universal de Sevilla
25 jul.-9 ag. Juegos olímpicos de Barcelona

1993 **6 jun.** Elecciones con victoria del PSOE, aunque queda en minoría. Pacto entre PSOE y Convergència i Unió (las comunidades autónomas reciben el 15% del IRPF)

1995

1995 **14 mar.** Ceuta y Melilla: estatutos de autonomía
28 nov. Conferencia euromediterránea en Barcelona

1996 **5 mayo** José María Aznar (Partido Popular), presidente del gobierno, tras vencer en las elecciones generales. El PP, en minoría en las Cortes, pacta con Convergència i Unió

1997 **13 jul.** ETA asesina a Miguel Ángel Blanco, concejal del PP en Ermua

1998 **12 sept.** Pacto de Estella entre partidos vascos

2000

2000 **12 mar.** Elecciones con victoria del PP por mayoría absoluta

2000-2009 Fuerte incremento de la llegada de inmigrantes extracomunitarios

Contexto mundial

1985

1985 Apertura y reforma de la URSS (Perestroika)

1986 Unión Soviética: catástrofe nuclear de Chernobil

1989 Manifestaciones pro democráticas de Pekín

1989 Caída del muro de Berlín y apertura democrática de los regímenes comunistas de Europa oriental

1990

1990 Reunificación de Alemania

1990-1991 Guerra del Golfo

1991 Disolución de la Unión Soviética, independencia de las repúblicas federadas

1991-1995 Guerra de Yugoslavia

1992 Tratado de Maastricht, que instituye la Unión Europea

1992 Guerra civil en Argelia

1993 Mercado único europeo

1993 Acuerdo sobre la autonomía de los territorios palestinos ocupados por Israel

1994 Sudáfrica: fin del apartheid

1995

1995 Entra en vigor el Mercado Común de América del Sur (Mercosur)

1995 Suecia, Finlandia y Austria ingresan en la Unión Europea

1995 Creación de la Organización Mundial del Comercio

1995 Quebec: referéndum de autodeterminación y victoria ajustada de los contrarios a la soberanía

1997 Hong Kong deja de ser territorio británico y pasa a China

1998 Acuerdo de paz en Irlanda del Norte

1999 Guerra de Kosovo

2000

2000 México: el Partido Revolucionario Institucional deja la presidencia del país (tras 71 años en el poder)

CRONOLOGÍA DESDE 1985

	España		Contexto mundial
2001	**31 dic.** Abolición del servicio militar obligatorio	2001	Estados Unidos: atentados terroristas de al-Qaeda en Nueva York y Washington
2002	**1 de ene.** El euro pasa a ser moneda de curso legal (en España y en otros 11 estados de la de Unión Europea)	2002	Brasil: la izquierda gana las elecciones presidenciales
		2002	Creación del Tribunal Penal Internacional
2003	**16 mar.** Cumbre de las Azores, reunión de T. Blair (GB), George Bush (EUA) y J. M. Aznar	2003	Estados Unidos, con el apoyo británico y español, lanza una ofensiva contra Iraq
2004	**11 mar.** Atentados islamistas en Madrid **14 mar.** Elecciones con victoria del PSOE **17 abr.** José Luis Rodríguez Zapatero (PSOE), presidente del gobierno	2004	Ingresan en la Unión Europea diez estados (orientales y mediterráneos)
		2004	Indonesia: tsunami y crisis humanitaria
	2005		**2005**
2005	**1 feb.** El congreso rechaza el plan Ibarretxe, que prevé la creación de un estado vasco asociado a España **30 jun.** Se aprueba modificar el Código Civil para permitir los matrimonios entre personas del mismo sexo **30 set.** Cataluña: el parlamento aprueba un nuevo estatuto de autonomía, posteriormente modificado en el Congreso	2005	Atentados terroristas en Londres
2006	**11 abr.** Comunidad Valenciana: reforma del estatuto de autonomía **9 ago.** Cataluña: entra en vigor el nuevo estatuto, recurrido ante el Tribunal Constitucional **1 mar.** Baleares: reforma del estatuto de autonomía	2006	Independencia de Montenegro
2007	**20 mar**. Andalucía: reforma del estatuto de autonomía **23 abr.** Aragón: reforma del estatuto de autonomía **30 nov.** Castilla y León: reforma del estatuto de autonomía	2007	Gobierno de unidad (unionistas británicos y republicanos irlandeses) en Irlanda del Norte
2008	Fin del crecimiento económico, en gran parte fundamentado en el sector inmobiliario	2008	Independencia de Kosovo
2008	**14 jun.-14 sept.** Exposición universal de Zaragoza		
	2010		**2010**
2010	**2 feb.** Se superan los cuatro millones de parados **28 jun.** Sentencia del Tribunal Constitucional sobre el estatuto catalán	2010	Haití: seísmo y catástrofe humanitaria
2011	**10 ene.** ETA anuncia un alto el fuego permanente **10 abr.** Culminan en Barcelona una serie de consultas populares sobre la independencia de Cataluña **15 mayo** Manifestaciones de «indignados» con la situación política y económica **2 sept.** El congreso aprueba la reforma de la constitución, por la que se limita el déficit público **21 dic.** Mariano Rajoy (PP), presidente del gobierno	2011	Manifestaciones pro democracia en los países árabes y guerra en Libia
		2011	Grecia: grave crisis económica
		2011	Japón: tsunami y catástrofe nuclear
		2011	Unión Europea: se aprueba una mayor convergencia económica (no aceptada por Reino Unido)
2012	**26 ene.** Se superan los cinco millones de parados **16 mayo** La prima de riesgo supera los 500 puntos **9 jun.** El gobierno pide un rescate a la Unión Europea para la banca		

LA SEGUNDA REPÚBLICA (1931-1933)

las elecciones municipales del 12 de abril de 1931

mayoría de concejales en la provincia

- republicano-socialistas (Partido Republicano Radical, Partido Socialista Obrero Español, Partido Republicano Democrático Federal, Acción Republicana) en Cataluña (Esquerra Republicana de Catalunya y Unió Socialista de Catalunya)
- republicano-socialistas con mayoría relativa
- monárquicos (Partido Liberal, Partido Liberal Conservador, Unión Nacional Monárquica y otros)
- otros partidos conservadores (Partido Liberal Reformista, Centro Constitucional; en el País Vasco, Partido Nacionalista Vasco y Lliga Regionalista en Cataluña)

mayoría de concejales en la capital

- republicano-socialistas
- monárquicos

exilio de Alfonso XIII

La Segunda República. Las elecciones municipales del 12 de abril de 1931 tienen como resultado una indiscutible victoria republicana en las ciudades, aunque en el conjunto de España las candidaturas monárquicas obtienen un número de representantes algo superior. Por el pacto de San Sebastián, suscrito en agosto de 1930 por las fuerzas políticas y sindicales republicanas con el objetivo de dar fin a la monarquía, esta victoria sentencia definitivamente el orden de la Restauración vigente: el 14 de abril se proclama la República, con un estallido popular en las calles de las ciudades; Alfonso XIII de Borbón abandona España con el propósito de evitar males mayores y se forma un gobierno provisional. Meses después, el 28 de junio, se celebran elecciones legislativas, con unos resultados abrumadores a favor de las candidaturas republicanas de izquierda, que consiguen 368 diputados de un total de 470 (la catalana Esquerra Republicana es la segunda fuerza, con 42 diputados). La segunda vuelta modula algo estos resultados, pero se mantiene la mayoría absoluta reformista que, bajo la presidencia de Niceto Alcalá Zamora, corrobora la consolidación de la república. El nuevo régimen se propone construir una nueva sociedad basada en una democracia política, que reconoce a la ciudadanía una serie de derechos y libertades, cuyo objetivo es dirigirse hacia una democracia en el orden social y económico, disminuyendo la brecha entre la minoría adinerada y las clases populares. Para ello se redacta y aprueba una constitución que consagra dichos valores, aunque precisamente la falta en la sociedad española de una clase media relevante que pueda defenderlos con fuerza merma su implantación. Por ello, los primeros gobiernos encuentran, por una parte, resistencia de la derecha tradicionalista, que no puede tolerar ningún menoscabo a su poder secular y que se encuentra enlazada con el incipiente fascismo europeo, visto como una solución para detener cualquier transformación social, y, por otra, deben contener urgencias en una izquierda y un sindicalismo ávidos de cambios revolucionarios, para superar siglos de profundas desigualdades sociales y económicas. Una asonada militar, promovida por el general José Sanjurjo en agosto de 1932, y el levantamiento campesino de Casas Viejas, en Andalucía, de enero de 1933, que acabó con una dura represión, son exponentes de la tensa situación.

En cualquier caso, la constitución republicana y laica permite a las Cortes legislar para extender el sufragio universal al voto femenino, para regular el divorcio, para garantizar el acceso gratuito a la enseñanza primaria, o para emprender —quizá sin mucho entusiasmo— una reforma agraria. Igualmente, la constitución reconoce la autonomía de provincias limítrofes con características culturales y económicas comunes, derecho recogido por el pacto de San Sebastián y gracias al cual se consigue el apoyo del catalanismo político.

Constitución de la República Española (1931)

Artículo 1. España es una República democrática de trabajadores de toda clase, que se organiza en régimen de Libertad y de Justicia. Los poderes de todos sus órganos emanan del pueblo. La República constituye un Estado integral, compatible con la autonomía de los Municipios y las Regiones. [...]
Artículo 2. Todos los españoles son iguales ante la ley.
Artículo 3. El Estado español no tiene religión oficial. [...]
Artículo 6. España renuncia a la guerra como instrumento de política nacional.
Artículo 7. El Estado español acatará las normas universales del derecho internacional, incorporándolas a su derecho positivo. [...]
Artículo 11. Si una o varias provincias [...] acordaran organizarse en región autónoma para formar un núcleo político-administrativo dentro del Estado español, presentarán su Estatuto [...].
Artículo 27. La libertad de conciencia y el derecho de profesar y practicar libremente cualquier religión quedan garantizados [...].
Artículo 43. [...] El matrimonio [...] podrá disolverse por mutuo disenso o a petición de cualquiera de los cónyuges.
Artículo 44. [...] la propiedad podrá ser socializada.
Artículo 48. [...] La enseñanza primaria será gratuita y obligatoria. [...] será laica [...] y se inspirará en ideales de solidaridad humana.
Artículo 53. Serán elegibles para Diputados todos los ciudadanos de la República mayores de veintitrés años, sin distinción de sexo ni de estado civil [...].

Manifiesto del general José Sanjurjo

[...] Españoles: [...] La fuerza ha sustituido al derecho, la arbitrariedad a la ley, la licencia a la disciplina. La violencia se ha erigido en autoridad y la obediencia se ha rebajado a la sumisión. [...] de todo este desastre brota espontáneamente la rebelión de las almas que viven sin esperanza. [...] La revolución será siempre un crimen o una locura dondequiera que prevalezcan la justicia y el derecho, pero no es justicia ni derecho donde prevalece la tiranía, medios justificativos que copiamos de la revolución que se hizo en abril de 1931. Momentos mucho más desdichados que aquellos fueron otros de año y medio de sectarismo tiránico de la economía nacional [...]; se han destrozado los organismos de defensa e insultado groseramente a los cuerpos armados; ha aumentado la criminalidad de modo alarmante. El paro forzoso [...] tiene en la miseria a muchos miles de obreros. No se ha tenido en varios meses ni un día de sosiego y tranquilidad, con el sobresalto constante del incendio, huelgas revolucionarias, robos, atracos y amenazas. [...] se han alentado imprudentemente los sentimientos de varias regiones [...] poniendo en peligro inminente la integridad de España. Por amor a España y por imperativos de nuestra conciencia y nuestro deber, que nos obliga a salvarla [...], aceptamos desde este momento la responsabilidad de la gobernación del país y asumimos todas las funciones del poder público [...]. Las Cortes [...] han sido disueltas. No venimos, sin embargo, a imponer un régimen político contra la República, sino a libertar a España de la alarma. [...] Los poderes que esta Junta provisional asume durarán el tiempo indispensable para restablecer la disciplina [...]; pero durante ese período de restauración de la paz pública será inexorable en la persecución de cuantos aspiren a reproducir los métodos de terrorismo a que acabamos de poner término [...]. España necesita de todos sus hijos, y a todos hace un llamamiento [...]. ¡Viva España y viva la soberanía nacional!

El Sol, 11 de agosto de 1932

LA AUTONOMÍA DE CATALUÑA Y EL PAÍS VASCO (1931-1939)

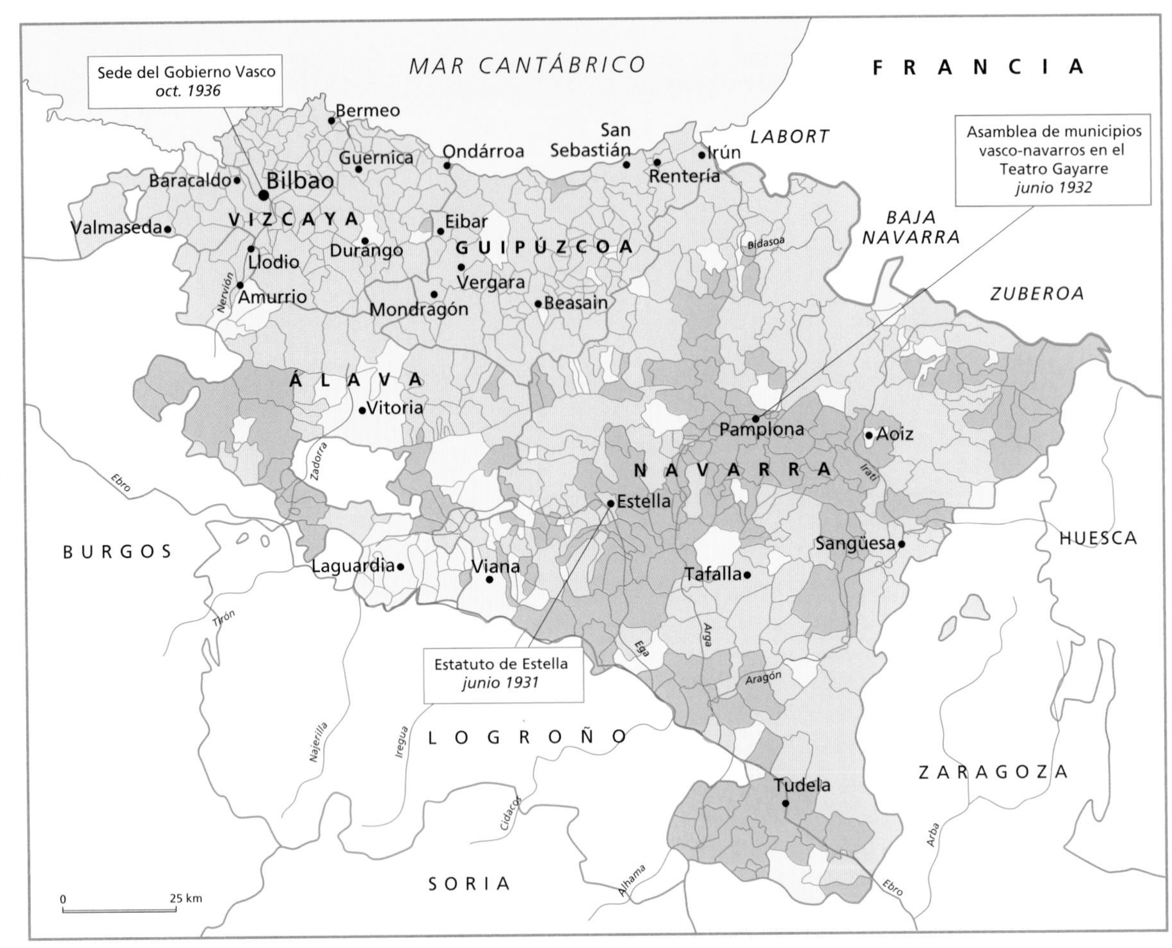

resultado de la votación del estatuto vasco-navarro en junio de 1932 en Pamplona
(posteriormente se produjeron reclamaciones denunciando coacciones e irregularidades)

- municipios favorables al proyecto de estatuto
- municipios contrarios (mayoritarios en Navarra)
- abstenciones

La autonomía de Cataluña y el País Vasco. La España de la década de 1930 pone de relieve un desencuentro histórico entre diversas formas de entender la realidad peninsular. Frente a una visión de estado consagrada a lo largo de los siglos, emergen con fuerza dos realidades sociales, Cataluña y País Vasco, no integradas en el imaginario colectivo español y que ya anteriormente habían intentado sin éxito la autonomía política. Tras la experiencia de la Mancomunidad (1914-1925), el catalanismo político mayoritario deja de estar protagonizado por la Lliga Regionalista, que desconfía de unas clases populares catalanas en todo momento sospechosas de ser revolucionarias, y abre su campo de acción hacia la izquierda. Además, surge una figura aglutinadora y de gran prestigio social, Francesc Macià, alma de Esquerra Republicana de Catalunya, partido formado en marzo de 1931 y que el 12 de abril logra un rotundo éxito. Macià proclama la República Catalana, pero el gobierno de Manuel Azaña consigue pactar la creación de la Generalidad, que recupera el nombre de la histórica institución para conceder una autonomía política, no sin un áspero debate en las Cortes, que finalmente aprueba un texto estatutario que rebaja de manera sustancial el aprobado por plebiscito entre la ciudadanía catalana. El 6 de octubre de 1934, con un gobierno de derecha en Madrid, Lluís Companys, sucesor de Macià, proclama el estado catalán dentro de una federación española, como defensor de las esencias republicanas de izquierda. Encarcelado el gobierno catalán, el gobierno central suspende la autonomía. Tras las elecciones de febrero de 1936 se rehabilita la autonomía y, durante la guerra civil, la Generalidad ejercerá un poder político decisivo en favor de la república, con una gran influencia de la anarquista CNT y, desde mayo de 1937, del comunista pro soviético Partit Socialista Unificat de Catalunya. Por lo que se refiere al País Vasco, a finales de 1931 se presenta en las Cortes un proyecto de estatuto para Álava, Guipúzcoa, Vizcaya y Navarra (estatuto de Estella), desestimado por establecer relaciones propias con el Vaticano, de acuerdo con el ideario tradicionalista católico muy presente en la sociedad vasca. Una segunda propuesta, acorde con la constitución republicana, es votada en 1932 por los ayuntamientos, pero los apoyos ya no son tan entusiastas entre los grupos carlistas y en Navarra y fracasó. El PNV insiste, acercando posiciones con la izquierda, y finalmente se aprueba uno, sin Navarra, en 1936, ya en plena guerra civil. En marzo de 1937 el gobierno vasco se exilia, recala en la Cataluña todavía republicana, y Franco decreta la abolición de la autonomía vasca y catalana.

Actitudes en las Cortes ante el fallecimiento de Francesc Macià, presidente de la Generalidad de Cataluña

Sr. José Antonio Aguirre (PNV): La figura de don Francisco Maciá tiene para nosotros doble motivo de admiración y de profundo respeto. Al Sr. Maciá, nacionalista catalán, le unían con nosotros grandes vínculos derivados de una identidad ideológica; [...] era afiliado de honor del partido nacionalista vasco. [...] Hombre de ideal, representa para nosotros una esperanza [...].

Sr. José María Albiñana (Partido Nacionalista Español, Derecha Monárquica): [...] Pertenecía el Sr. Maciá al nacionalismo catalán, separatista; yo pertenezco al nacionalismo español, unitario *(Risas)*; [...] yo no comparto los convencionalismos de la política, ni las farsas parlamentarias [...] y quiero hablar, simplemente, como español. [...] yo no puedo sumarme a este homenaje [...] porque [...] tuvo la, a mi juicio, inmensa desventura de enseñar a gran parte del pueblo catalán el grito de muera España. *(Grandes rumores)* [...] yo me levanto aquí a protestar contra el homenaje que se tributa a una figura [...] enemiga de España. [...]

Sr. Presidente (Sr. Santiago Alba, Republicano Radical): Su señoría, Sr. Albiñana, tiene derecho [...] a emitir las opiniones que correspondan a su convencimiento, pero habrá de hacerlo dentro de un límite de conveniencia y de respeto para los demás y, sobre todo, para la memoria del insigne muerto [...]. *(Muy bien. Grandes aplausos. Un Sr. Diputado da un grito de ¡Viva España! El Gobierno, puesto en pie, y los Diputados de las minorías republicanas y socialista gritan ¡Viva la República!* [...]

Sr. Indalecio Prieto (PSOE): Durante el tumulto han salido de aquí *(dirigiéndose a las minorías de derecha)* voces de ¡Muera Cataluña! *Grandes protestas en las derechas).* [...] ¡Orden! [...] No creo que haya tampoco necesidad de gritar ¡viva España!, como si España estuviera en peligro, porque para amar a España [...] la República es suficiente. *(Grandes aplausos. Nuevos ¡vivas! a la República)*

Sr. Federico Landrove (PSOE): Es que los que gritan ¡viva España! lo hacen creyendo que así combaten a la República. *(Protestas en las derechas)* [...]

Sr. Albiñana: [...] tengo que decir que, ante la figura yacente del Sr. Maciá, me descubro como católico y cristiano *(Rumores)*; pero para su figura política, para su actuación pública, no tengo más que estas palabras finales: ¡Viva España! y ¡viva Cataluña española! *(Algunos aplausos)* [...]

Sr. José Antonio Primo de Rivera (Falange Española): [...] cuando nosotros empleamos el nombre de España [...] pensamos como siempre, sin reservas mentales, en España y nada más que en España; [...]; porque España es más que una circunstancia histórica [...]. Nosotros amamos a Cataluña por española, y porque amamos a Cataluña, la queremos más española cada vez, como al País Vasco, como a las demás regiones. [...] una nación es una unidad en lo universal, es el grado a que se remonta un pueblo cuando cumple un destino universal en la Historia. [...] España fue Nación hacia fuera, que es como se es de veras nación, [...] queremos que todos los pueblos de España sientan [...] el patriotismo de la misión [...]. Si alguien hubiese gritado muera Cataluña, [...] hubiera cometido un crimen contra España [...]. *(Aplausos)* [...]

Sr. M. Rubió (ERC): [...] Maciá tenía razón cuando nos decía que dentro de la República española, dentro de la Constitución del 31, [...] cabía una Cataluña libre, completamente libre *(Rumores)*: la Cataluña rica y plena de que se habla en las estrofas de nuestro himno nacional. *(Fuertes rumores)*

Sr. Presidente: Pero ¿es esta la primera vez que hemos oído en la Cámara [...] el llamado nacionalismo catalán? ¿Es que nos vamos a escandalizar de ello ahora? *(Protestas en las minorías de derecha)* [...]

Sr. Presidente del Consejo de Ministros (Alejandoro Lerroux, Republicano Radical): [...] el Sr. Maciá ha rendido en las postrimerías de su vida el más eminente servicio a la unidad nacional. [...] haciendo compatibles las libertades de Cataluña con la libertad de España entera [...].»

Diario de Sesiones, día 4 de enero de 1934

EL BIENIO CONSERVADOR (1934-1936)

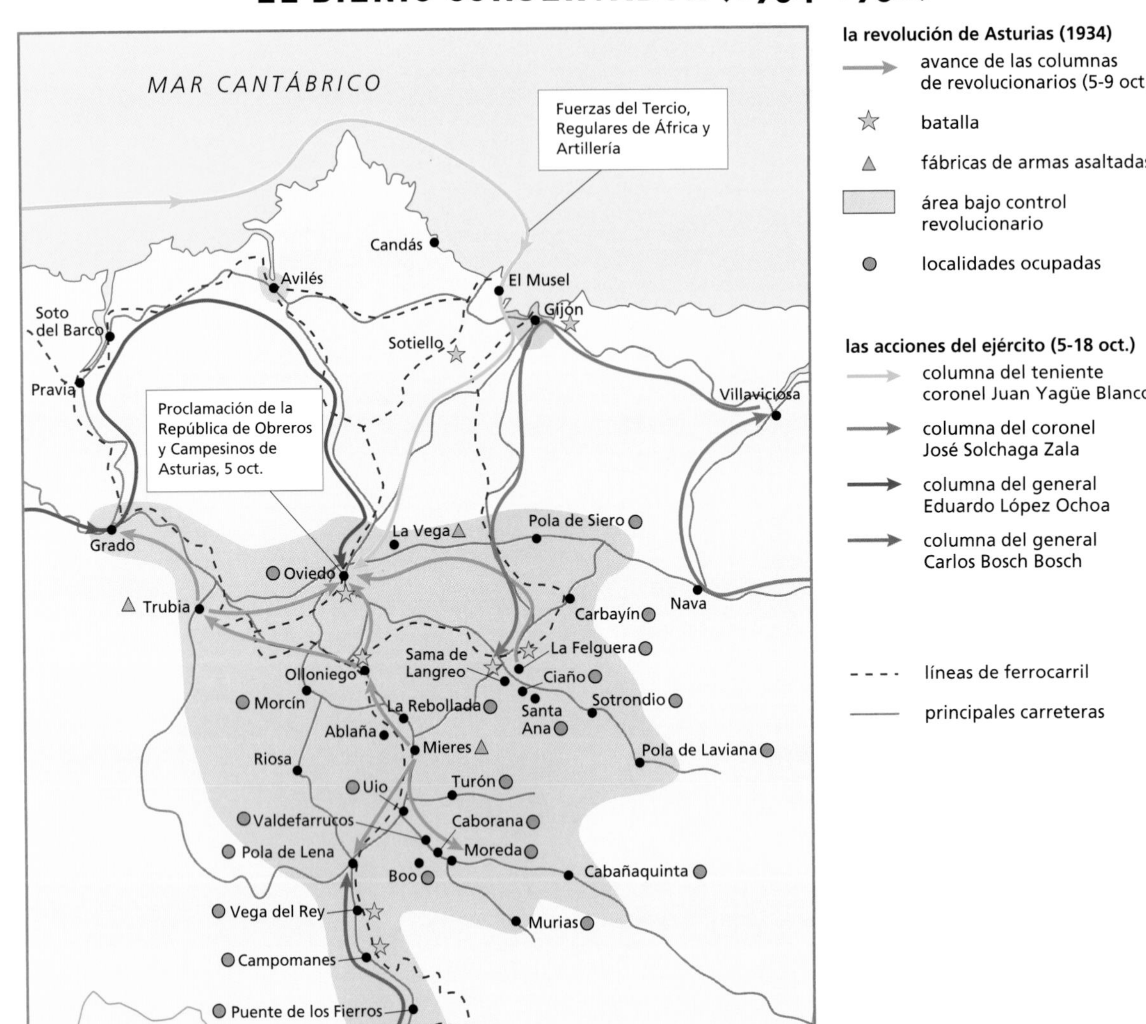

El bienio conservador. Tras la desestabilización gubernamental por sucesos como el alzamiento anarquista de Casas Viejas (y la posterior represión gubernamental) y el incremento del voto de derechas en las elecciones municipales de abril de 1933, en septiembre el presidente de la República, Niceto Alcalá Zamora, destituye a Manuel Azaña como jefe de gobierno, disuelve las Cortes y convoca elecciones legislativas para noviembre. Dan el triunfo a la Confederación Española de Derechas Autónomas (CEDA), de José María Gil-Robles, y al Partido Radical, de Alejandro Lerroux, en parte gracias al abstencionismo de la anarcosindicalista CNT y el fraccionamiento de la izquierda. El gobierno se centra, básicamente, en la paralización sistemática de las reformas emprendidas por los gobiernos de Azaña; se detiene la reforma agraria y, en contra de lo establecido en la constitución, el gobierno se posiciona activamente en favor de la Iglesia católica e intenta un concordato con el Vaticano; además, se decreta una amnistía para los sublevados con el general Sanjurjo en 1932, hecho que irrita sobremanera a la izquierda. En octubre de 1934 Lerroux cede tres ministerios a la CEDA tras las presiones ejercidas por esta para combatir la inestabilidad social. La deriva conservadora radicaliza las posiciones de la izquierda, puesto que los socialistas del PSOE, junto con su sindicato afín, la UGT, ven en la CEDA el caballo de Troya que va a permitir el acceso del fascismo al gobierno de España. En Asturias, socialistas, anarquistas y comunistas unidos y armados se sublevan y triunfan en las cuencas mineras, e incluso toman Oviedo y proclaman una república socialista de obreros y campesinos. El ejército español de Marruecos, profesional y dirigido por Francisco Franco y Manuel Goded, reprime duramente la revolución asturiana. En Cataluña, el presidente de la Generalidad, Lluís Companys, proclama el Estado catalán como baluarte del republicanismo izquierdista. Sin embargo, rehúsa combatir: el gobierno de la Generalidad es encarcelado y la autonomía suspendida. Las organizaciones políticas y sindicales radicalizan sus posiciones, gracias, también, a un contexto de crisis internacional que observa el gran auge de los totalitarismos: del fascismo en Italia, del nazismo en Alemania y del comunismo en la Unión Soviética. En 1935, se plantea reformar la constitución con el fin de suprimir las autonomías, el divorcio y los párrafos que pudieran interpretarse como socializantes, pero la falta de acuerdo político y los escándalos en los que se encuentran involucrados miembros del gobierno provocan una crisis política que desemboca en una nueva convocatoria de elecciones en febrero de 1936.

José Antonio Primo de Rivera explica al general Francisco Franco los peligros que según él acechan a España (septiembre de 1934)

[...] Una victoria socialista tiene el valor de invasión extranjera, no solo porque las esencias del socialismo, de arriba abajo, contradicen el espíritu permanente de España; no solo porque la idea de patria, en régimen socialista, se menosprecia, sino porque de modo concreto el socialismo recibe sus instrucciones de una Internacional. [...] Pero además, en el peligro inminente hay un elemento decisivo que lo equipara a una guerra exterior; este: el alzamiento socialista va a ir acompañado de la separación, probablemente irremediable, de Cataluña. El Estado español ha entregado a la Generalidad casi todos los instrumentos de defensa y le ha dejado mano libre para preparar los de ataque. Son conocidas las concomitancias entre el socialismo y la Generalidad. Así, pues, en Cataluña la revolución no tendría que adueñarse del poder: lo tiene ya. Y piensa usarlo, en primer término, para proclamar la independencia de Cataluña. Irremediablemente, por lo que voy a decir. Ya que, salvo una catástrofe completa, el Estado español podría recobrar por la fuerza el territorio catalán. [...] Después de eso, ¿cómo recuperarla? El invadirla se presentaría ya ante Europa como agresión contra un pueblo que, por acto de autodeterminación, se habría declarado libre. [...] Todas estas sombrías posibilidades, descarga normal de un momento caótico, deprimente, absurdo, en el que España ha perdido toda noción de destino histórico y toda ilusión por cumplirlo, me han llevado a romper el silencio hacia usted con esta larga carta. [...]

Lluís Companys, presidente de la Generalidad de Cataluña proclama el estado catalán de la República Federal Española (6 de octubre de 1934)

Catalanes: Las fuerzas monarquizantes y fascistas que de un tiempo a esta parte pretenden traicionar la República han logrado su objetivo y han asaltado el Poder. Los partidos y los hombres que han hecho públicas manifestaciones contra las menguadas libertades de nuestra tierra, los núcleos políticos que predican constantemente el odio y la guerra a Cataluña constituyen hoy el soporte de las actuales instituciones. [...] la República, en sus fundamentales postulados democráticos, se encuentra en gravísimo peligro. [...] La Cataluña liberal, democrática y republicana, no puede estar ausente de la protesta que triunfa por todo el país, ni puede silenciar su voz de solidaridad con los hermanos, que, en las tierras hispanas, luchan hasta morir por la libertad y por el derecho. [...] En esta hora solemne, en nombre del pueblo y del Parlamento, el Gobierno que presido asume todas las facultades del Poder en Cataluña, proclama el Estado Catalán de la República Federal Española y al establecer y fortificar la relación con los dirigentes de la protesta general contra el fascismo, les invita a establecer en Cataluña el Gobierno provisional de la República. [...] Cada uno en su lugar, y Cataluña y la República en el corazón de todos. Viva la República y Viva la Libertad.

Último manifiesto del Comité de Sama (Asturias) [16 de octubre de 1934]

¡Proletarios todos, obreros y campesinos!
[...] De nuestra potencia es un exponente la debilidad de las fuerzas enemigas acusada en los procedimientos asesinos que emplean en la lucha, penetrando en las casas de Oviedo, en los hogares pobres y degollando con la gumia de uso en las cabilas del Rif, seres inocentes [...].
¡Obreros: En pie de guerra! ¡Se juega la última carta! Nosotros organizamos sobre la marcha el ejército rojo. El servicio obligatorio con la incorporación a filas de todos los hombres desde los diecisiete a los cuarenta años. Todos a sumarse a la Revolución. [...] ¡Hermanos! el mundo nos observa. España, la España productora, confía su redención a nuestros triunfos. ¡Que Asturias sea un baluarte inexpugnable!
Rusia, la patria del proletariado, nos ayudará a construir sobre las cenizas de lo podrido el sólido edificio marxista que nos cobije para siempre.
Adelante la Revolución. ¡Viva la dictadura del proletariado!

EL FRENTE POPULAR (1936)

candidaturas vencedoras por circunscripciones en las elecciones de febrero de 1936

- Frente Popular (PSOE, Izquierda Republicana, Unión Republicana, PCE y otros) en Cataluña, Front d'Esquerres (Esquerra Republicana de Catalunya, Unió Socialista de Catalunya y otros)
- derecha y monárquicos (Confederación Tradicionalista, Partido Agrario Español y otros) en Cataluña, Front Català d'Ordre (Lliga Catalana)
- republicanos de centro (Centro Nacional Republicano y otros)
- Partido Nacionalista Vasco
- ciudades con circunscripción propia

militares contrarios al gobierno del Frente Popular

- generales alejados de Madrid por el gobierno (marzo 1936)
- otros generales conspiradores
- territorio con régimen de autonomía (suspendida entre oct. de 1934 y feb. de 1936)

El frente popular. A fines de 1935 la sociedad española se encuentra ideológicamente muy polarizada. A propuesta del Partido Comunista, para las elecciones próximas se gesta el Frente Popular, una gran coalición de izquierdas para llevar a cabo un programa reformista que el otro gran bloque en liza, de derechas, valora como un peligroso pacto revolucionario. Los anarquistas no participan en el juego político, pero apoyan a la izquierda. En febrero de 1936 se celebran las elecciones, con un ajustado triunfo del Frente Popular. Los socialistas rechazan entrar en el gabinete y dejan que los republicanos emprendan las reformas en minoría: amnistía para los presos políticos y los represaliados de octubre de 1934, reforma agraria —no sin dificultades: en Extremadura, jornaleros ocupan tierras recurriendo a la fuerza—, restablecimiento de la Generalidad de Cataluña y tramitación de nuevos estatutos para Galicia y el País Vasco. Manuel Azaña sustituye a Niceto Alcalá Zamora como presidente de la república, y destaca la figura del diputado socialista Francisco Largo Caballero, «el Lenin español», partidario de la dictadura del proletariado. Militares, terratenientes y burguesía industrial ven en esta victoria la antesala de una república soviética con ideal revolucionario que amenaza sus intereses y referentes ideológicos. En este contexto, emerge José Calvo Sotelo como nuevo líder

carismático de la derecha. También aparece Falange Española que, aún sin representación en las cortes, pasa a ejercer un rol decisivo gracias a la incorporación de unos quince mil jóvenes ex militantes de la CEDA, atraídos por su radicalismo, que proclama acabar con el orden constitucional y el sistema democrático. El líder de Falange, José Antonio Primo de Rivera es detenido y encarcelado por las actividades violentas de su partido; sus sedes son clausuradas. En el ejército, un número cada vez mayor de oficiales no ve otra salida a la crisis que el golpe de estado, por lo que el gobierno opta por alejar a los más significados, entre ellos Francisco Franco, destinado a Canarias. A finales de mayo, el plan para la ejecución del golpe ya está listo. Solo queda pendiente cómo van a participar la Falange, que cuenta con el aval del fascismo europeo, y los carlistas, que denuestan un régimen, según ellos, hostil a Dios, a la Patria y al Rey. No sin exigencias, ambos acaban secundando el plan. El 12 de julio es asesinado por falangistas o carlistas el teniente José Castillo, miembro de la Unión Militar Republicana Antifascista (UMRA). Dos días después, sus camaradas, policías republicanos y militantes socialistas, asesinan al diputado Calvo Sotelo. El hecho pone en jaque al gobierno, que no actúa con contundencia contra los activistas incontrolados, y, ante los ojos de la sociedad, da coartada a los golpistas.
La encrucijada parece insalvable, y el 17 de julio saltan las alarmas de la República al verificarse un levantamiento militar iniciado en el protectorado español de Marruecos.

Calvo Sotelo ve un posible salvador en el ejército

Este es el gran problema. Que la revolución es la legalidad republicana, y está en el espíritu de sus progenitores [...]. Una gran parte del pueblo español [...] piensa en la fuerza para implantar una ola de barbarie y anarquía; aludo al proletariado. [...] Pues bien; para que la sociedad realice una defensa eficaz, necesita apelar también a la fuerza [...] militar, puesta al servicio del Estado. La fuerza de las armas —ha dicho Ortega y Gasset, y nadie recusará ese testimonio— no es fuerza bruta, sino fuerza espiritual. Y aún agrega que el honor de un pueblo está vinculado al de su Ejército. [...] Me dirán algunos que soy militarista. No lo soy; pero no me importa. Prefiero ser militarista a ser masón, a ser marxista, a ser separatista e incluso a ser progresista. [...] Hoy el Ejército es base de sustentación de la Patria. Ha subido de la categoría de brazo ejecutor [...] a la de columna vertebral, sin la cual no se concibe la vida. Como no se concebiría la de España si el 6 de octubre no la hubiese salvado un Ejército [...]
Cuando las hordas rojas del comunismo avanzan, solo se concibe un freno: la fuerza del Estado y la transfusión de las virtudes militares —obediencia, disciplina y jerarquía— a la sociedad misma, [...] hay que llevar al país voces recias, voces decisivas y tajantes; y a la par hechos decisivos, tajantes y rotundos. [...] Hoy, el Ejército es la nación en armas [...] Los pueblos que cada dos o tres años discuten su existencia, su tradición y sus instituciones fundamentales no pueden prosperar. [...] Por eso hemos de procurar a toda costa que estas elecciones sean las últimas. Lo serán si triunfan las izquierdas —ya lo dicen ellas sin rebozo—. Pues hagan eso mismo las derechas [...].

ABC (14 de enero de 1936)

La Pasionaria analiza la situación desde 1934

[...] ¿Qué ocurrió desde el momento en que abandonaron el Poder los elementos verdaderamente republicanos y los socialistas? [...] se machacaban y se aplastaban todas las libertades democráticas; [...] se maltrataba a los trabajadores, y todo esto [...] necesariamente tenía que culminar en algo, y ese algo fue el octubre glorioso. [...] Fueron, ¡Sr. Gil Robles!, tan miserables los hombres encargados de aplastar el movimiento, y llegaron a extremos de ferocidad tan terribles. [...] millares de hombres torturados dan fe de la justicia que saben hacer los hombres de derechas, los hombres que se llaman católicos y cristianos. [...] Cultivasteis la mentira [...] horrenda, la mentira infame. [...] Pero todo se acaba, ¡Sr. Gil Robles!, y cuando en España comienza a saberse la verdad, el resultado no se hace esperar, y el día 16 de febrero el pueblo, de manera unánime, demuestra su repulsa a los hombres que creyeron haber ahogado con el terror y con la sangre de la represión los anhelos de justicia que viven latentes en el pueblo. Y los derrotados de febrero, aquellos que se creían los amos de España, [...] saben que el Frente Popular no se quebrantará y que llegará a cumplir la finalidad que se ha trazado. [...] es necesario que el Gobierno no olvide la necesidad de hacer sentir la ley a aquellos que se niegan a vivir dentro de la ley [...]. Y si hay generalitos reaccionarios que, [...] azuzados por elementos como el señor Calvo Sotelo, pueden levantarse contra el Poder del Estado, hay también soldados del pueblo, [...] que saben meterlos en cintura. [...]

Dolores Ubárruri (16 de junio de 1936)

ALZAMIENTO FRANQUISTA Y GUERRA CIVIL (1936-1937)

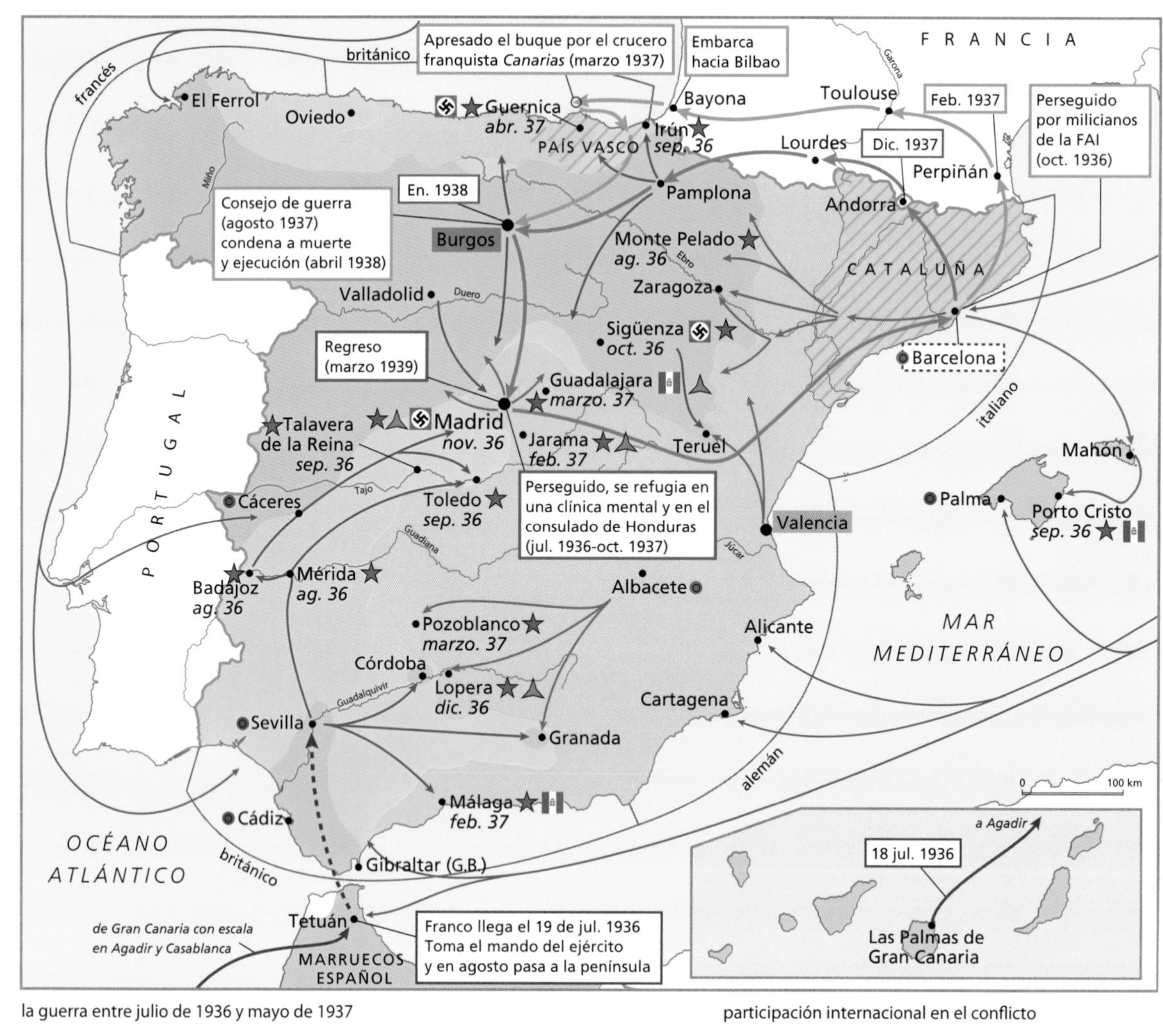

la guerra entre julio de 1936 y mayo de 1937

- zona franquista en julio de 1936
- zona franquista en febrero de 1937
- capital del estado franquista
- capital de la República (desde nov. 1936)
- territorios con régimen de autonomía
- viaje de F. Franco en el *Dragon Rapide*
- ejército de África aerotransportado (julio - oct. 1936)
- ofensivas franquistas
- ofensivas republicanas
- victoria franquista
- victoria republicana
- Hechos de mayo de 1937
- periplo (febrero 37 - abril 38) de Manuel Carrasco i Formiguera, católico, líder de Unió Democràtica de Catalunya, delegado de la Generalidad ante el gobierno vasco
- periplo (julio 36 - marzo 39) de Josemaría Escrivá de Balaguer, fundador del Opus Dei

participación internacional en el conflicto

- control marítimo internacional
- ruta de suministros alemanes (Atlántico) e italianos (Mediterráneo)
- ruta de suministros soviéticos
- cuarteles centrales de las tropas y unidades alemanas e italianas
- cuarteles centrales de las Brigadas Internacionales
- acciones con la participación de la legión Cóndor alemana
- acciones con la participación del Corpo Truppe Volontarie y otras fuerzas italianas
- acciones con la participación de las Brigadas Internacionales

Alzamiento franquista y guerra civil. El 18 de julio de 1936 se produce una sublevación militar contra el gobierno de la República, dirigida por los generales Emilio Mola, principal instigador; José Sanjurjo, protagonista de una intentona en 1932; Manuel Goded y Francisco Franco. El levantamiento tiene como objetivo instaurar un régimen autoritario, semejante a los de Benito Mussolini en Italia y Adolf Hitler en Alemania. En Canarias, Castilla la Vieja, Galicia, Navarra, Álava, Baleares, excepto Menorca, y la parte occidental de Andalucía y Aragón, el golpe triunfa enseguida, pero fracasa en el resto y en las grandes capitales (Madrid, Barcelona, Valencia). España se divide en dos, de manera semejante al mapa electoral de febrero de 1936, y se inicia una guerra civil. En la zona que pasa a los sublevados un nuevo estado liderado desde octubre por Franco institucionaliza la represión contra los miembros de partidos y sindicatos de izquierda, mientras que en la zona republicana se inicia una revolución social liderada por los anarcosindicalistas de la CNT y la FAI, que incluye la represión a los considerados contrarios a la causa revolucionaria (burguesía, clero). El enfrentamiento bélico opone un ejército un ejército regular, que recibe ayuda de Alemania e Italia —a pesar de haber firmado, junto con Francia y Gran Bretaña, el pacto de No Intervención—, a unas milicias que cuentan con el envío de armas desde la Unión Soviética y la llegada de los voluntarios de las Brigadas Internacionales. Los sublevados avanzan en el sur y el oeste; ante el asedio de Madrid, que consigue resistir, el gobierno republicano se traslada a Valencia en noviembre de 1936. El fracaso en Madrid del ejército de Franco desvía su atención hacia el norte. Allí, el País Vasco, autónomo desde octubre de 1936 y con ejército propio, no puede resistir muchos meses. La colaboración de la aviación alemana e italiana con el bando nacional es decisiva en la guerra aérea, cuyo episodio más conocido es el bombardeo de Guernica, en abril de 1937. En mayo estalla un conflicto (Hechos de Mayo) en la retaguardia republicana de Cataluña, entre partidarios de continuar la revolución social al mismo tiempo que la guerra (CNT y el Partido Obrero de Unificación Marxista, comunistas alejados de la disciplina soviética) y los partidarios de la legalidad republicana, la Esquerra Republicana de Lluís Companys y los comunistas, cuya influencia, en permanente contacto con Moscú, pasa a ser determinante; las instituciones catalanas pierden autonomía ante el gobierno de la República, instalado en Barcelona en noviembre de 1937.

Bando de declaración de guerra de Francisco Franco

Don Francisco Franco Bahamonde, General de División Comandante Militar de las Islas Canarias, (...) declaro el estado de guerra en todo el archipiélago y en su virtud ordeno y mando:

Art. 1.º Se prohíbe la formación y circulación de grupos de tres o más personas. Los que se constituyan serán disueltos inmediatamente por la fuerza, si desobedecieran o resistieran la primera intimación. (...)

Art. 3.º No podrán celebrarse reuniones, manifestaciones, conferencias, espectáculos (...) sin permiso previo de la Autoridad.

Art. 4.º Serán sometidos a mi propia censura (...) tres ejemplares de cualquier impreso o documento destinado a publicidad.

Santa Cruz de Tenerife, 18 de julio de 1936. *¡¡Viva España!!*

Decreto de colectivizaciones y control obrero de la Generalidad de Cataluña

La criminal sublevación militar (...) ha producido un trastorno extraordinario a la economía del país. (...) La reacción popular producida por aquella sublevación ha sido de tal intensidad que ha provocado una profunda transformación económico-social, los fundamentos de la cual se están asentando en Cataluña. (...) Es necesario ahora, pues, organizar la producción (...). El principio de la organización económico-social de la gran industria tiene que ser la producción colectivizada. (...) las empresas industriales y comerciales de Cataluña se clasifican en:

a) Empresas colectivizadas, en las cuales la responsabilidad de la dirección recae en los propios obreros que las integran, representados por un Consejo de Empresa.

b) Empresas privadas, en las cuales la dirección va a cargo del propietario o gerente con la colaboración y fiscalización del Comité de Control (...).

El Consejero Primero, Josep Tarradellas.
24 de octubre de 1936

Palabras de un comandante francés de las Brigadas Internacionales al regresar a su país

Camaradas, traigo al congreso de la CGT [Confederación General del Trabajo, socialista y comunista] el saludo de todos los voluntarios de la libertad (...). Traigo el saludo de (...) los que sin discursos (...) han mostrado, con las armas en la mano, al mundo lo que es la verdadera solidaridad, lo que es el verdadero internacionalismo.

(...) Me gustaría hablaros de la pena de los obreros en las fábricas de Barcelona, de Valencia, de Madrid; los obreros mal alimentados (...). Me gustaría hablaros del trabajo, el ardor y el coraje de los campesinos españoles que matan mientras trabajan con el arado, cerca del frente. Me gustaría hablaros también de la situación de los soldados en el frente, descalzos, a menudo sin los medios apropiados para resistir la presión y el material italiano y alemán. (...) Sabemos, y lo hemos constatado, que la CGT ha ayudado a España (...). Sabemos, nos hemos enterado, en España, que los que han organizado el asesinato de Checoslovaquia están a punto, en este momento, de empezar la misma operación en España. Y estoy seguro de que la CGT (...) no permitirá que hoy se asesine a España. Ayer Checoslovaquia, hoy España, mañana nos tocará a nosotros.

Marcel Sagnier, comandante de la XIV Brigada Internacional (congreso de la CGT de Nantes, noviembre de 1938)

VICTORIA FRANQUISTA Y EXILIO REPUBLICANO (1937-1939)

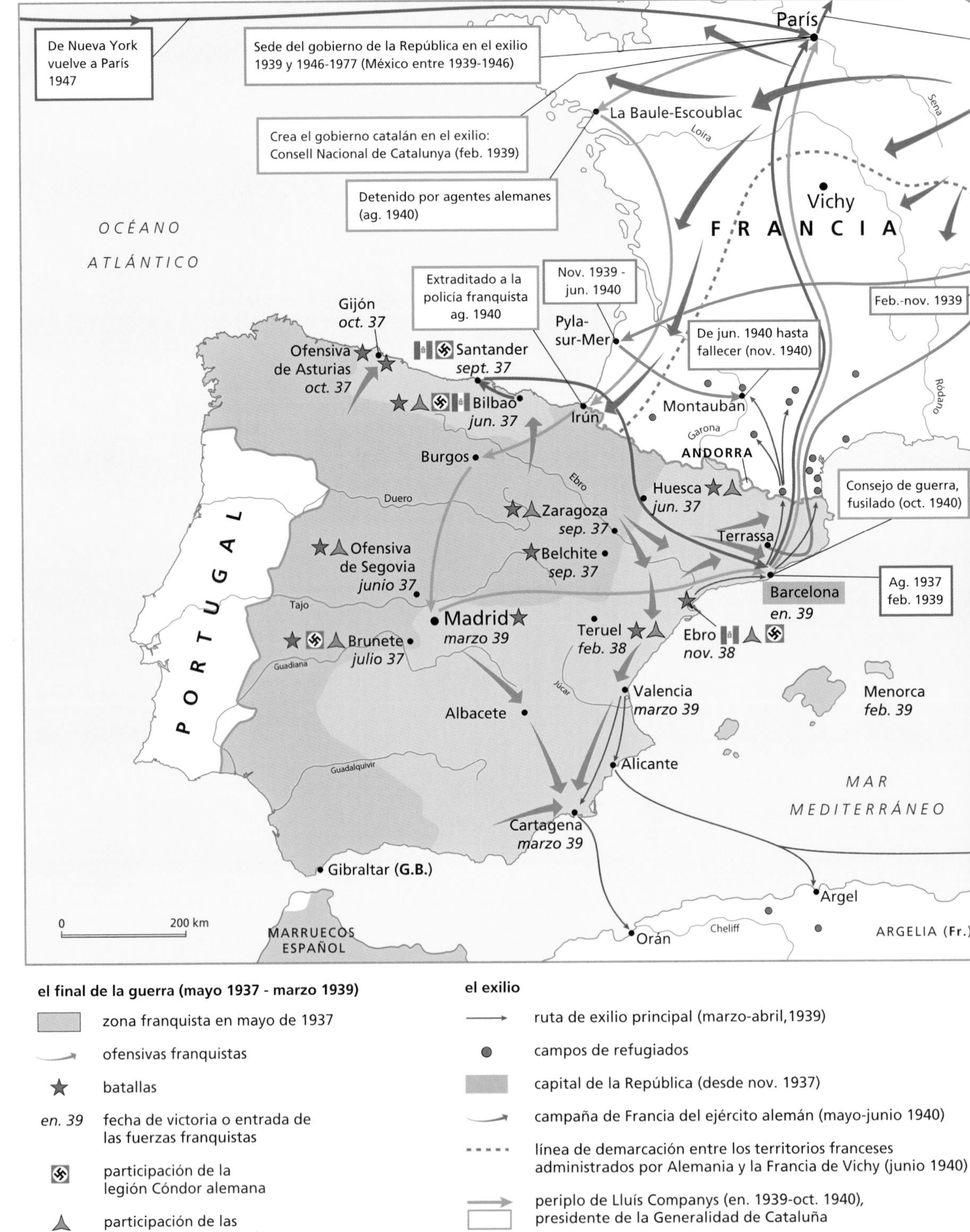

el final de la guerra (mayo 1937 - marzo 1939)

- zona franquista en mayo de 1937
- ofensivas franquistas
- batallas
- *en. 39* fecha de victoria o entrada de las fuerzas franquistas
- participación de la legión Cóndor alemana
- participación de las Brigadas Internacionales
- participación del Corpo Truppe Volontarie y otras fuerzas italianas

el exilio

- ruta de exilio principal (marzo-abril,1939)
- campos de refugiados
- capital de la República (desde nov. 1937)
- campaña de Francia del ejército alemán (mayo-junio 1940)
- línea de demarcación entre los territorios franceses administrados por Alemania y la Francia de Vichy (junio 1940)
- periplo de Lluís Companys (en. 1939-oct. 1940), presidente de la Generalidad de Cataluña
- periplo de Manuel Azaña (en. 1939-nov. 1940), presidente de la República Española
- periplo de José Antonio Aguirre (jun. 1939-1947), presidente del Gobierno Vasco

Victoria franquista y exilio republicano. Tras los Hechos de Mayo de 1937 se reorganiza la estructura militar republicana, que pasa de las milicias a un ejército regular. Con ello, el gobierno de la República, dirigido desde entonces por el socialista Juan Negrín, pretende equilibrar las fuerzas con el enemigo y reconducir el desarrollo de la guerra. Pero el gobierno de la República pierde de manera casi definitiva la iniciativa en el frente, y también la diplomática, puesto que las potencias, como

Decreto ley franquista de abolición del régimen fiscal de Vizcaya y Guipúzcoa (junio 1937)

El sistema concertado que en materia económica rige en las Provincias Vascongadas entraña un notorio privilegio con relación al resto del territorio nacional sujeto al régimen común [...]. Olvidando muchísimos de los favorecidos por el Concierto esta prodigalidad que les dispensó el poder público, se alzaron en armas en Guipúzcoa y Vizcaya contra el Movimiento Nacional [...] correspondiendo así con la traición a aquella generosidad excepcional [...]. Mientras la singularidad de régimen [...] sirivió [...] en la lealísima Navarra, para exaltar cada día más su sentimiento nacional [...] en otras [...] ha servido para realizar la más torpe política anti-española, circunstancia que [...] obliga a poner término, en ellas, a un sistema que utilizaron como instrumento para causar daños tan graves. Las mismas consideraciones imponen que el sistema vigente en la actualidad en la provincia de Álava continúe subsistiendo, porque ella no participó en acto alguno de rebeldía. [...]

Detención de Lluís Companys por agentes alemanes (La Baule-Escoublac, Francia)

El 13 de agosto de 1940 mi marido fue detenido por las fuerzas de ocupación, [a pesar] del derecho de asilo que las autoridades francesas nos acordaron. [...] Dos hombres vestidos de civil y cuatro con uniforme de soldados alemanes [...] entraron en casa con las ametralladoras en la mano. [...] removieron toda la casa [...] acabada la operación, los cuatro soldados se llevaron custodiado al presidente de Cataluña. [...] Al día siguiente [...] fui a La Baule. Allí estaba la *kommandantur*. Me dijeron que no sabían de qué les hablaba [...]. Un hombre [...] me dijo discretamente: «Vaya a Villa Carolina». [Allí] vi que cuatro soldados, en medio mi marido, lo trasladaban a otro lugar. [...] Él [...] me hizo una seña con la mano, como queriendo decir: «Vete de aquí». Ya no lo vi más. Los días que siguieron [...] vinieron soldados con los dos hombres de civil [...]. Buscaban oro y dinero. Decían que no era posible que un presidente viviera con tanta modestia. Yo les dije: «si ustedes conocieran quién es Companys, su pregunta sería inútil». [...] Recibí una nota [...] de mi marido diciendo que se lo llevaban a España, pidiéndome que tuviese coraje [...]. El 16 de octubre [...] me enteré de que mi marido había sido fusilado. [...]

Testimonio de Carme Ballester, esposa de Lluís Companys (París, abril de 1969)

Gran Bretaña, se aproximan a la España de Franco. Finalizada la campaña del norte con la conquista de Vizcaya, en junio de 1937, y de Asturias, en octubre, Franco dirige sus esfuerzos hacia el Mediterráneo, con la intención de partir en dos el territorio de la República. Las ofensivas republicanas en el frente aragonés no logran detener el avance de las tropas de Franco, que en abril llegan a Vinaroz. Entonces, el gobierno republicano expone un programa político, conocido como los Trece puntos de Negrín, con el que pretende obtener apoyo internacional para negociar una paz con el bando franquista. Ignorado por Francia y Gran Bretaña, el gobierno de Negrín lanza su última gran ofensiva: en julio de 1938, las tropas republicanas logran cruzar el río Ebro, en lo que se convierte en una victoria moral poco efectiva. La batalla del Ebro, una de las más cruentas y duras de la contienda, finaliza en noviembre con el avance franquista, con lo que se pone fin a la última esperanza republicana de recuperar la iniciativa en el frente. El desenlace de la guerra se precipita: el ejército de Franco llega a Barcelona en enero de 1939, y completa la conquista de Cataluña en febrero. Miles de soldados y civiles huyen en dramáticas condiciones hacia Francia, donde son concentrados en campos de internamiento. Tras la caída de Madrid, Franco firma el último parte de guerra el 1 de abril de 1939. Se impone en todo el territorio español un régimen autoritario, basado en los principios del nacionalcatolicismo, y se reprime cualquier tipo de oposición. El gobierno de la República, por su parte, se mantendrá de manera testimonial en el exilio hasta 1977, al igual que la Generalidad catalana y el gobierno vasco. Con la invasión alemana del territorio francés en 1940, ya durante la segunda guerra mundial, algunos exiliados logran huir a América o se enrolan en la resistencia, mientras que otros son conducidos a los campos de exterminio nazis.

LA DICTADURA DE FRANCO. POSGUERRA Y AUTARQUÍA (1939-1959)

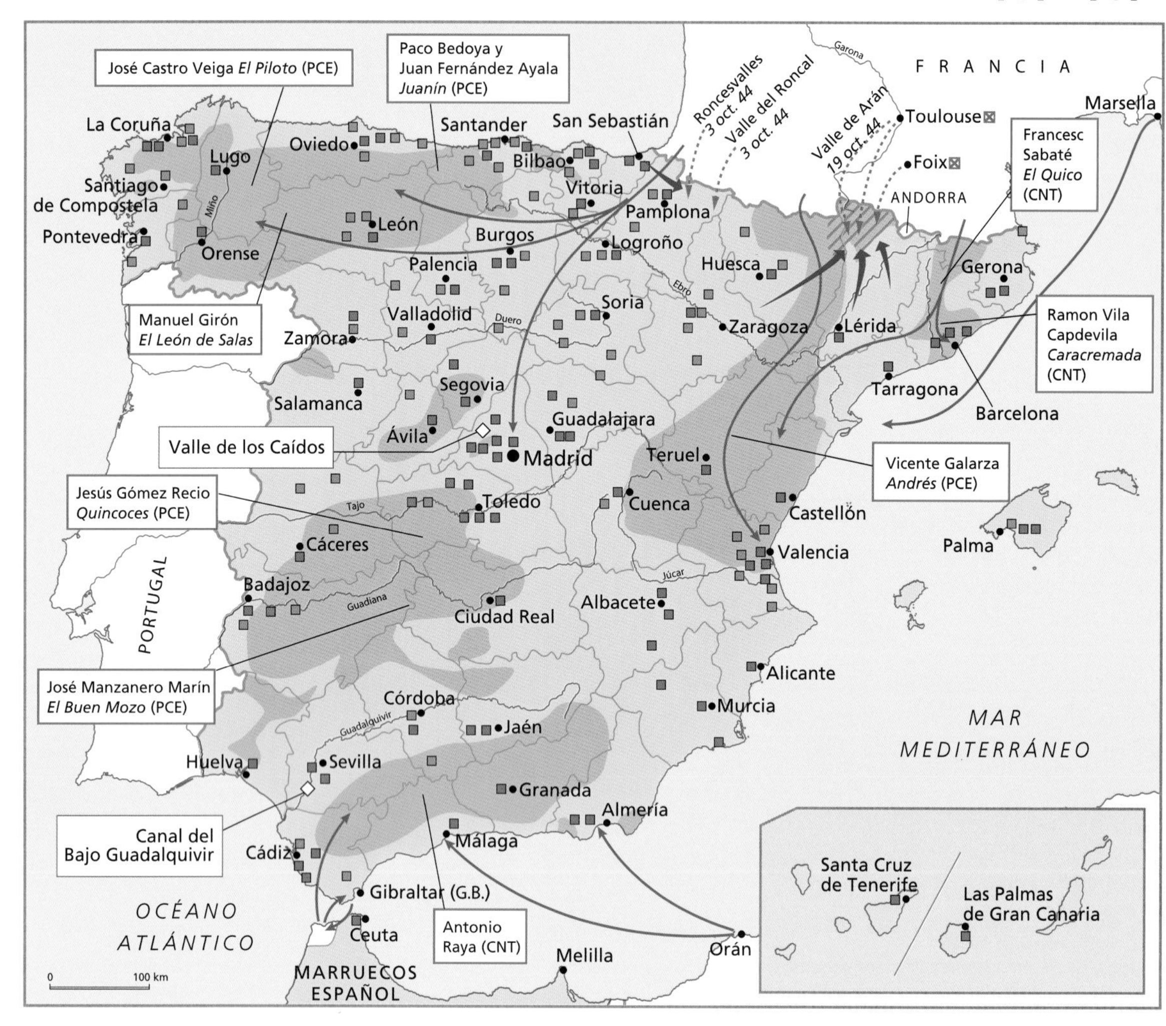

la guerrilla antifranquista (1939-1965)

- zonas de actividad del maquis
- ejemplos de líderes guerrilleros (militancia política o sindical)
- itinerarios de enlace de las zonas guerrilleras con el exterior

invasión del valle de Arán (1944)

- intento de invasión por el Pirineo protagonizado por brigadas del Partido Comunista de España (PCE)
- centro de reclutamiento
- máximo territorio ocupado
- contraofensiva del ejercito (al mando de José Moscardó y Juan Yagüe)

prisiones y centros de internamiento del estado

- prisiones
- campos de concentración
- colonias penitenciarias militarizadas
- obras construidas por prisioneros

La dictadura de Franco. Posguerra y autarquía. El 1 de abril de 1939 acaba la guerra civil con la victoria de los militares sublevados contra la República. Se instaura un régimen autoritario, de carácter dictatorial, encabezado por Francisco Franco, jefe del estado que concentra todo el poder político. Se establece un férreo control ideológico a partir de un partido único (FET y de las JONS), la Iglesia católica y el ejército: se prohíben otros sindicatos y partidos, el derecho de expresión, reunión y manifestación y se establece la censura previa y el control de los medios de comunicación. Además, se restablece la organización territorial centralizada anterior a la República (supresión de la autonomía de Cataluña y el País Vasco). Instaurado en un contexto internacional de predominio de los regímenes totalitarios, el franquismo se alinea con la Alemania nazi de Adolf Hitler y la Italia fascista de Benito Mussolini. En 1940 tiene lugar en Hendaya una entrevista entre Franco y Hitler en la que el canciller alemán rechaza la intervención española en el conflicto mundial a cambio de concesiones territoriales en el norte de África. España limita entonces su participación al apoyo logístico a las potencias del Eje y a la intervención de la División Azul, contingente de voluntarios que lucha en el frente oriental contra la Unión Soviética. Con la guerra, la economía española sufre un descalabro y, además, queda aislada, en un régimen de autarquía, tras el triunfo aliado en la segunda guerra mundial: en 1946, la Organización de las Naciones Unidas (ONU) condena el régimen. La escasez da lugar al racionamiento de alimentos y a la aparición del mercado negro (estraperlo). A pesar de la finalización de la guerra, continúa la resistencia armada (maquis) en zonas rurales, que conoce su punto álgido en 1944, con el intento de invasión de España a través del valle de Arán, y con la posibilidad de derribarlo con la victoria aliada. Pero el régimen dictatorial, aliado estratégico de Estados Unidos en la lucha contra el comunismo en el nuevo contexto de guerra fría, se consolida y los grupos armados opositores declinan. El gobierno franquista responde con la represión de cualquier disidencia mediante la ejecución o el encarcelamiento en campos de concentración. La Ley de Sucesión (1947) proclama que España es un reino que tiene en Franco a un regente vitalicio con pleno poder para elegir a su sucesor: Juan de Borbón, hijo de Alfonso XIII, queda descartado en beneficio de su hijo, Juan Carlos, que se instala en España. La perpetuación del régimen ya es definitiva con el progresivo reconocimiento internacional: en 1953 se acuerda con Estados Unidos el establecimiento de bases militares norteamericanas en territorio español a cambio de inversiones económicas, y en 1955 España ingresa en la ONU.

La nueva situación política va acompañada de un progresivo crecimiento económico, que a finales de la década de 1950 alcanza el nivel anterior a la guerra civil. El régimen se inclina por una política económica de desarrollo, con la formación del primer gobierno tecnócrata, en 1957, y la aprobación del Plan de Estabilización, en 1959.

Invasión del valle de Arán (1944)

(...) La agrupación guerrillera estaba dividida en divisiones: el grueso de estas había invadido el valle de Arán, poniendo en fuga las pequeñas guarniciones franquistas allí estacionadas. Otras divisiones habían penetrado por diversos puntos de la frontera (...) Decidí salir con el general Luis Fernández y con los camaradas más responsables hacia el valle de Arán. Allí nos reunimos con los jefes de la fuerza guerrillera, a cuyo frente estaba el coronel Tovar. Nuestro armamento consistía en metralletas y ametralladoras y algún cañón ligero. (...) Pero a la salida del túnel de Viella estaba esperándonos el general Moscardó con varias decenas de miles de soldados, tanques y artillería; en conjunto una fuerza contra la que no teníamos ninguna posibilidad. Permanecer en el valle de Arán no hubiera tenido ningún sentido (...). En aquella situación no me costó convencerles de que aceptaran organizar la retirada, que se llevó a cabo sin novedad, volviendo a las bases de la agrupación en Francia. (...)

Santiago Carrillo, *Memorias* (1993)

Resolución de la Asamblea General de la ONU sobre España (1946)

(...) Convencida de que el gobierno fascista de Franco en España fue impuesto al pueblo español por la fuerza con la ayuda de las potencias del Eje y a las cuales dio ayuda material durante la guerra, no representa al pueblo español, y que por su continuo dominio de España está haciendo imposible la participación en asuntos internacionales del pueblo español con los pueblos de las Naciones Unidas; recomienda que se excluya al Gobierno español de Franco como miembro de los organismos internacionales establecidos por las Naciones Unidas (...) Recomienda que, si dentro de un tiempo razonable, no se ha establecido un gobierno cuya autoridad emane del consentimiento de los gobernados, que se comprometa a respetar la libertad de palabra, de culto y de reunión, y esté dispuesto a efectuar prontamente elecciones en que el pueblo español, (...) pueda expresar su voluntad, el Consejo de Seguridad estudie las medidas necesarias que han de tomarse para remediar la situación; recomienda que todos los miembros de las Naciones Unidas retiren inmediatamente a sus embajadores (...) acreditados en Madrid. (...)

Ley de principios fundamentales del Movimiento Nacional (mayo 1958)

Yo, Francisco Franco Bahamonde, caudillo de España, consciente de mi responsabilidad ante Dios y ante la Historia, en presencia de las Cortes del Reino, promulgo como Principios del Movimiento Nacional, entendido como comunión de los españoles en los ideales que dieron vida a la cruzada, los siguientes:

1.- España es una unidad de destino en lo universal. El servicio a la unidad, grandeza y libertad de la Patria es deber sagrado y tarea colectiva de todos los españoles.

2.- La Nación española considera como timbre de honor el acatamiento de la ley de Dios, según la doctrina de la Santa Iglesia Católica Apostólica Romana, única verdadera y fe inseparable de la conciencia nacional, que inspirara su legislación. (...)

4.- La unidad entre los hombres y las tierras de España es intangible. La integridad de la Patria y su independencia son exigencias supremas de la comunidad nacional. (...)

MIGRACIONES INTERIORES Y EXTERIORES (1960-1975)

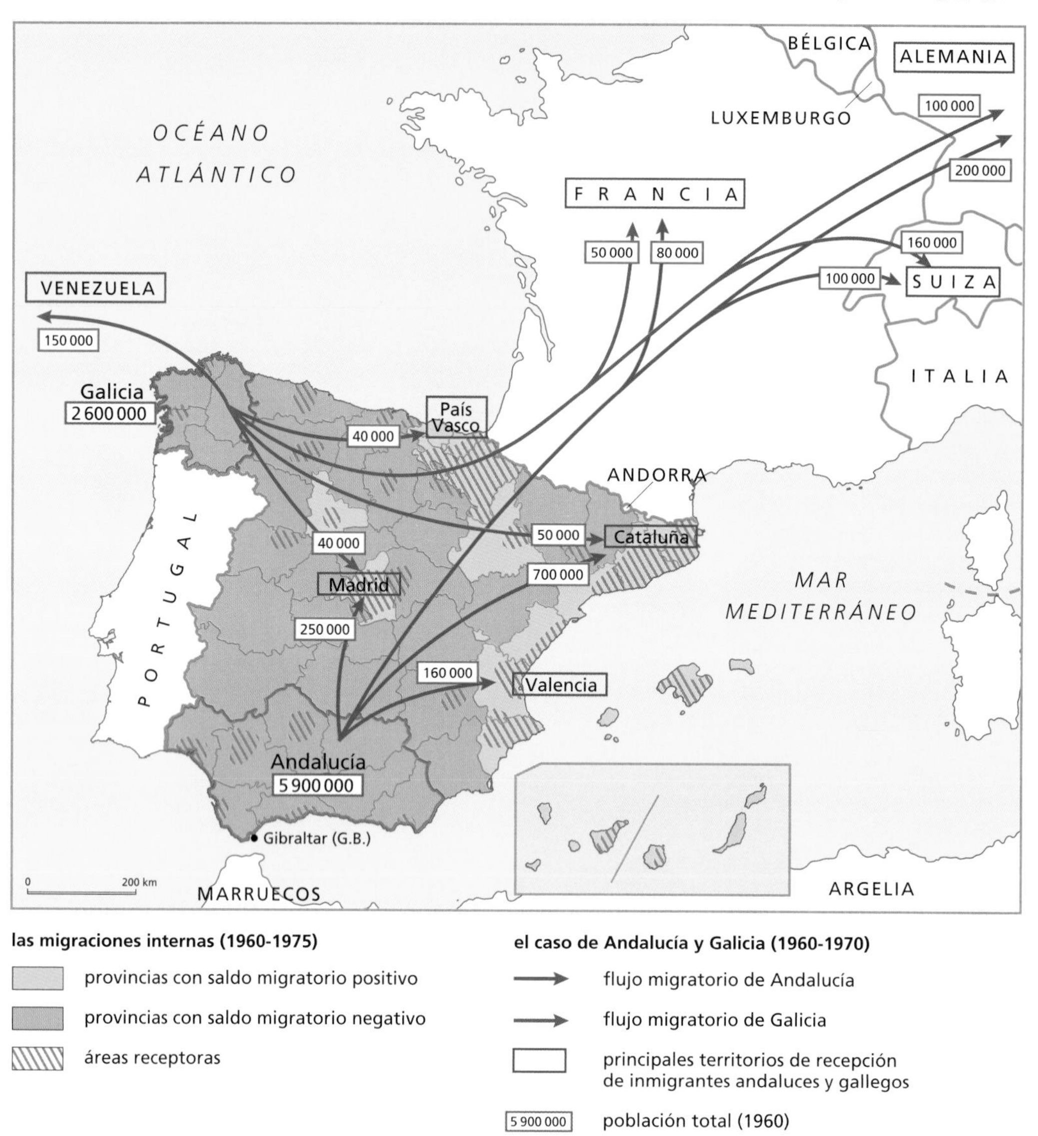

Migraciones interiores y exteriores. Impulsado por las políticas desarrollistas llevadas a cabo por los gobiernos tecnócratas del franquismo, el crecimiento económico de la década de 1960 se apoya, sobre todo, en las inversiones extranjeras, los ingresos procedentes del turismo, que se convierte en el primer sector económico español, y las remesas de dinero enviadas por los emigrantes que trabajan en los principales países industriales europeos. El tercero de los factores, la emigración, contribuye a reducir la tasa de desempleo y a equilibrar la deficitaria balanza de pagos del país. Las miserables condiciones de trabajo en las zonas rurales, donde a menudo se da una estructura de la propiedad agrícola latifundista y existen enormes diferencias sociales entre el propietario y los campesinos, empujan a muchos jóvenes a buscar empleo y mejores condiciones de vida en el extranjero o en las áreas de España donde hay más presencia de la industria y los servicios, y a partir de 1960 ese flujo se transforma en una masiva emigración. A diferencia de la anterior emigración a América (que se mantiene en Galicia), entre 1960 y 1975 alrededor de un millón y medio de trabajadores (aunque muchos se desplazan sin contrato, de forma ilegal) emigran a Alemania, Francia o Suiza. Además de tener consecuencias económicas positivas, con el ingreso de divisas que financian buena parte del desarrollo económico de España, las migraciones exteriores alivian también el crecimiento demográfico y permiten a la población española disponer de más recursos. Por otra parte, la integración de los trabajadores españoles no es sencilla: su origen rural y su escasa formación dificultan la adaptación a un entorno urbano y desarrollado, con un idioma y una cultura diferentes. Además, generalmente, realizan los trabajos menos cualificados y las condiciones de vida no son las mismas que las de la mayoría de la población de acogida. Por lo que respecta a las migraciones interiores, entre 1960 y 1973 alrededor de cinco millones de españoles cambian de residencia. Fundamentalmente se trata de un movimiento migratorio desde Andalucía, Castilla, Extremadura y Galicia hacia las grandes urbes (principalmente en Cataluña, País Vasco y Madrid), donde el empresariado necesita abundante mano de obra, por lo que se verifica un proceso de concentración urbana y, al mismo tiempo, de despoblación de grandes áreas rurales. Por su parte, el régimen franquista apoya y facilita el trasvase de población, que supone la desintegración social del campo andaluz, tradicionalmente anarquista, y la introducción de población castellanohablante en Cataluña, aunque con el paso de los años acaba integrándose en la nueva realidad, sin perder sus raíces. Las migraciones interiores comportan cambios en la población activa española: hacia 1945, la mitad se dedica a la agricultura; hacia 1970, el 75 % trabaja en la industria o el sector terciario. Las nuevas clases medias urbanas surgidas del movimiento migratorio son las principales protagonistas y beneficiarias del desarrollo económico y de la modernización de la sociedad española.

Las condiciones de vida en el campo extremeño (1965)

En Extremadura existían aún algunos ramalazos del señorío, con grandes extensiones y criados, sin horario, para todo: ganadería (debía hacer de porquero, vaquero, pastor), cultivar la huerta (maíz, forraje y patatas en regadío, cebada, centeno y paja en secano...) de la salida de sol hasta la puesta del mismo. Este era el horario de trabajadores y trabajadoras. Hablo de una finca muy cercana a Cáceres y que pertenecía a una «señora Marquesa», a la que no tengo personalmente nada que reprochar (afortunadamente había creado una escuela para los hijos/as de los trabajadores y en ella aprendí bastante) [...]. Pero el salario no era suficiente como para poder pagar estudios a todos los hijos y no era cuestión de apoyar a unos y no a otros; la decisión era inevitable, la única solución era emigrar.

Testimonio de Florentino Muñoz García (Cáceres)

Emigrantes andaluces en Cataluña (1965)

[...] Cuando acabé mis obligaciones con la Marina, cogí mis bártulos y me subí al Sevillano. Este fue un tren de leyenda, conocido por centenares de miles de personas que dejaban sus pueblos, camino de la tierra donde atan a los perros con longanizas. Tras no sé cuantas horas interminables, llegué a Barcelona la noche del 4 de agosto de 1965 cubierto de carbonilla y con los huesos molidos. La verdad, nunca olvidaré aquel viaje; mi vagón, igual que todo el tren, estaba atestado de familias granadinas que volvían a Cataluña, después de las vacaciones, a reemprender sus trabajos. Me di cuenta, casi de inmediato, de la extraña jerga que hablaban aquellas buenas gentes: mi marido es *paleta*, y yo *plego* del trabajo a las ocho de la noche, que aludían a albañil y dar de mano; no se me escapó tampoco la curiosa fonética, en especial aquellas eles extrañas que surgían de la garganta y provocaban un golpe largo de la lengua en el cielo de la boca, haciendo que la voz pareciera más oscura. Así hablaba aquel gentío, plantado en Cataluña muchísimo antes que un servidor, en busca de trabajo y mejores horizontes. A eso iba yo mismo: a ganarme la vida y ver qué tipo de futuro, y con quién, era capaz de labrarme. De modo que estoy en Cataluña, y soy de Cataluña, desde 1965 [...] a fin de cuentas no solo no me quejo, sino que tengo un cierto gustazo personal por lo que debo a este país y por lo que haya podido darle. [...]

José Luis López Bulla, *Cuando hice las maletas* (1997)

Emigrantes andaluces en Alemania (1969)

Salimos de Huelva hacia Alemania [...] una expedición de emigrantes [...], ya con nuestro pasaporte y nuestro contrato de trabajo en mano. [...] La impresión que tuve cuando me bajé con nuestros equipajes era que se me caía el mundo encima; todo ese clima frío con una niebla muy densa y ese idioma tan desconocido [...]. La fábrica tenía diez grandísimas naves con unas máquinas impresionantes, todas automáticas. [...] Vivíamos muy cerca de la fábrica en unos barracones muy bien acondicionados. Allí hacíamos nuestras comidas [...]. Pero cuando me tocaba, de entre los 3 turnos, el de la noche, me venía mejor comer en el comedor de la fábrica, y claro, las comidas eran muy distintas a las nuestras. Y me fui acostumbrando tanto, que al final me parecía de lo mejor. Y nos fuimos poco a poco haciéndonos a la vida de aquello...

Testimonio de José Santos (Rociana del Condado)

DESARROLLISMO Y SOCIEDAD DE CONSUMO (1959-1975)

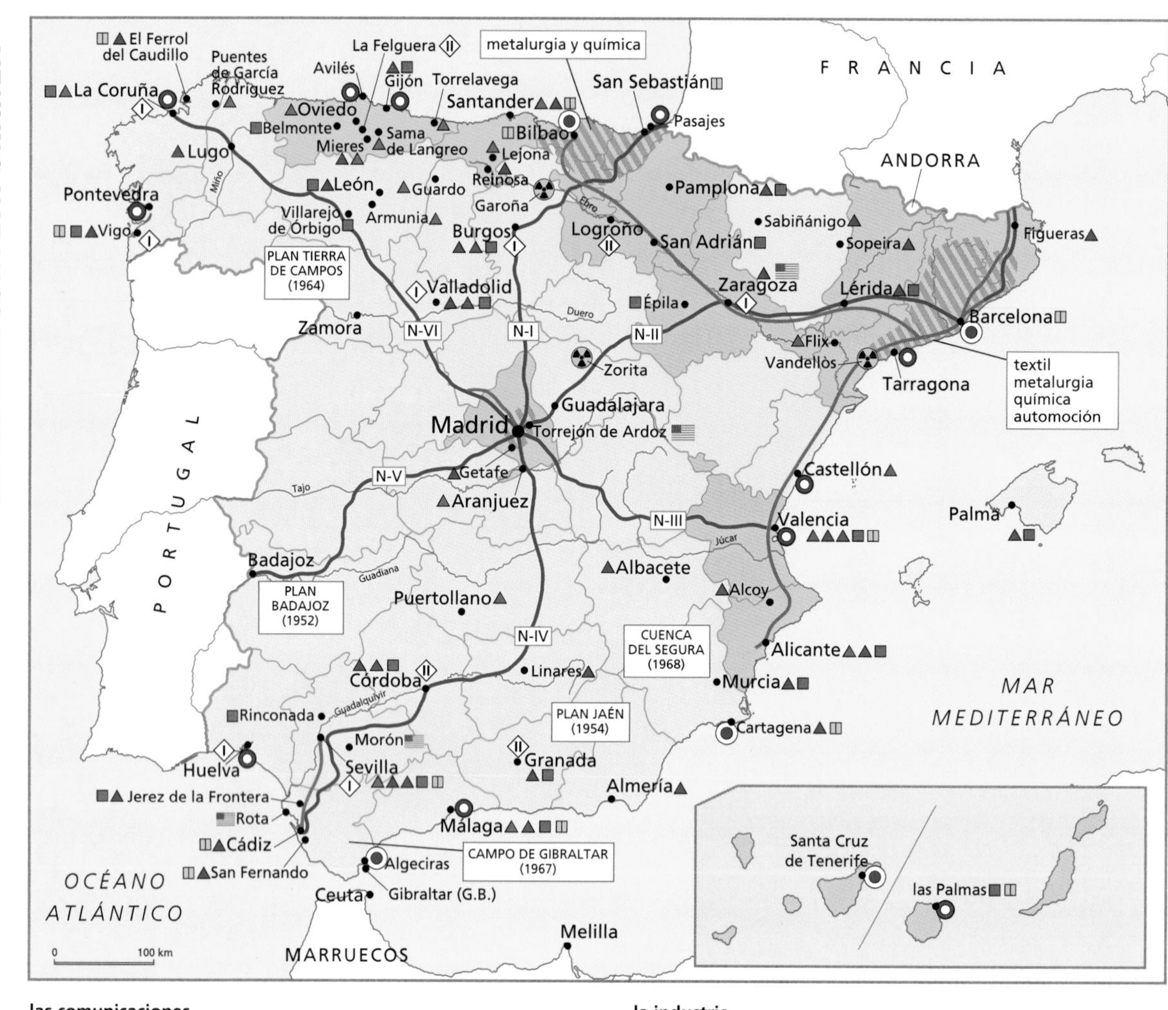

las comunicaciones

- provincias con más de 10 teléfonos por cada 100 habitantes (1968)
- carreteras nacionales radiales públicas
- autopistas de peaje (1968-1980)
- puertos (más de 7 tm de mercancías) [1969]
- puertos (de 3 a 7 tm de mercancías) [1969]
- bases estadounidenses (creadas entre 1953-1958)

la industria

- áreas de fuerte concentración industrial
- químicas
- metalurgia
- textil
- alimentación
- astilleros
- centrales nucleares (hasta 1975)
- PLAN JAÉN (1954) planes de desarrollo regional y fecha de inicio
- polos de desarrollo (I plan de desarrollo, 1964-1967)
- polos de desarrollo (II plan de desarrollo, 1968-1971)

Desarrollismo y sociedad de consumo. Durante los últimos quince años del régimen de Franco, entre 1960 y 1975, España alcanza un crecimiento económico sin precedentes, impulsado en el interior por la adopción de una política económica de desarrollo, que da nombre al periodo conocido como desarrollismo, y desde el exterior por un período de bonanza económica y el establecimiento de relaciones comerciales con Estados Unidos (Convenio defensivo y de ayuda económica, firmado en 1953) y la Comunidad Económica Europea, creada en 1957. El Plan de Estabilización aprobado en 1959 por un gobierno con tecnócratas como Laureano López Rodó, ministro de la Presidencia y artífice de una profunda reforma administrativa, acaba de manera definitiva con el período de autarquía iniciado al final de la guerra civil y supone el despegue del desarrollo económico del país: en la primera mitad de la década de 1970 el nivel socioeconómico español se aproxima al de las principales economías occidentales, en contraste con el subdesarrollo de la posguerra. En la década de 1960, los planes de desarrollo (el primero entre 1964 y 1967, el segundo, de 1968 a 1971) pretenden impulsar la industrialización de áreas poco dinámicas, básicamente agrarias del centro y el sur peninsular mediante la creación de los denominados polos de desarrollo (refinería en Puertollano; automoción en Valladolid y Vigo). Sin embargo, la construcción de las nuevas vías de comunicación (autopistas) se lleva a cabo, a diferencia de las actuaciones gubernamentales de carácter radial desde Madrid, por los territorios más dinámicos, como el litoral mediterráneo, a requerimiento de las instancias económicas y de las empresas concesionarias, que de esta manera ven factible su rentabilidad. El crecimiento económico va acompañado de una evolución social de la población española, que pasa de sufrir el racionamiento de alimentos en la década de 1940 a alcanzar un poder adquisitivo similar a las sociedades de consumo occidentales. Todo ello da paso a una etapa de prosperidad económica sin libertades políticas, puesto que en la década de 1960 el régimen franquista se limita a adoptar medidas como la Ley de Prensa (1966), que elimina la censura previa aunque mantiene el control de la libertad de expresión. La generalización de los aparatos de televisión en los hogares y la aparición de numerosas publicaciones periódicas contribuyen de manera decisiva a la difusión de nuevas ideas entre la población española, que en algunos casos adopta una progresiva conciencia democrática (creciente oposición al régimen entre estudiantes y trabajadores). La apertura ideológica de la Iglesia (celebración del Concilio Vaticano II, en 1963) contribuye a la erosión del régimen, que pierde credibilidad de manera progresiva entre una cada vez mayor parte de la ciudadanía. La crisis económica de 1973, provocada por el incremento de los precios del petróleo, acaba con el periodo de desarrollo y da paso al tardofranquismo, la etapa final del régimen. A la crisis económica se le une entonces el inicio de la transición política, con un panorama futuro lleno de interrogantes y esperanzas.

Convenio de ayuda militar de Estados Unidos a España (pacto de Madrid)

Los Gobiernos de España y los Estados Unidos de América han concluido hoy tres acuerdos con el fin de reforzar la preparación de Occidente para el mantenimiento de la paz y de la seguridad internacional. El primero de ellos se refiere a la construcción y uso conjunto por España y Estados Unidos de ciertas instalaciones militares; el segundo, a la ayuda económica, y el tercero, a la ayuda para la organización defensiva de España. [...] La ayuda económica a España, ajustada a los términos de la ley de Seguridad Mutua, asciende a 226 millones de dólares para el año fiscal en curso [...]. De dicha suma, 141 millones serán empleados en gastos militares, y los 85 restantes serán destinados a fortalecer la base económica del programa de cooperación militar [...]

Nota de la Oficina de Información diplomática
(26 de septiembre de 1953)

Plan de estabilización

[...] El Decreto-ley que a continuación se articula establece la liberalización progresiva de la importación de mercancías, y paralelamente, la de su comercio interior; autoriza la convertibilidad de la peseta y una regulación del mercado de divisas; faculta al Gobierno para modificar las tarifas de determinados impuestos y al Ministerio de Hacienda para dictar normas acerca del volumen de créditos. Es indudable que las medidas restrictivas de emergencia entrañaban un carácter transitorio. Superadas aquellas circunstancias, ha llegado el momento de iniciar una nueva etapa que permita colocar nuestra economía en una situación de más amplia libertad, de acuerdo con las obligaciones asumidas por España como miembro de la OECE [Organización Europea para la Cooperación Económica]. La mayor flexibilidad económica que se establecerá gradualmente no supone en ningún caso que el Estado abdique del derecho y de la obligación de vigilar y fomentar el desarrollo económico del país. [...]

Decreto de Nueva Ordenación Económica
(20 de julio de 1959)

Los planes de desarrollo

[...] La acción del Estado, en favor de la elevación del nivel de vida de las regiones o zonas económicas de baja renta por habitante, se realizará mediante el fomento de su industrialización, la mejora agraria y la modernización de los servicios. Para el fomento de la industrialización se crearán polos de desarrollo, polos de promoción y polígonos industriales. Para la mejora agraria se llevarán a cabo las actuaciones reguladas [...]. Para la modernización y racionalización de los servicios se concederá la necesaria prioridad a la elaboración de proyectos y a la aplicación de los créditos de inversión.

Ley por la que se aprueba
el Plan de Desarrollo Económico y Social
para el período 1964-1967 (28 de diciembre de 1963)

EL INICIO DEL TURISMO MASIVO (1960-1970)

áreas turísticas

- alta densidad turística
- baja densidad turística
- provincias con mayor número de plazas en alojamientos turísticos
- 1,2% municipios con mayor número de plazas (% sobre el total español, 1970)
- ciudades histórico-artísticas del interior de interés turístico

infraestructuras turísticas

- Barcelona aeropuertos (más de 600 000 pasajeros) [1969]
- Las Palmas aeropuertos (de 150 000 a 600 000 pasajeros) [1969]
- ▲ paradores nacionales inaugurados entre 1945 y 1975, en especial con Manuel Fraga como ministro de Información y Turismo (1962-1969)
- parques nacionales creados en 1918
- parques nacionales creados entre 1954 y 1974

El inicio del turismo masivo. En la década de 1960, España experimenta un crecimiento económico sin precedentes, que cierra la etapa de autarquía correspondiente a la posguerra y empieza a acercarse al nivel de otras economías occidentales. Uno de los grandes motores de dicho desarrollo es el turismo, una industria emergente, que a partir de 1950 en pocos años se convierte en una de las principales fuentes de ingresos. Las divisas procedentes del turismo equilibran la balanza de pagos: en 1970, las exportaciones españolas representan menos de la mitad de las importaciones y los ingresos del turismo salvan la diferencia. El régimen franquista, que de un modo progresivo consigue legitimarse ante el exterior (aunque queda al margen de la nueva Comunidad Económica Europea, creada en 1957), adquiere conciencia del gran potencial que representa el turismo para la economía, si consigue que las clases medias de Europa occidental, que disponen de varias semanas de vacaciones, veraneen en España, destino grato por la benignidad del clima mediterráneo y canario, puesto que fundamentalmente el turismo llega a España en busca de sol y playa. Ya en 1951 se crea el Ministerio de Información y Turismo, pero el momento de máxima consolidación y desarrollo del sector tiene lugar entre 1962 y 1969, con Manuel Fraga Iribarne como máximo responsable de dicho ministerio. La promoción publicitaria de España incluye campañas en las que se advierte a los turistas, procedentes de sociedades liberales y democráticas, del destino escogido, señalando su carácter de excepción y mostrándolo por eso como atractivo («Spain is different»). El contacto con los turistas supone, para algunos españoles, una transformación de los hábitos culturales y las formas de vida, y el conocimiento de realidades exteriores diferentes. Fraga fomenta la iniciativa privada (hoteles, apartamentos, cámpigns, centros de ocio, etc.) e impulsa la construcción de nuevas infraestructuras y comunicaciones (paradores de turismo, carreteras, aeropuertos, etc.) que permiten la masiva llegada del turismo (de los 7 millones de turistas procedentes del exterior en el año 1961 se pasa a 17 en 1966 y alcanza una cifra de 24 millones en 1970) y acaban produciendo un cambio de ciclo económico al terciarizar la actividad en detrimento de los sectores primario y secundario, que pierden relevancia. Así pues, junto al sector de la hostelería propiamente dicho, el boom turístico proporciona actividad a otros sectores económicos, en especial el inmobiliario, que iniciará un histórico despegue que solo se verá gravemente truncado a partir de los últimos años de la primera década del siglo XXI. Todo ello tiene como consecuencia la extraordinaria urbanización de determinadas zonas costeras, cuyo paisaje cambia sustancialmente. El auge de los sectores relacionados con los servicios, el turismo y la construcción, al mismo tiempo, funciona como freno al desarrollo de otros ámbitos industriales y tecnológicos e incide en una economía subsidiaria de los principales países de Europa occidental.

Presentación de España a los turistas

Durante cerca de siglo y medio los españoles trataron de vivir en paz según las fórmulas creadas por la Revolución Francesa [...]. Nosotros respetamos mucho las opiniones de usted, tanto como le pedimos que respete las españolas, según las cuales aquel traje no le sentó bien a nuestro cuerpo social. [...] Por eso nos pasamos siglo y medio peleando unos con otros [...]. La Nación se llenó de odios, y en ellos encontraron campo abonado dos ideas y dos grupos políticos que acabarían por dominar: anarquismo y comunismo. En esto desembocó una política llena de liberales palabras. [...] Todavía recuerda el mundo aquella guerra de tres años que la Iglesia católica dio el nombre de Cruzada. [...] Afirmamos que ganó la guerra la parte del pueblo que prefería una España española a una filial o sucursal de Rusia. [...] En 1939 comenzó un periodo de paz, aún vigente, superador de los viejos odios. [...] El Estado español, con su concepción de la democracia orgánica, basa la representación política y encauza su promoción en tres unidades naturales: Familia, Municipio y Sindicato. Dicen los ingleses que una virtud es esencial en todo sistema político: que funcione. El sistema español no cabe duda que funciona, pues nos ha dado ya más de un cuarto de siglo de continuada paz.

España para Usted, de Máximo. Editado por la Subsecretaría de Turismo (1967)

La expansión urbana de Torremolinos

Los abajo firmantes, ruegan a Vd. la publicación de esta carta abierta, motivada por un problema urbanístico que tanto va a afectar al futuro paisaje de Torremolinos. Está pendiente de aprobación por el ayuntamiento el polígono Playamar, Cortijo del Colorado. Este complejo se compone de 9 torres gigantes de 16 plazas, colocadas en fila, una al lado de la otra. [...] lo que se pretende es construir un telón de cemento entre Málaga y Torremolinos, con atropello de las más elementales normas urbanísticas; impidiendo la vista de Málaga y sus montes [...] Si desde el año 1925 Torremolinos es una barriada de Málaga, no construyamos ahora una muralla que impida la vista de la ciudad. [...] No es nuestra intención causar perjuicio alguno a los promotores, pero ¿no se podría encontrar otra fórmula arquitectónica que impida la consumación de este atropello urbanístico? Dejando las dos torres construidas, ¿no cabría otra solución edificatoria que respetara el paisaje? Nosotros, vecinos de Torremolinos, queremos ver Málaga y sus montes y no un telón de acero y cemento, cual nueva muralla china. [...] Todavía estamos a tiempo para evitar un hecho irreversible que destrozará gran parte de los valores estéticos y paisajísticos de Torremolinos, con las consecuencias tan funestas para el futuro del mismo.

Sur, 27 de abril de 1966
(carta al director firmada por, entre otros, Stefan Schwartz, del hotel Panorama; Eugenio Villanueva, del hotel Edén, y Antonio Franco, del hotel Las Mercedes)

[...] Las razones que aducen los vecinos no son válidas, pues en vez de destruir los valores estéticos y paisajísticos, estas nuevas y grandes construcciones están creando una nueva estética que los pusilánimes y anticuados son incapaces de comprender [...].

Sur, 29 de abril de 1966
(carta firmada por el arquitecto Jorge Durán Schlitz)

OCASO DE LA DICTADURA Y OPOSICIÓN (1966-1975)

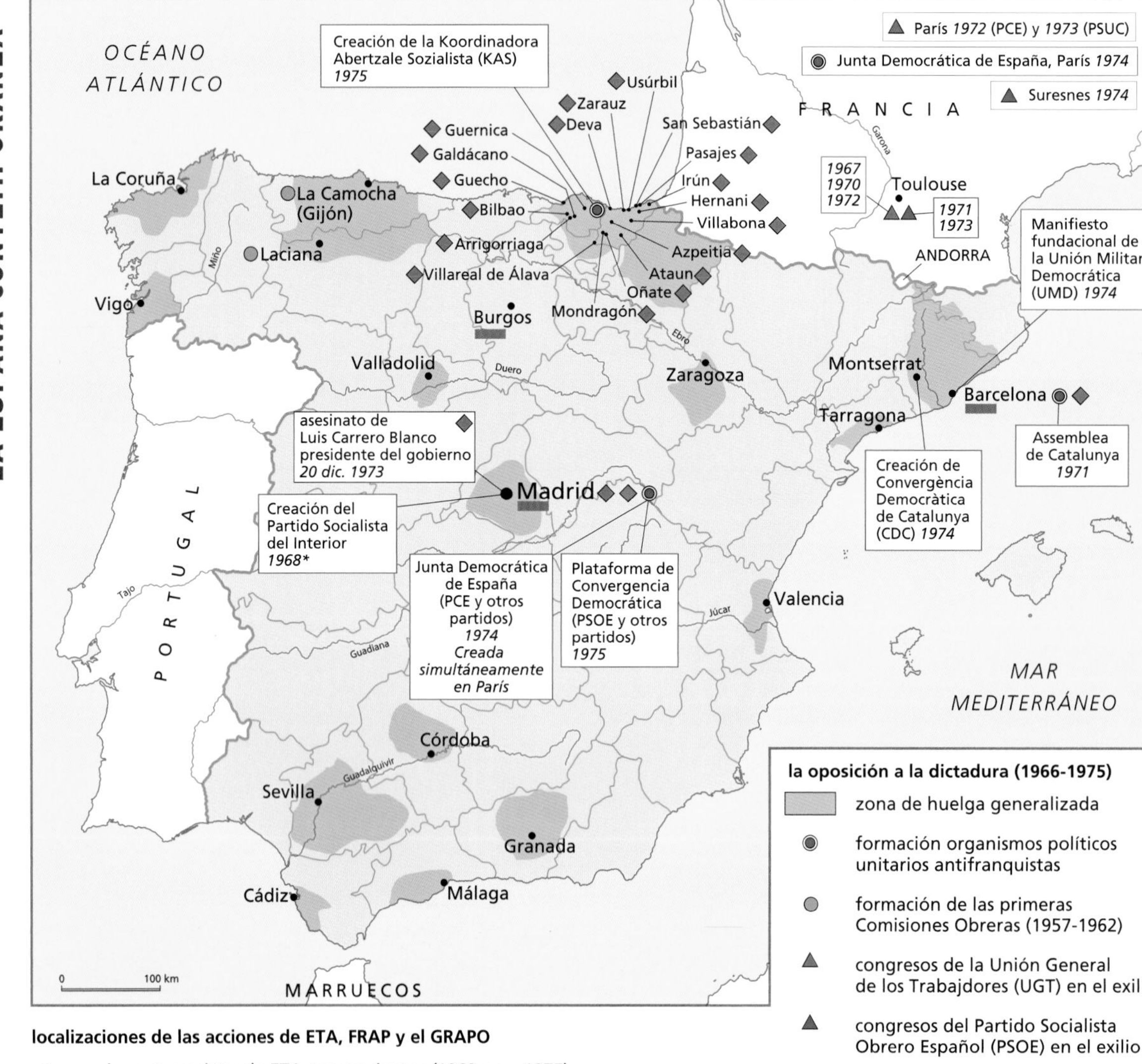

Ocaso de la dictadura y oposición. El empeño del dictador Francisco Franco por perpetuar su régimen se concreta en la promulgación de la ley orgánica del estado (1966), que establece los mecanismos de la sucesión en la jefatura del estado. Tres años después (1969), la designación del príncipe Juan Carlos de Borbón como sucesor a título de rey despeja las dudas sobre la voluntad del dictador de dejarlo todo «atado, y bien atado». Mientras tanto, Euskadi Ta Askatasuna (ETA), organización independentista vasca nacida a finales de la década de 1950 y formada por ex militantes de las juventudes del Partido Nacionalista Vasco, emprende una deriva terrorista a partir de 1968. Así pues, los planes continuistas del franquismo tropiezan con el escollo del terrorismo en el País Vasco, con un clima laboral progresivamente reivindicativo en las zonas industriales y con el nacimiento de las primeras plataformas de acción unitaria de la emergente oposición democrática, cuyo ejemplo más temprano acontece en Cataluña, con la creación en 1971 de Assemblea de Catalunya, que reivindica libertad de reunión y asociación, amnistía para los presos políticos y estatuto de autonomía como vía para iniciar un proceso de autodeterminación. En esas circunstancias, el régimen franquista acentúa el clima represivo: el proceso de Burgos contra 16 militantes etarras (1970) concluye con seis penas de muerte finalmente conmutadas, y el Proceso 1001 (1973) se resuelve con abultadas penas de reclusión contra líderes sindicales acusados de las huelgas obreras. En diciembre de 1973, el mismo día que se abre la vista de este último, un atentado mortal de ETA contra el almirante Luis Carrero Blanco, nombrado por Franco presidente de gobierno pocos meses antes y garante de la proyectada continuidad franquista, hace aumentar las turbulencias políticas de un proceso sucesorio que, en plena aceleración del declive físico del dictador, es objetado ya no solo en los medios de la oposición, sino también en el interior del mismo régimen. Bajo la autoridad del hasta ahora ministro de Gobernación, Carlos Arias Navarro, que sucede a Carrero, los círculos del poder se mueven en un ambiente conspirativo: se desata una lucha soterrada entre quienes, como Arias, se reafirman en los principios fundamentales del régimen (sector calificado de «búnker») y solo proponen tímidas reformas (ley de asociaciones políticas, 1974) y los sectores aperturistas que tratan de tender un puente a la oposición democrática. Se mantiene, sin embargo, la mano firme en la ejecución de las penas de muerte impuestas al libertario catalán Salvador Puig Antich, en marzo de 1974, y a los miembros de ETA y el Frente Revolucionario Antifascista y Patriota (FRAP), de setiembre de 1975, confirmadas por un agonizante Franco. Simultáneamente, en 1974, una amplia representación de las fuerzas opositoras se constituye como Junta Democrática, con el apoyo del Partido Comunista de España, y se renueva el Partido Socialista Obrero Español, liderado por Felipe González, que impulsa la Plataforma de Convergencia Democrática ya en 1975. Franco fallece finalmente el 20 de noviembre de 1975.

Declaración de la Junta Democrática de España (julio de 1974)

La Junta Democrática propugna:

1. La formación de un gobierno provisional que sustituya al actual, para devolver al hombre y a la mujer españoles, mayores de dieciocho años, su plena ciudadanía mediante el reconocimiento legal de todas las libertades, derechos y deberes democráticos.
2. La amnistía absoluta [...] y la liberación inmediata de todos los detenidos por razones políticas o sindicales.
3. La legalización de los partidos políticos sin exclusiones.
4. La libertad sindical, y la restitución al movimiento obrero del patrimonio del Sindicato Vertical.
5. Los derechos de huelga, de reunión y de manifestación pacífica.
6. La libertad de prensa, de radio, de opinión y de información objetiva en los medios estatales de comunicación social [...].
7. La independencia y la unidad jurisdiccional de la función judicial.
8. La neutralidad política y la profesionalidad, exclusivamente militar, para la defensa exterior, de las fuerzas armadas.
9. El reconocimiento, bajo la unidad del estado español, de la personalidad política de los pueblos catalán, vasco y gallego, y de las comunidades regionales que lo decidan democráticamente.
10. La separación de la Iglesia y el estado.
11. La celebración de una consulta popular [...] para elegir la forma definitiva del estado.
12. La integración de España en las Comunidades Europeas, el respeto a los acuerdos internacionales y el reconocimiento del principio de la coexistencia pacífica internacional.

Fragmentos del testamento político de Franco (noviembre de 1975)

Españoles: Al llegar para mí la hora de rendir la vida ante el Altísimo y comparecer ante su inapelable juicio, pido a Dios que me acoja benigno a su presencia, pues quise vivir y morir como católico. En el nombre de Cristo me honro, y ha sido mi voluntad constante ser hijo fiel de la Iglesia, en cuyo seno voy a morir. Pido perdón a todos, como de todo corazón perdono a cuantos se declararon mis enemigos sin que yo los tuviera como tales. Creo y deseo no haber tenido otros que aquellos que lo fueron de España, a la que amo hasta el último momento y a la que prometí servir hasta el último aliento de mi vida, que ya sé próximo. Quiero agradecer a cuantos han colaborado con entusiasmo, entrega y abnegación en la gran empresa de hacer una España unida, grande y libre. Por el amor que siento por nuestra Patria os pido que perseveréis en la unidad y en la paz y que rodeéis al futuro Rey de España, don Juan Carlos de Borbón, del mismo afecto y lealtad que a mí me habéis brindado, y le prestéis, en todo momento, el mismo apoyo de colaboración que de vosotros he tenido. No olvidéis que los enemigos de España y de la civilización cristiana están alerta. Velad también vosotros, y para ello deponed, frente a los supremos intereses de la Patria y del pueblo español, toda vida personal. No cejéis en alcanzar la justicia social y la cultura para todos los hombres de España, y haced de ello vuestro primordial objetivo. Mantened la unidad de las tierras de España, exaltando la rica multiplicidad de sus regiones como fuente de la fortaleza de la unidad de la Patria. Quisiera, en mi último momento, unir los nombres de Dios y de España y abrazaros a todos para gritar juntos, por última vez, en los umbrales de mi muerte: ¡arriba España! ¡viva España!

LA TRANSICIÓN DEMOCRÁTICA (1975-1982)

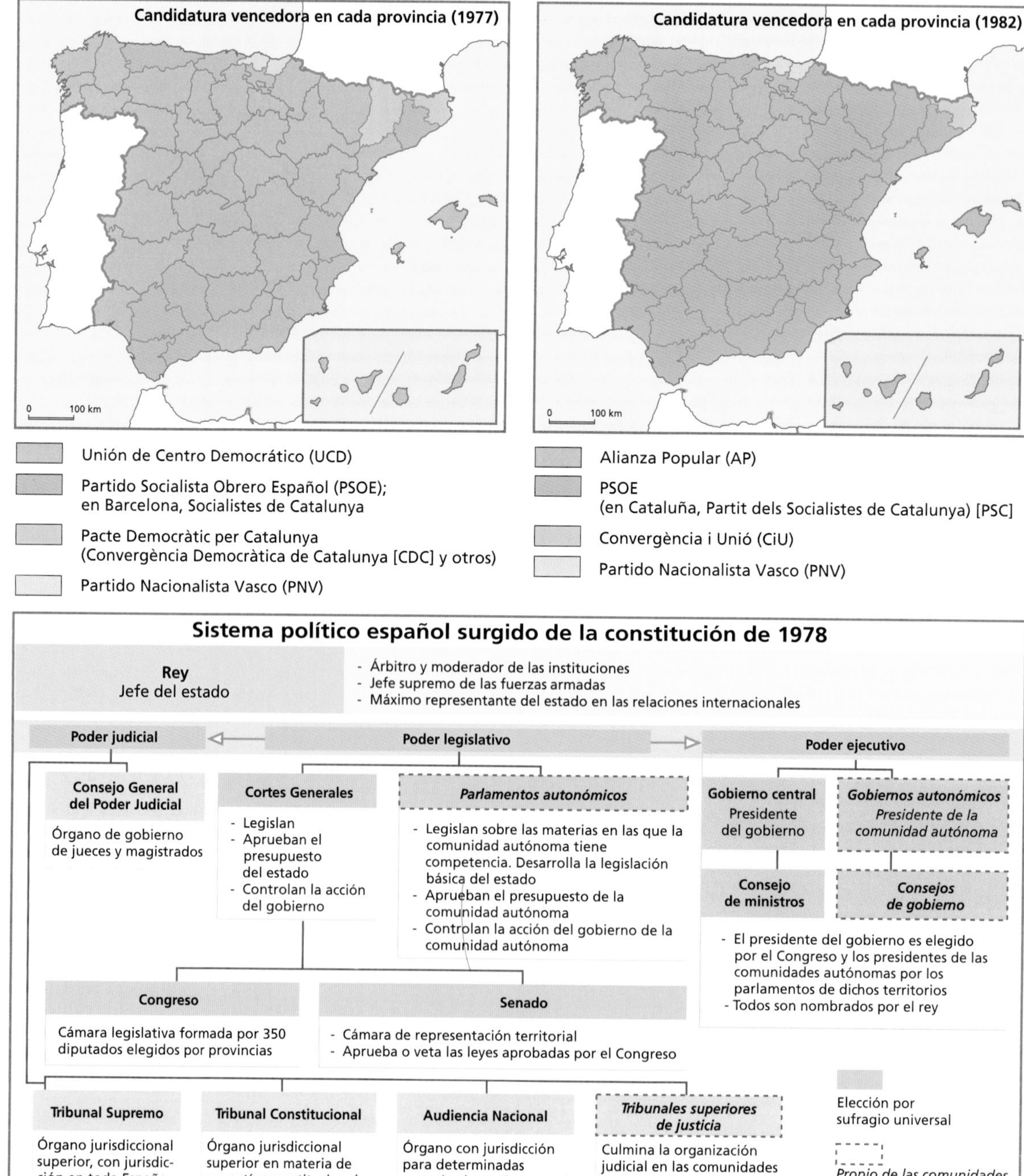

La transición democrática.
La muerte de Franco no supone el final inmediato de la dictadura. Carlos Arias Navarro continúa como presidente del gobierno, otorgándose un papel de albacea político del franquismo que lo coloca en una impostura de imposible cumplimiento cuando el rey Juan Carlos I incumple los designios del dictador y opta por un camino que trata de homologar la institución monárquica española al resto de monarquías constitucionales y parlamentarias europeas. En ese sentido es decisivo el papel de dos personalidades del régimen que asumen las posiciones del joven rey: Torcuato Fernández Miranda, a quien el rey coloca en la presidencia de las Cortes, y Adolfo Suárez, designado por Juan Carlos, en julio de 1976, como nuevo presidente del gobierno. Por su parte, las plataformas opositoras creadas aún en vida de Franco se unen en marzo de 1976 en la denominada Platajunta para dar más fuerza a sus demandas de libertad y democracia. El fracaso de los proyectos para dar continuidad al franquismo sin Franco deja expedito el camino de la ley de reforma política, por la que se desmantelan las instituciones del régimen, comenzando por las mismas Cortes, que la aprueban para ser luego aprobada por el pueblo, en diciembre, a través de un referéndum. Legalizadas las

principales fuerzas opositoras, las primeras elecciones democráticas, el 15 de junio de 1977, dan el triunfo al presidente Suárez y su Unión de Centro Democrático (UCD), que, con el PSOE como segunda fuerza, aventajan al resto de formaciones y desbordan los planteamientos del franquismo sociológico representado por Alianza Popular (AP), que lidera Manuel Fraga. No es menos significativa la supuesta influencia del Partido Comunista liderado por Santiago Carrillo, que queda desmitificada por su escasa traducción en votos, y cuya legalización, en abril de 1977, había soliviantado a un sector del ejército y señalado un momento crítico del proceso aperturista. Entre los objetivos del nuevo gobierno, los pactos de la Moncloa de octubre de 1977 sobre saneamiento y reforma económica desactivan el clima reivindicativo laboral, que desde 1976 alcanzaba niveles alarmantes (150 millones de horas no trabajadas en 17731 huelgas, solo en los nueve primeros meses de ese año), en el contexto internacional de la crisis del petróleo iniciada en 1973. Hito en el afianzamiento de la democracia es el acuerdo, tras 15 meses de negociaciones, sobre la constitución, aprobada por las Cortes en octubre de 1978, aunque con el voto contrario de varios diputados de AP, y refrendada por el pueblo en diciembre. La nueva carta magna liquida el franquismo, pero se fragua un acuerdo tácito para no procesar a nadie por sus actuaciones durante la dictadura. Más allá de las instituciones, la transición navega por aguas procelosas en que la multiplicación de atentados de todo signo, especialmente de ETA, y el golpismo militar (Operación Galaxia, 23-F) contradice la idea de un proceso totalmente pacífico. El año 1981 y el siguiente marcarían el ocaso de UCD, que con Leopoldo Calvo-Sotelo como presidente del gobierno y tras el ingreso de España en la estructura militar de la OTAN, se disolvería víctima de las luchas intestinas y una sangría de tránsfugas. El PSOE estaba preparado para tomar el poder.

La ley de reforma política

Este voto de los procuradores, por un tanteo insospechadamente alto, clausura una primera etapa de la legalidad constitucional basada en una autocracia personal, convoca al pueblo a unas normas electorales, abre la puerta de la legalidad a la izquierda española y marca el comienzo de un período constituyente. En mucha medida ha sido escrito un nuevo capítulo inédito de los tratados políticos, el de cambiar pacíficamente de la dictadura a la democracia, desmintiendo las predicciones catastróficas.

Columna de Luis Apostua (diputado de UCD en 1977)
en el diario *Ya* (19 de noviembre de 1976)

La clase política alzada hasta la cumbre por la escala institucional del Régimen de Franco cambia ahora de cordada. La lección que ofrece una larga experiencia histórica, tan antigua como la propia humanidad, es que el traidor no es necesario cuando la traición está hecha.

Editorial de *El Alcázar* (19 de noviembre de 1976)

El sistema electoral proporcional

Al establecer las bases del régimen electoral que debía encauzar la representación política, elegimos para el Congreso de los Diputados el sistema proporcional —con las correcciones que evitan el fraccionamiento excesivo de la representación— en lugar del mayoritario. Queríamos obtener la fotografía más exacta posible del pluralismo polítco existente en la sociedad española. Solo así podíamos elaborar, entre todos, una Constitución que organizase nuestra convivencia civil bajo el imperio de los derechos humanos y las libertades públicas y lograse, en definitiva, la reconciliación de todos los españoles.

Adolfo Suárez, «Los secretos de la transición a la democracia»,
Historia de la democracia (1975-1995. Veinte años de nuestra historia)

Balance de la Transición según Jaime Miláns del Bosch

Objetivamente hablando, el balance de la transición, hasta ahora, no parece presentar un saldo positivo: terrorismo, inseguridad, inflación, crisis económica, paro, pornografía y, sobre todo, crisis de autoridad. Los militares, en general, hemos contemplado la transición con actitud expectante y serena, pero con profunda preocupación.

Jaime Miláns del Bosch, capitán general de la III región militar (1979)

La entrada de España en la OTAN

La incorporación de España a la OTAN está vinculada a otros condicionantes de nuestra política exterior, [aunque] el gobierno que aspiro a presidir reafirma su vocación atlántica. [...] No aceptaremos que terceros países intenten coaccionarnos con sus opiniones. Entendemos que se trata de una cuestión a dilucidar entre españoles a través de los mecanismos constitucionalmente establecidos y a discutir con nuestros eventuales aliados. Pero no toleraremos que terceros países, concretamente la Unión Soviética, se arroguen el derecho de vetar la entrada en la OTAN, ni aceptamos, por tanto, las doctrinas de la congelación en sus actuales dimensiones de las alianzas existentes.

Leopoldo Calvo-Sotelo (UCD) [19 de febrero de 1981, discurso de investidura]

Cualquier gesto destinado a reafirmar la bipolaridad solo puede conducirnos de nuevo a la guerra fría y a acercarnos hacia la posibilidad de una tercera guerra mundial.

Felipe González (PSOE) [5 de marzo de 1979]

EL 23-F DE 1981

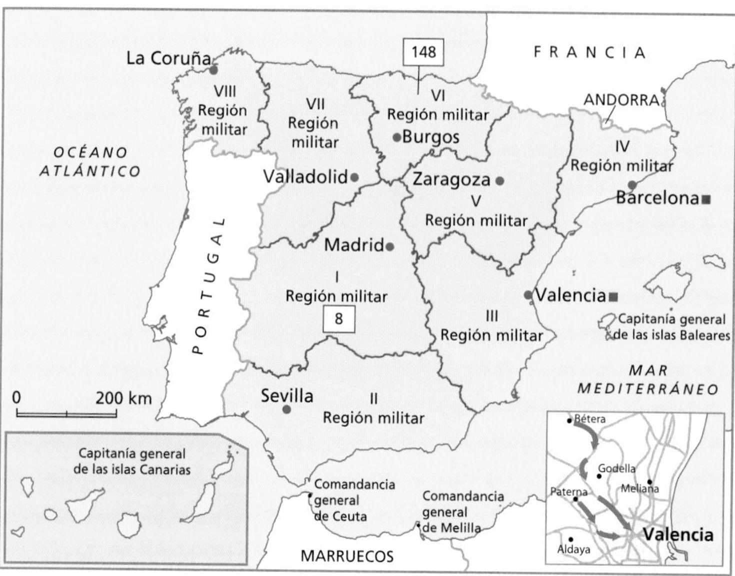

límite de región militar

capital de la Región militar

8 miembros del ejército, de la Guardia Civil y de la policía en activo asesinados por ETA (nov. 1975-feb. 1981)

■ Jaime Miláns del Bosch, capitán general, saca a patrullar las tropas por la ciudad

■ Jordi Pujol, presidente de la Generalidad de Cataluña, hace un llamamiento a la tranquilidad a través de Radio Nacional de España

movimiento de militares y guardias civiles favorables al golpe (en Madrid y Valencia)

intento abortado de toma de los puntos vitales de Madrid, por parte de la división acorazada Brunete n.º 1

El 23-F. Entre 1976 y 1978, España pasa de un sistema político dictatorial a otro basado en una constitución que consagra las libertades individuales y la democracia parlamentaria. En 1979 se otorga, además, autonomía política y legislativa a Cataluña y el País Vasco, recuperándose en el primer caso una institución emanada de la Segunda República, la Generalidad. En un clima de tensión social y política, con 277 asesinatos perpetrados por ETA entre la muerte de Franco y febrero de 1981, la mayoría a policías y militares, esos profundos cambios son vistos por oficiales del ejército como el inicio de una desintegración social y territorial y una traición a Franco, a quien juraron lealtad. Entre dichos oficiales, una parte del cuerpo de funcionarios del Estado y pequeños grupos políticos de extrema derecha cuaja la idea de, a partir de un golpe de fuerza más o menos violento, enderezar el rumbo que ha tomado la política y la sociedad española para recuperar un claro principio de autoridad y frenar la creación de los poderes autónomos catalán y vasco. Las conversaciones para activar un plan surgen efecto al contar con el apoyo de algunos altos mandos militares, y se inicia una operación para tomar el poder político. Se pone al frente de un contingente de la Guardia Civil el teniente coronel Antonio Tejero, que la tarde del 23 de febrero de 1981 irrumpe en el Congreso de los Diputados mientras se produce la votación de investidura como presidente del gobierno de Leopoldo Calvo-Sotelo, que sustituye a Adolfo Suárez, dimitido días antes. Secuestrado el gobierno y los diputados, a la espera de una autoridad militar, el protagonismo pasa al palacio de la Zarzuela, residencia del rey, jefe militar supremo. A la rebelión se suma de inmediato el capitán general de la III región militar, Jaime Miláns del Bosch, veterano del ejército franquista durante la guerra civil y de la División Azul, que apoyó a la Alemania nazi durante la segunda guerra mundial. Manda movilizar las tropas y los carros de combate toman el centro de Valencia. En Madrid se ha previsto algo parecido por parte de la división acorazada Brunete n.º 1, la más potente del ejército, pero finalmente queda acuartelada, a la espera de acontecimientos. De hecho, los militares aguardan que el rey se decante a favor o en contra del golpe de estado, puesto que para ellos, las órdenes de Juan Carlos, que ha sido nombrado por Franco sucesor en la jefatura del estado, eran definitivas. Desde la Zarzuela se contacta telefónicamente con mandos militares y autoridades civiles, para saber las intenciones de los primeros y transmitir tranquilidad a los segundos. Jordi Pujol, presidente de la Generalidad de Cataluña, tras hablar con el rey, emite un mensaje radiofónico en el que pide serenidad y confianza en Juan Carlos. La situación es confusa para la población; muchas emisoras de radio emiten música militar y un grupo de militares rebeldes ocupa Radiotelevisión Española, pero la autoridad militar que debe tomar el mando político en el Congreso no llega a efectuar dicho paso. En la madrugada del día 24, el rey Juan Carlos aparece en televisión y garantiza el orden constitucional. Finalmente, el golpe de estado se queda en un intento, mientras que la monarquía refuerza ampliamente su papel.

Comunicado de Jaime Miláns del Bosch, capitán general de la III Región Militar

Hago saber, ante los acontecimientos que se están desarrollando en estos momentos en la capital de España y el consiguiente vacío de poder, es mi deber garantizar el orden en la región militar de mi mando hasta que se reciban las correspondientes instrucciones de Su Majestad el Rey. En consecuencia, dispongo:

— Artículo primero. Todo el personal afecto a los servicios públicos de interés civil queda militarizado, con los deberes y atribuciones que marca la ley.

— Artículo segundo. Se prohíbe el contacto con las unidades armadas por parte de la población civil. Dichas unidades repelerán sin intimidación ni aviso todas las agresiones que puedan sufrir con la máxima energía, igualmente repelerán agresiones contra edificios, establecimientos, vías de comunicación y transporte, servicios de agua, luz y electricidad, así como dependencias y almacenes de primera necesidad.

— Artículo tercero. Quedarán sometidos a la jurisdicción militar y tramitados por procedimiento sumarísimo todos los hechos comprendidos en el artículo anterior (...).

— Artículo cuarto. Quedan prohibidos los lock-out, huelgas.... se considera como sedición el abandono del trabajo, siendo principales responsables los dirigentes de sindicatos y asociaciones laborales.

— Artículo quinto. Quedan prohibidas todas las actividades públicas y privadas de todos los partidos políticos, prohibiéndose igualmente las reuniones superiores a cuatro personas, así como la utilización por los mismos de cualquier medio de comunicación social.

— Artículo sexto. Se establece el toque de queda desde las nueve de la noche a las siete de la mañana, pudiendo circular únicamente dos personas, como máximo, durante el citado plazo de tiempo por la vía pública y pernoctando todos los grupos familiares en sus respectivos domicilios.

— Artículo séptimo. Solo podrán circular los vehículos y transportes públicos, así como los particulares debidamente autorizados. (...)

— Artículo octavo. Quedan suprimidas la totalidad de las actividades públicas y privadas de todos los partidos políticos.

— Artículo noveno. Todos los cuerpos de seguridad del Estado se mantendrán bajo mi autoridad.

— Artículo décimo. Igualmente, asumo el poder judicial, administrativo, tanto del ente autonómico o los provinciales y municipales.

— Artículo undécimo. Estas normas estarán en vigor el tiempo estrictamente necesario para recibir instrucciones de Su Majestad el Rey o de la superioridad.

Este bando surtirá efectos desde el momento de su publicación.

Por último, se espera la colaboración activa de todas las personas, patriotas, amantes del orden y de la paz, respecto de las instrucciones anteriormente expuestas.

Por todo ello termino con un fuerte ¡Viva el Rey! ¡Viva por siempre España!

Bando difundido por emisoras de radio valencianas,
23 de febrero a las 19 horas.

El rey Juan Carlos I se mantiene junto al orden constitucional

Al dirigirme a todos los españoles con brevedad y concisión en las circunstancias extraordinarias que en estos momentos estamos viviendo, pido a todos la mayor serenidad y confianza y les hago saber que he cursado a los Capitanes Generales de las regiones militares, zonas marítimas y regiones aéreas, la orden siguiente: Ante la situación creada por los sucesos desarrollados en el Palacio del Congreso y para evitar cualquier posible confusión, confirmo que he ordenado a las autoridades civiles y a la Junta de Jefes de Estado Mayor que tomen todas las medidas necesarias para mantener el orden constitucional dentro de la legalidad vigente.

Cualquier medida de carácter militar que en su caso hubiera de tomarse deberá contar con la aprobación de la Junta de Jefes de Estado Mayor.

La Corona, símbolo de la permanencia y unidad de la Patria, no puede tolerar en forma alguna acciones o actitudes de personas que pretendan interrumpir por la fuerza el proceso democrático que la Constitución votada por el pueblo español determinó en su día a través de referéndum.

Discurso transmitido por Televisión Española,
24 de febrero a la 1,15 horas.

EL ESTADO DE LAS AUTONOMÍAS (DESDE 1978)

lenguas y límites históricos

- castellano
- andaluz
- canario
- catalán
- valenciano
- balear
- gallego
- vasco
- asturiano
- aragonés
- aranés (occitano)
- límite lingüístico
- límites territoriales

El estado de las autonomías.
La constitución española de 1978 reconoce a provincias o agrupaciones de provincias con características comunes el derecho a la autonomía, con unas determinadas competencias cedidas por el estado. En el debate constitucional, Manuel Fraga Iribarne, de Alianza Popular, mantiene que «nación» y «nacionalidad», término que se propone para designar a territorios con clara personalidad cultural y social, son sinónimos cuya asunción es incompatible con la definición de España como «nación» y «patria común e indivisible». Finalmente se acepta nacionalidad, aunque la constitución aclara que la nación española es la única depositaria de la soberanía del pueblo español. La extendida reivindicación de autogobierno con capacidad política y legislativa presente en Cataluña y en el País Vasco acelera la aprobación de los dos primeros estatutos de autonomía, en 1979, a los que siguen otros 15 hasta 1983. Se configura así una fórmula, cuyo espíritu se resume en la expresión «café para todos», destinada a igualar otras realidades con la singularidad catalana y vasca, por lo que se consolidan 17 estructuras administrativas, políticas y legislativas. En Cataluña, la formación de un gobierno de izquierda en 2003 abre un nuevo periodo al proponer una reforma del estatuto de 1979 de gran calado, concibiendo una estrategia para transformar España (la «España plural» socialista) en una realidad federal asimétrica, en la que Cataluña podría encajar adecuadamente.
El parlamento catalán aprueba en 2005 un estatuto que refuerza las competencias y la identidad y crea una agencia tributaria para recaudar todos los impuestos.
Es aprobado en 2006, tras ser debatido en las Cortes y negociado por las fuerzas políticas, con sustanciales diferencias respecto al proyecto inicial, y refredado por la ciudadanía catalana. Pese a la presentación de recursos ante el Tribunal Constitucional contra el estatuto catalán por parte del Partido Popular (PP), que interpreta que se trata de una reforma encubierta de la constitución, y del Defensor del Pueblo (el socialista Enrique Múgica), diversas comunidades gobernadas por el PP (o por el PSOE, con el apoyo del PP) emprenden también reformas estatutarias (Comunidad Valenciana, 2006; Andalucía, 2007; Aragón, 2007; Baleares, 2007; Castilla y León, 2007; Extremadura, 2011). Finalmente, el Tribunal Constitucional resuelve los recursos en 2010 con la reinterpretación o la inconstitucionalidad de diversos artículos, en parte o en su totalidad. A partir de ese momento se verifican dos tendencias opuestas, por un lado un significativo aumento del independentismo en Cataluña y el País Vasco, y por otro, una cada vez más presente idea de recentralizar y de devolver competencias al estado, como sistema para disminuir un desbocado gasto público.

Proyecto de estatuto de Autonomía de Cataluña (2005)

Preámbulo

[...] Impulsa este estatuto la aspiración, el proyecto y el sueño de una Cataluña sin ningún tipo de obstáculo a la libre y plena interdependencia que una nación necesita hoy. La vocación y el derecho de los ciudadanos de Cataluña a determinar libremente su futuro como pueblo, que el Parlamento de Cataluña ha expresado reiteradamente, se corresponde con la afirmación nacional que históricamente representó la institución de la Generalidad [...]

Artículo 1. La nación catalana

1. Cataluña es una nación.

2. Cataluña ejerce su autogobierno por medio de instituciones propias, constituida como comunidad autónoma de acuerdo con la constitución y el presente estatuto.[...]

1982 año de la entrada en vigor de los estatutos de autonomía

1991 año de las modificaciones de los estatutos

2006 año de las reformas sustanciales del régimen de autonomía

frontera estatal

límite de comunidad autónoma

límite de provincia

capital de comunidad autónoma

territorios que ya dispusieron de autonomía durante la Segunda República

territorio con régimen foral anterior a la constitución de 1978

territorios en los que existen formaciones parlamentarias favorables a la independencia

* año de la entrada en vigor de la ley de Reintegración y Amejoramiento del Régimen Foral

** en 2010, una sentencia del Tribunal Constitucional anuló 14 artículos, en su totalidad o en parte, y determinó en los fundamentos jurídicos el alcance de la autonomía

Estatuto de Autonomía Cataluña (2006)

Preámbulo

El Parlamento de Cataluña, recogiendo el sentimiento y la voluntad de la ciudadanía de Cataluña, ha definido de forma ampliamente mayoritaria a Cataluña como nación. La constitución Española, en su artículo segundo, reconoce la realidad nacional de Cataluña como nacionalidad. [...]

Artículo 1. Cataluña

Cataluña, como nacionalidad, ejerce su autogobierno constituida en comunidad autónoma de acuerdo con la constitución y con el presente estatuto [...]

El punto de vista de Jordi Pujol (2011)

Durante cuarenta o cincuenta años he procurado convencer a los catalanes que no creían en la posibilidad de una Cataluña con el reconocimiento, la garantía y la capacidad de proyecto que nos son necesarios en el marco español. Ahora estos argumentos no los tengo. Ahora solo tengo el de la dificultad muy grande de conseguir la independencia. Muy grande. Es verdad que han pasado y pasan cosas en el mundo que eran tan difíciles como lo pueda ser la independencia de Cataluña. También es verdad que, si la idea de España que ahora prevalece se consolida, la alternativa está entre la independencia y la gradual desaparición de la catalanidad y de Cataluña.

J. Pujol (presidente de Cataluña entre 1980 y 2003 y líder de CDC), conferencia *Residuals o independents? O alguna altra solució?*

Fundamento jurídico de la sentencia del Tribunal Constitucional sobre el recurso de inconstitucionalidad del estatuto catalán de 2006 presentado por el Partido Popular (2010)

[...] Las normas del ordenamiento no pueden desconocer ni inducir al equívoco en punto a la «indisoluble unidad de la nación española» proclamada en [...] la constitución, [...] ni pueden tampoco [...] referir el término «nación» a otro sujeto que no sea el pueblo titular de la soberanía. [...] Ha de quedar, pues, desprovista de alcance jurídico interpretativo la referida mención del preámbulo [...] sin perjuicio de que en cualquier contexto que no sea el jurídico-constitucional la autorrepresentación de una colectividad como una realidad nacional en sentido ideológico, histórico o cultural tenga plena cabida [...] como expresión de una idea perfectamente legítima. [...] La ciudadanía catalana no es sino una especie del género «ciudadanía española», a la que no puede ontológicamente contradecir. [...] los ciudadanos de Cataluña no pueden confundirse con el pueblo soberano. [...] La [...] relación [...] de la Generalidad con el estado «central» o «general» [...] no cabe entenderla como expresiva de una relación entre entes políticos en situación de igualdad, capaces de negociar entre sí en tal condición, pues [...] el estado siempre ostenta una posición de superioridad respecto de las comunidades autónomas.

LOS ÚLTIMOS AÑOS (DESDE 1982)

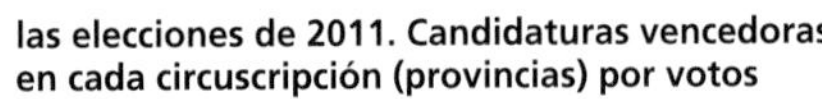

las elecciones de 2011. Candidaturas vencedoras en cada circuscripción (provincias) por votos

- Partido Popular
- Partido Socialista Obrero Español (en Barcelona, Partit dels Socialistes de Catalunya)
- Convergència i Unió
- Partido Nacionalista Vasco
- Amaiur

Alta Velocidad Española

- línea del AVE en explotación (1992)
- línea del AVE en explotación (2006-2011)
- línea del AVE en construcción

tasa de paro (sobre el total de la población activa)

- 20,4% por comunidad autónoma (primer trimestre 2012)

indignados 15-M-2011

- núcleo principal
- otros núcleos
- desalojos y graves incidentes

estructura de la industria y la I+D (investigación y desarrollo)

- Valencia grandes ciudades industriales, con centros de investigación de referencia
- otros centros industriales
- ejes más dinámicos

Los últimos años. La mayoría socialista en las elecciones de 1982 abre el paso de la transición política a la económica, al adherirse a la Comunidad Económica Europea y corroborar con un referéndum el ingreso en la OTAN, lo que coloca a España en 1986 al lado de los intereses atlantistas. Los gobiernos socialistas (1982-1996) pusieron el empeño en el impulso privatizador asociado a una profunda reconversión industrial; en la liberalización del mercado de la vivienda, base de la futura burbuja inmobiliaria; en los Juegos Olímpicos de Barcelona y la Exposición Internacional de Sevilla, que en 1992 colocan a dichas ciudades, en especial Barcelona, en el mapa internacional y del turismo de masas. Nuevos protagonistas del poder económico aprovechan las palancas del poder para beneficiarse de lo que se llama «cultura del pelotazo». La implicación del gobierno en casos de corrupción y el conocimiento de la «guerra sucia» contra ETA librada por los aparatos del estado son, desde 1994, el argumento con que el Partido Popular (PP), dirigido por José María Aznar, se dispone a recuperar para la

derecha el espacio de centro.
El PP vence en 1996, pero con una exigua ventaja sobre el PSOE, compensada gracias al apoyo de Convergència i Unió, que ya pactó con el PSOE en su última legislatura, y del PNV. En 2000, cuando la mayoría absoluta le deja las manos libres, los populares aplican una estrategia de firmeza que prima el orgullo de lo español frente a los nacionalismos periféricos y una política antiterrorista que con la ley de partidos de 2002 ilegaliza a la izquierda independentista vasca. Este viraje recibe el aval del nuevo contexto abierto en 2001 por los atentados islamistas del 11 de septiembre en Estados Unidos, mientras que la economía, que se inscribe ya en el mercado único europeo, crece con la construcción y el turismo y atrae a una importante inmigración extracomunitaria. La participación del gobierno en la guerra de Iraq es en 2003 rechazada multitudinariamente en las calles, mientras que el PSOE promete retirar las tropas si gana en 2004. A tres días de los comicios, los atentados islamistas del 11 de marzo en Madrid y la discutida gestión de la crisis pasan factura al PP. El PSOE vence y José Luis Rodríguez Zapatero, investido presidente, ordena el regreso de las tropas. El gobierno aprueba medidas sociales (matrimonio homosexual, memoria histórica), y con la bonanza económica inaugura una vasta red ferroviaria de alta velocidad, de dudosa rentabilidad en muchos tramos y de carácter radial, con centro en Madrid, ciudad que además de su condición de capital política se sitúa como potente centro económico. La crisis económica internacional dificulta el programa social (ley de la dependencia), y un escenario con recesión y cinco millones de parados planean sobre la cita electoral de 2011, en la que se impuso el PP de Mariano Rajoy. Su gobierno aprueba medidas de recorte del gasto público, en medio de una grave crisis de las entidades financieras.

La lucha antiterrorista

[...] Tuve una sola oportunidad en mi vida de dar una orden para liquidar a toda la cúpula de ETA. En 1990 o 1989 llegó hasta mí una información que tenía que llegar hasta mí por las implicaciones que tenía. Nuestra gente había detectado [...] el lugar y el día de una reunión de la cúpula de ETA en Francia. Pero la posibilidad que teníamos de detenerlos era cero, estaban fuera de nuestro territorio. El hecho descarnado era: existe la posibilidad de volarlos a todos y descabezarlos. La decisión es sí o no. Lo simplifico. Dije: no. Y añado a esto: todavía no sé si hice lo correcto. Una de las cosas que me torturó durante las 24 horas siguientes fue cuántos asesinatos de personas inocentes podría haber ahorrado [...]

Felipe González entrevistado
por Juan José Millás en *El País* (2010)

La política internacional de José María Aznar

Es la existencia de un proyecto nacional la que aglutina y vertebra la dirección de una política ambiciosa, en el interior y exterior del país. Una nación desvertebrada interiormente carece de peso internacional [...]. Una cierta tendencia al ensimismamiento que hemos padecido impide contemplar con objetividad el valor de España como una potencia con mayores capacidades en el concierto internacional. [...] Los factores de estabilidad política, los nuevos espacios económicos y los nuevos equilibrios de seguridad son hoy mucho más complejos que en la época de los bloques que dominó la guerra fría. Ante ellos España tiene que saber reaccionar y contribuir activamente a la creación de un nuevo modelo de relaciones internacionales, cuyos ejes políticos han de ser: una sociedad abierta, la defensa universal de las libertades y los derechos humanos, el comercio libre en un mercado global, una seguridad regional y el desarrollo de la ciencia, la tecnología y las telecomunicaciones. Para las naciones y sus ciudadanos la duda hamletiana del ser o no ser se dilucida en el escenario internacional.

José María Aznar *España:
La segunda transición* (1994)

El matrimonio homosexual

[...] la regulación del matrimonio que ahora se instaura trata de dar satisfacción a una realidad palpable [...], realidad que requiere un marco que determine los derechos y obligaciones de todos cuantos formalizan sus relaciones de pareja.
En el contexto señalado, la ley permite que el matrimonio sea celebrado entre personas del mismo o distinto sexo, con plenitud e igualdad de derechos y obligaciones [...]. En consecuencia, los efectos del matrimonio [...] serán únicos en todos los ámbitos con independencia del sexo de los contrayentes; entre otros, tanto los referidos a derechos y prestaciones sociales como la posibilidad de ser parte en procedimientos de adopción.

Fundamentos de la *ley 13/2005*, que modifica el Código Civil

El Gobierno español promueve iniciativas que atentan contra los fundamentos de la familia como espacio ecológico de la vida y fuente de la solidaridad más eficaz. En concreto, pretende equiparar las uniones de personas del mismo sexo con el matrimonio, permitiendo además la adopción conjunta. Entendemos que esta equiparación y la adopción por parte de parejas del mismo sexo supone un atentado contra la institución matrimonial y contra el derecho del menor a una madre y un padre.

Manifiesto del Foro Español de la Familia
(18 de junio de 2005)

JEFES DE ESTADO

Casa de Austria

Carlos I *el Emperador*	**mar. 1516-ene. 1556**
Felipe II *el Prudente*	**ene. 1556-sept. 1598**
Felipe III *el Piadoso*	**sept. 1598-mar. 1621**
Felipe IV *el Grande*	**mar. 1621-sept. 1665***
Carlos II *el Hechizado*	**sept. 1665-nov. 1700**

* En Cataluña, en 1641 se proclamó una república, y a continuación fueron soberanos los reyes de Francia Luis XIII *el Justo* (1641-1643) y Luis XIV *el Rey Sol* (1643-1652)

Guerra de Sucesión (1703-1715)

Casa de Borbón

Felipe V	**nov. 1700-sept. 1714**

Casa de Austria

Carlos III	**sept. 1703-jul. 1715**

Casa de Borbón

Felipe V *el Animoso*	**nov. 1700-ene. 1724**
Luis I *el Bien Amado*	**ene. 1724-ago. 1724**
Felipe V *el Animoso*	**sept. 1724-jul. 1746**
Fernando VI *el Prudente*	**jul. 1746-ago. 1759**
Carlos III *el Mejor Alcalde de Madrid* (o *el Político*)	**ago. 1759-dic. 1788**
Carlos IV *el Cazador*	**dic. 1788-mar. 1808**
Fernando VII *el Deseado* (o *el Felón*)	**mar. 1808-mayo 1808**

Guerra de la Independencia (1808-1814)

Casa de Bonaparte

José I	**mayo 1808-dic. 1813***

* Cataluña tuvo como jefe de estado al emperador Napoleón I al pasar a formar parte de Francia, entre ene. de 1812 y mar. 1814

Casa de Borbón

Fernando VII *el Deseado* (o *el Felón*)	**dic. 1813-sept. 1833**
Isabel II, *la de los Tristes Destinos*	**sept. 1833-sept. 1868***

* Regentes en la minoría de edad: María Cristina de Borbón (1833-1840) y Baldomero Espartero (1840-1843)

Guerras carlistas (1833-1840; 1846-1849; 1872-1876)

Pretendientes carlistas al trono (casa de Borbón)

Carlos María Isidro *(Carlos V)*	**sept. 1833-mayo 1845**
Carlos Luis *(Carlos VI)*	**mayo 1845-abr. 1860**
Juan *(Juan III)*	**abr. 1860-oct. 1868**
Carlos María *(Carlos VII)*	**oct. 1868-jul. 1909**

Sexenio democrático

Presidente del gobierno provisional

Francisco Serrano	**sept. 1868-jun. 1869**

Regente del reino

Francisco Serrano	**jun. 1869-nov. 1870**

Casa de Saboya

Amadeo I, *el Rey Caballero*	**nov. 1870-feb. 1873**

JEFES DE ESTADO

Presidentes de la Primera República

Estanislao Figueras	**feb. 1873-jun. 1873**
Francisco Pi Margall	**jun. 1873-jul. 1873**
Nicolás Salmerón	**jul. 1873-sept. 1873**
Emilio Castelar	**sept. 1873-ene. 1874**
Francisco Serrano	**ene. 1874-dic. 1874**

CASA DE BORBÓN

Alfonso XII *el Pacificador*	**dic. 1874-nov.1885**
Alfonso XIII *el Africano*	**mayo 1886-abr. 1931***

* Regente en la minoría de edad: María Cristina de Habsburgo-Lorena (1885-1902)

PRESIDENTES DE LA SEGUNDA REPÚBLICA

Niceto Alcalá Zamora	**abr. 1931-oct. 1931**
Manuel Azaña	**oct. 1931-dic. 1931**
Niceto Alcalá Zamora	**dic. 1931-abr. 1936**
Manuel Azaña	**mayo 1936-mar. 1939**

Presidentes de la República en el exilio

Juan Negrín*	**abr. 1939-ago. 1945**
Diego Martínez Barrio	**ago. 1945-ene. 1962**
Luis Jiménez de Asúa	**ene. 1962-nov. 1970**
José Maldonado	**nov. 1970-jul. 1977**

* Con el cargo de presidente del gobierno

JEFATURA DEL ESTADO (DICTADURA FRANQUISTA)

Miguel Cabanellas	**jul. 1936-oct. 1936**
Francisco Franco	**oct. 1936-nov. 1975**

CASA DE BORBÓN

Juan Carlos I	**desde nov. 1975**

PRESIDENTES DEL GOBIERNO DESDE 1902

REINADO DE ALFONSO XIII

Francisco Silvela	**dic. 1902-jul. 1903**	conservador
Raimundo Fernández Villaverde	**jul. 1903-dic. 1903**	conservador
Antonio Maura	**dic. 1903-dic. 1904**	conservador
Marcelo Azcárraga	**dic. 1904-ene. 1905**	conservador
Raimundo Fernández Villaverde	**ene. 1905-jun. 1905**	conservador
Eugenio Montero Ríos	**jun. 1905-dic. 1905**	liberal
Segismundo Moret	**dic. 1905-jul. 1906**	liberal
José López Domínguez	**jul. 1906-nov. 1906**	liberal
Segismundo Moret	**nov. 1906-dic. 1906**	liberal
Antonio Aguilar	**dic. 1906-ene. 1907**	liberal
Antonio Maura	**ene. 1907-oct. 1909**	conservador
Segismundo Moret	**oct. 1909-feb. 1910**	liberal
José Canalejas	**feb. 1910-nov. 1912**	liberal
Manuel García Prieto	**nov. 1912-nov. 1912**	liberal
Álvaro de Figueroa	**nov. 1912-oct. 1913**	liberal
Eduardo Dato	**oct. 1913-dic. 1915**	conservador

Álvaro de Figueroa	**dic. 1915-abr. 1917**	liberal
Manuel García Prieto	**abr. 1917-jun. 1917**	liberal
Eduardo Dato	**jun. 1917-nov. 1917**	conservador
Manuel García Prieto	**nov. 1917-mar. 1918**	liberal
Antonio Maura	**mar. 1918-nov. 1918**	conservador
Manuel García Prieto	**nov. 1918-dic. 1918**	liberal
Álvaro de Figueroa	**dic. 1918-abr. 1919**	liberal
Antonio Maura	**abr. 1919-jul. 1919**	conservador
Joaquín Sánchez de Toca	**jul. 1919-dic. 1919**	conservador
Manuel Allendesalazar	**dic. 1919-mayo 1920**	conservador
Eduardo Dato	**mayo 1920-mar. 1921**	conservador
Manuel Allendesalazar	**mar. 1921-ago. 1921**	conservador
Antonio Maura	**ago. 1921-mar. 1922**	conservador
José Sánchez Guerra	**mar. 1922-dic. 1922**	conservador
Manuel García Prieto	**dic. 1922-sept. 1923**	liberal
Reinado de Alfonso XIII (dictadura)		
Miguel Primo de Rivera	**sept. 1923-ene. 1930**	UP
Reinado de Alfonso XIII		
Dámaso Berenguer	**ene. 1930-feb. 1931**	—
Juan Bautista Aznar-Cabañas	**feb. 1931-abr. 1931**	—
Segunda República		
Niceto Alcalá Zamora	**abr. 1931-oct. 1931**	DLR
Manuel Azaña	**oct. 1931-sept. 1933**	AR
Alejandro Lerroux	**sept. 1933-oct. 1933**	PRR
Diego Martínez Barrio	**oct. 1933-dic. 1933**	PRR
Alejandro Lerroux	**dic. 1933-abr. 1934**	PRR
Ricardo Samper	**abr. 1934-oct. 1934**	PRR
Alejandro Lerroux	**oct. 1934-sept. 1935**	PRR
Joaquín Chapaprieta	**sept. 1934-dic. 1935**	—
Manuel Portela Valladares	**dic. 1935-feb. 1936**	—
Manuel Azaña	**feb. 1936-mayo 1936**	IR
Santiago Casares Quiroga	**mayo 1936-jul. 1936**	IR
José Giral	**jul. 1936-sept. 1936**	IR
Francisco Largo Caballero	**sept. 1936-mayo 1937**	PSOE
Juan Negrín	**mayo 1937-mar. 1939**	PSOE
Dictadura franquista		
Francisco Franco	**ene. 1938-jun. 1973**	FET-JONS
Luis Carrero Blanco	**jun. 1973-dic. 1973**	FET-JONS
Carlos Arias Navarro	**ene. 1974-nov. 1975**	FET-JONS
Reinado de Juan Carlos I		
Carlos Arias Navarro	**nov. 1975-jul. 1976**	FET-JONS
Adolfo Suárez	**jul. 1976-feb. 1981**	UCD
Leopoldo Calvo-Sotelo	**feb. 1981-dic. 1982**	UCD
Felipe González	**dic. 1982-mayo 1996**	PSOE
José María Aznar	**mayo 1996- abr. 2004**	PP
José Luis Rodríguez Zapatero	**abr. 2004- dic. 2011**	PSOE
Mariano Rajoy	**desde dic. 2011**	PP

Partidos: AR: Acción Republicana; DLR: Derecha Liberal Republicana; FET-JONS: Falange Española Tradicionalista y de las Juntas de Ofensiva Nacional Sindicalista; IR: Izquierda Republicana; PP: Partido Popular; PRR: Partido Republicano Radical; PSOE: Partido Socialista Obrero Español; UCD: Unión de Centro Democrático; UP: Unión Patriótica

PRESIDENTES DE CATALUÑA

Mancomunidad (reinado de Alfonso XIII)		
Enric Prat de la Riba	**abr. 1914- ago. 1917**	LR
Josep Puig i Cadafalch	**ago. 1917-dic. 1923**	LR
Alfons Sala	**ene. 1923-mar. 1925**	UMN
República Catalana		
Francesc Macià	**abr. 1931-abr. 1931**	ERC
Generalidad (Segunda República)		
Francesc Macià	**abr. 1931-dic. 1933**	ERC
Lluís Companys	**ene.1934-feb. 1939***	ERC

*suspendido del cargo entre oct. 1934 y feb. 1936

Generalidad en el exilio		
Lluís Companys	**feb. 1939- oct. 1940**	ERC
Josep Irla	**oct. 1940-ago. 1954**	ERC
Josep Tarradellas	**ago. 1954- oct. 1977**	ERC
Generalidad (reinado de Juan Carlos I)		
Josep Tarradellas	**oct. 1977-abr. 1980**	-
Jordi Pujol	**abr. 1980-dic. 2003**	CDC
Pasqual Maragall	**dic. 2003-nov. 2006**	PSC
José Montilla	**nov. 2006- dic. 2010**	PSC
Artur Mas	**desde dic. 2010**	CDC

PRESIDENTES DEL GOBIERNO VASCO

Gobierno de Euskadi (Segunda República)		
José Antonio Aguirre	**oct. 1936-jun. 1937**	PNV
Gobierno de Euskadi en el exilio		
José Antonio Aguirre	**jun. 1937-mar. 1960**	PNV
Jesús María de Leizaola	**mar. 1960-feb. 1978**	PNV
Consejo General Vasco (reinado de Juan Carlos I)		
Ramón Rubial	**feb. 1978-jun. 1979**	PSOE
Carlos Gaikoetxea	**jun. 1979-abr. 1980**	PNV
Gobierno vasco (reinado de Juan Carlos I)		
Carlos Gaikoetxea	**abr. 1980-mar. 1985**	PNV
José Antonio Ardanza	**mar. 1985-ene. 1999**	PNV
Juan José Ibarretxe	**ene. 1999-mayo 2009**	PNV
Patxi López	**desde mayo 2009**	PSOE

Partidos: CDC: Convergència Democràtica de Catalunya; ERC: Esquerra Republicana de Catalunya; LR: Lliga Regionalista; PNV: Partido Nacionalista Vasco; PSC: Partit dels Socialistes de Catalunya (PSC-PSOE); PSOE: Partido Socialista Obrero Español; UMN: Unión Monárquica Nacional

ABREVIATURAS

a. J.C.	antes de Jesucristo
abr.	abril
ago.	Agosto
cast.	castellano
cat.	catalán
d. J.C.	después de Jesucristo
dic.	diciembre
E	este
Ed.	editorial
ene.	enero
Esp.	España
esp.	español
EUA	Estados Unidos
F.	Frontera
feb.	febrero
Fr.	Francia
G.B.	Gran Bretaña
jun.	junio
jul.	julio
mar.	marzo
N	norte
nov.	noviembre
O	oeste
oct.	octubre
Port.	Portugal, portugués
prov.	provincia
rom.	romano, romana
S	sur
s.	siglo
ss.	siglos
st.	saint (fr.), sant (cat.)
sto.	santo
sept.	septiembre
trad.	traducción
URSS	Unión de Repúblicas Socialistas Soviéticas
V.	véase

ÍNDICE DE NOMBRES

Este índice relaciona los lugares, personas y temas citados en las cronologías, en los mapas y en los textos que los acompañan

A

D

E

F

G

H

I

J

K

L

M

N

O

P

Q

R

S

T

U

V

W

X

Y

Z